Helma Sick | Wenn ich einmal reich wär

Zum Buch

Eine finanzielle Lebensplanung ist heute gerade für Frauen mehr denn je von Bedeutung. Trennung und Scheidung, Zeiten der Arbeitslosigkeit und der beruflichen Unsicherheit gehören zum Leben, weit mehr als früher. Altersvorsorge ist zum wichtigen Thema geworden.

Helma Sick berät seit 20 Jahren Frauen zu Vermögensplanung und existenzieller Absicherung. In diesem Buch schreibt sie engagiert und spannend, was Anlegerinnen über Geldanlagen wissen sollten, welche Versicherungen wirklich wichtig sind und wie Frauen in jeder Lebensphase finanziell unabhängig bleiben können.

Viele praktische Beispiele machen das Buch zu einem echten Lesevergnügen.

Zur Autorin

Helma Sick ist Inhaberin des Unternehmens »frau & geld, Finanzdienstleistungen für Frauen« in München. Sie hält Vorträge zum Themenkomplex Frauen und Geld und schreibt seit vielen Jahren regelmäßig Finanzkolumnen in BRIGITTE und BRIGITTE WOMAN.

Helma Sick

Wenn ich einmal reich wär

Träumen ist gut, planen ist besser
Der Finanzratgeber für Frauen

FSC
Mix
Produktgruppe aus vorbildlich
bewirtschafteten Wäldern und
anderen kontrollierten Herkünften
Zert.-Nr. SGS-COC-1940
www.fsc.org
© 1996 Forest Stewardship Council

Verlagsgruppe Random House FSC-DEU-0100
Das für dieses Buch verwendete FSC-zertifizierte Papier
München Super liefert Mochenwangen Papier.

BRIGITTE-Buch im Diana Verlag
Originalausgabe 02/2007
Copyright © 2007 by Diana Verlag, München,
in der Verlagsgruppe Random House GmbH
Printed in Germany 2007
Redaktion: Theresa Stöhr
Herstellung: Gabriele Kutscha
Umschlagfoto: Quirin Leppert
Umschlaggestaltung: Eisele Grafik-Design, München
Satz: C. Schaber Datentechnik, Wels
Druck und Bindung: GGP Media GmbH, Pößneck
ISBN 978-3-453-28508-8

Inhaltsverzeichnis

Vorwort 9

Geld – immer noch ein Tabu für Frauen 13
Woher das kommt und wie sich das auswirkt!

Gut abgesichert lebt sich's leichter 21
Welche Versicherungen Sie wirklich brauchen

Was müssen Sie absichern? 22
Was sollten Sie absichern? 31
Was können Sie absichern? 33
Was ist überflüssig? 34

Planung führt zum Erfolg 35
Mit dem Kassensturz geht's los

Was habe ich? 36
Was will ich erreichen? 36
Wie komme ich zum Ziel? 37
Noch so viel Monat und so wenig Geld? 38

Das Magische Dreieck 40
Jederzeit verfügbares Geld, ganz ohne Risiko,
bei maximaler Rendite?

Liquidität 42
Risiko 42
Rendite 44

Testen Sie Ihr Wissen 46
Ein nicht ganz ernst gemeintes Quiz

Aktien, Fonds & Co. 48
Was Sie schon immer über Geldanlagen wissen wollten

Aktien 48
Bausparen 53
Festverzinsliche Wertpapiere 57
Investmentfonds 67
Geschlossene Fonds 80
Gold 89
Immobilien 92
Lebensversicherungen 105
Sparbriefe und Sparpläne bei Banken 112
Tagesgeld 114
Zertifikate 115

Lassen Sie sich beim Sparen helfen! 118
Da gibt's was umsonst – und nur wenige wollen es haben

Vermögenswirksame Leistungen 118
Staatliche Sparförderung 119
Das »Wunder« Zinseszins 122
Steuerersparnis 124

Bewährte Anlagestrategien 128
Mit fünf Tugenden zum Erfolg!

Weitsicht 128
Gelassenheit 128
Geduld 129
Zuversicht 129
Mut 129

Ihre Altersvorsorge – schöne Aussichten? 131
Wichtig und gar nicht so schwer

Das neue Alterseinkünftegesetz 133
  Gesetzliche Rente und Rürup-Rente 134
  Betriebliche Altersvorsorge und Riester-Rente 137
  Private Absicherung 144

Wie Sie garantiert nicht reich werden! 148
Von Hürden, Stolpersteinen und Fallstricken

Ich kann nichts sparen – ich habe Schulden! 148
Betrüger und unsolide Berater 151
Sieben vermeidbare »Sünden« 162

Was brauche ich wann und was muss ich beachten? . . . 167
Ein Leitfaden durch verschiedene Lebensphasen

Für kleine Kinder 167
Für große Kinder in Ausbildung/Studium 171
In den ersten Berufsjahren 174
Als Single 175
In Partnerschaften 179
In der Familienpause 188
Als Selbstständige/Freiberuflerin 190
Bei der Scheidung 201
Bei Arbeitslosigkeit 204
Wenn Ihre Eltern alt werden 206
In den letzten Berufsjahren 210
Als Best Ager und Golden Oldie 214

Vererben und erben 222
Beides will gelernt sein

Vererben 222
Erben 225

So erkennen Sie gute Beraterinnen/Berater 230

Schlusswort 232
Damit Ihre Träume wahr werden

Danksagung 234

Quellen und Literaturhinweise 235

Adressen 237
Hier werden Sie gut beraten

Register 239

Vorwort

> »Your Daddy is rich and your Ma is good looking.«
>
> George Gershwin, *Porgy and Bess*

So hieß ein Song der berühmten Jazzsängerin Ella Fitzgerald aus den 40er-Jahren. Und der entsprach genau dem damaligen Rollenverständnis: Es reichte vollkommen aus, wenn eine Frau gut aussah und ihr Mann Geld hatte.

Das hat sich zum Glück verändert!

Heute legen die meisten jungen Frauen Wert auf eine gute Ausbildung und ein Studium, so viele wie nie zuvor. In den Schulen sind sie den Jungs überlegen. Inzwischen machen mehr Mädchen als Jungen Abitur. Frauen sind selbstbewusster geworden und erobern viele männlich dominierte Lebensbereiche.

Nur »Geld« ist weitgehend ein Tabuthema geblieben. Es fehlt immer noch die positive Einstellung dazu sowie die Lust, sich damit zu beschäftigen. Sie ist bei Frauen deutlich geringer ausgeprägt als bei Männern, wie viele Untersuchungsergebnisse bestätigen.

Dabei steht fest: Eine finanzielle Lebensplanung ist heute mehr denn je von Bedeutung. Trennung und Scheidung, Zeiten der Arbeitslosigkeit und der beruflichen Unsicherheit gehören zu unserem Leben, weit mehr als noch vor 20 Jahren. Die Existenzgründung scheint riskanter und die Rückkehr in den Beruf nach einer längeren Pause höchst schwierig. Die Probleme der gesetzlichen Rentenversicherung sind in aller Munde.

Aber neben diesen eher beunruhigenden Motiven, sich mit Geld zu befassen, gibt es auch noch andere, und zwar erfreulichere. Geld zu vermehren, macht Spaß! Ein dickes Finanzpolster beruhigt! Ein langer Ruhestand bietet ungeahnte Möglichkeiten, allerdings nur, wenn die Kasse stimmt.

Und Frauen haben erstmals in der Geschichte unseres Kulturkreises die Möglichkeit, selbstbestimmt und wirtschaftlich unabhängig zu sein. »Wer unabhängig ist, muss weniger Angst haben«, sagte kürzlich der Schriftsteller Martin Walser. Wie wahr! Aber warum hat all das bisher nicht zu mehr Interesse an Geldanlagen geführt? Warum stecken so viele immer noch den Kopf in den Sand nach dem Motto: Es wird schon irgendwie alles gut gehen? Weshalb lassen vor allem Frauen ihr Geld zu niedrigen Zinssätzen auf Bankkonten herumliegen?

Die Gründe sind vielschichtig – in den folgenden Kapiteln wird davon noch oft die Rede sein. Aber sicher hat es auch damit zu tun: Noch vor 20 Jahren war der Kapitalanlagemarkt für Normalanleger relativ übersichtlich. Die meisten Leute hatten ein Sparbuch und Sparbriefe von der Bank. Viele besaßen zusätzlich eine Lebensversicherung und einen Bausparvertrag, einige ein Haus oder eine Eigentumswohnung. Wohlhabende kauften darüber hinaus noch Aktien. Fonds waren kaum bekannt. Geld hatte man oder auch nicht. Darüber gesprochen wurde jedenfalls nicht.

Das ist anders geworden: Es gibt mittlerweile unzählige Möglichkeiten, Geld anzulegen. Banken, Investmentgesellschaften und Versicherungsunternehmen sind ausgesprochen erfinderisch und kreieren beinahe wöchentlich neue Anlagen. Aktienanleihen, Zertifikate, Hedgefonds, geschlossene Fonds, Schiffsbeteiligungen, Tausende von Investmentfonds mit klingenden Namen. Wer soll da noch durchblicken? Kein Wunder, wenn Frauen ihr Geld lieber resigniert auf dem Tagesgeldkonto liegen lassen!

Und dann noch diese wichtigtuerische Sprache! Auch sie schreckt meiner Meinung nach viele davon ab, sich näher mit Geldanlagen zu befassen. Wo es früher um Kursschwankungen ging, heißt es jetzt Volatilität. Statt von der Titelauswahl bei Aktien spricht man jetzt von Stockpicking. Die Messlatte oder der Index heißt Benchmark. Es gibt keine Streuung von Anlageformen mehr, sondern nur noch eine Asset Allocation.

In einer Kurzinformation zu einem Aktienfonds habe ich neulich gelesen: »Dem Fonds liegt grundsätzlich ein Value-Stil zugrunde, es können aber auch growthlastige Aktien mit ins Portefeuille genommen werden. Die Tracking-Error-Zielvorgabe liegt etwa 3 % über der Benchmark.«

Ich finde, das ist ein besonders abschreckendes Beispiel dafür, wie weit sich diese Sprache von unserer wegentwickelt hat. Wer soll denn das noch verstehen? Dieses Fachchinesisch, mit dem oft nur Banalitäten aufgewertet werden sollen, degradiert Anleger zu Idioten und führt nur dazu, dass einem die Lust vergeht, sich mit interessanten Geldanlagen zu beschäftigen.

Dass es auch anders geht, habe ich mit meinen Büchern bewiesen. Und mit meiner Kolumne zu Geldfragen, die ich seit über zehn Jahren im Frauenmagazin »Brigitte« veröffentliche und seit vier Jahren in »Brigitte Woman«. Aus Tausenden von Briefen weiß ich, wie dankbar die Leserinnen sind, dass ich in einer ganz normalen Sprache schreibe. Sehr oft lese ich: »Zum ersten Mal habe ich begriffen, worum es da überhaupt geht. Sie schreiben immer so verständlich und interessant.«

Das ist kein Wunder, ich berate ja seit 20 Jahren Frauen zu ihrer Vermögensplanung und Altersvorsorge. Junge Frauen und ältere, Frauen mit viel Geld und mit wenig, Angestellte und Selbstständige. Frauen, die in einer Partnerschaft leben, und Singles. Ich weiß also, was Sie bewegt, was Sie wissen möchten, was Sie sich wünschen. Aber auch, was Sie brauchen!

Ihre Fragen und meine Antworten zu Vermögensaufbau, Absicherung, Altersvorsorge in verschiedenen Lebensphasen und noch vieles mehr finden Sie in diesem Buch.

Viel Freude beim Lesen!

Ihre Helma Sick

Geld – immer noch ein Tabu für Frauen

➤ *Woher das kommt und wie sich das auswirkt*

»Das ist mir nicht so wichtig« – ich kenne keinen Satz, den Frauen in Zusammenhang mit Geld häufiger sagen. Während Geld Männern Macht verleiht und sie sexy erscheinen lässt, ist der Besitz von Geld für die meisten Frauen immer noch wenig erstrebenswert.

Dabei ist ein beruhigendes Geldpolster für Frauen wichtiger denn je. Sie leben im Durchschnitt sechs Jahre länger als Männer und brauchen deshalb im Alter eine bessere Absicherung. Doch die Wirklichkeit sieht anders aus:

Frauen haben in der Regel sehr viel weniger Geld zur Verfügung als Männer. Die durchschnittliche Rente aus der gesetzlichen Rentenversicherung liegt für sie bei nur 483 Euro in Westdeutschland (Männer 982 Euro) und bei 665 Euro in den neuen Bundesländern (Männer 1037 Euro).

Die Ursachen dafür liegen klar auf der Hand: Noch immer verdienen Frauen im Schnitt ein Drittel weniger als Männer. Noch immer haben Frauen große Lücken in ihrer Erwerbsbiografie – wenn Kinder kommen, sind in der Regel sie es, die pausieren, oft jahrelang. Noch immer arbeiten viele Frauen in Teilzeit oder in Jobs mit geringfügiger Beschäftigung meist zu niedrigsten Löhnen.

Alle mir bekannten Untersuchungen kommen zu dem Ergebnis, dass

→ zwei Drittel der Frauen sorglos in die Zukunft blicken nach dem Motto: »Bislang bin ich doch auch immer irgendwie durchgekommen.«

→ jede vierte Frau der Meinung ist: »Es lohnt sich nicht, Geld für das Alter zurückzulegen, schließlich weiß man nie, was die Zukunft bringt.«

➜ jüngeren Frauen und alleinstehenden Frauen die Motivation fehlt, sich heute schon mit dem Thema Rente zu beschäftigen.

➜ sich Hausfrauen und Frauen im Erziehungsurlaub bei der Alterssicherung überwiegend auf ihren Partner verlassen, ohne für den Fall der Trennung die entsprechenden Vereinbarungen zu treffen.

Ich frage mich immer wieder, wie es möglich ist, dass Frauen auch heute noch so blauäugig sind.

Besser als es die russische TV-Moderatorin und Schriftstellerin Oksana Robski neulich tat, lässt es sich kaum formulieren: »Abhängigkeit lohnt sich nicht. Ist der Mann weg, ist auch das Geld weg.«

Die amerikanische Autorin Colette Dowling hat das traditionelle Rollenverhalten von Frauen schon Anfang der 80er-Jahre in ihrem Buch »Der Cinderella-Komplex« beschrieben:

> *»Von Geburt an werden Männer auf die Unabhängigkeit vorbereitet. Und ebenso systematisch wird Frauen beigebracht, dass sie etwas anderes erwarten können: Sie werden eines Tages auf irgendeine Weise gerettet. Das ist das Märchen, die Botschaft, die wir mit der Muttermilch eingesogen haben.*
>
> *Vielleicht wagen wir uns eine Zeit lang allein in die Welt. Wir studieren, wir arbeiten, wir reisen. Vielleicht verdienen wir sogar gut. Aber bei alldem haben wir im Innern das Gefühl, dass dies nur ein vorübergehender Zustand ist. Du musst nur durchhalten, heißt es in dem Kindermärchen, und eines Tages kommt ein Mann und befreit dich aus der Angst, für immer allein zu leben. Der Junge lernt: Niemand rettet dich, wenn du es nicht selbst tust.«*

Meine Beobachtung ist, dass sich diese Einstellung, das Hoffen und Warten auf den Prinzen, trotz der viel besseren Schul- und Berufsausbildung der Mädchen und Frauen nicht grundlegend geändert hat. So leid es mir tut, ich muss Ihnen die Illusion rauben! Auch Sie rettet niemand, wenn Sie es nicht selbst tun, denn:

→ Es ist doch eine Illusion, wenn Frauen immer noch glauben, dass gerade ihre Partnerschaft lebenslang hält. Bundesweit wird jede dritte Ehe geschieden, in Großstädten sogar jede zweite.

→ Es ist doch eine Illusion, zu glauben, der Staat könnte uns trotz der demografischen Entwicklung auch in Zukunft dauerhaft versorgen.

→ Es ist doch eine Illusion, zu denken, wir bräuchten im Alter weniger Geld. Noch nie gab es so viele gesunde, lebensfrohe Rentnerinnen und Rentner wie heute, noch nie haben sie so lange gelebt.

→ Und es ist doch eine Illusion, zu glauben, dass es nicht eilt mit der Altersvorsorge, dass man sich darum noch viel später kümmern kann.

Auch wenn diese Fakten schon seit Jahren bekannt sind, ziehen Frauen daraus leider nur selten die nötigen Konsequenzen.

→ Oder sparen sie von früher Jugend an?

→ Vertreten sie auch in einer langjährigen Partnerschaft ihre wirtschaftlichen Interessen?

→ Kümmern sie sich um einen finanziellen Ausgleich während der Kindererziehungszeit?

→ Sichern sie sich für den Fall einer Trennung oder Scheidung ab?

→ Achten sie auf angemessene Renditen bei der Geldanlage?

→ Verfolgen sie langfristige Anlagestrategien, um ihre Renditen zu optimieren?

Leider nein. Das Emnid-Institut hat im Auftrag des Frauenmagazins »Brigitte« vor einiger Zeit mehr als tausend Frauen zum Thema Altersvorsorge befragt und festgestellt, dass inzwischen zwar jede zweite Frau Geld für ihre eigene Altersvorsorge investiert. Aber aus der repräsentativen Untersuchung geht auch hervor, dass sich immer noch fast die Hälfte aller Frauen durch Lebensversicherungen oder durch das Vermögen *ihres Mannes* gut abgesichert fühlt – eine Blauäugigkeit, die im 21. Jahrhundert nicht mehr vorkommen sollte.

Meine Kolleginnen und ich haben in unserer bundesweiten Arbeitsgemeinschaft der »Finanzfachfrauen« in über 20 Jahren mehr als 60 000 Frauen aller Altersgruppen beraten. Unsere Erfahrung: Während die meisten Männer schon Anfang 20 beginnen, mit regelmäßigen Einzahlungen für ihre spätere Rente Geld anzulegen, zum Beispiel in einer Rentenversicherung oder einem Aktienfonds, kommen Frauen oft erst mit 30 und später auf diese Idee. Häufig sogar erst dann, wenn sie durch eine schwerwiegende Veränderung ihrer Lebensumstände wie Trennung, Scheidung oder den Tod des Partners zum Umdenken gezwungen sind. Oder wenn der erste Rentenbescheid der Deutschen Rentenversicherung Bund einen gewaltigen Schock auslöst.

Dass sich Frauen nicht ums Geld kümmern, hat eine lange Tradition

Denn in Geldangelegenheiten unterstanden Frauen über Jahrhunderte hinweg der Kuratel von Männern. So heißt es zum Beispiel in einer Rechtsvorschrift aus dem Jahr 1117: »*Wo zwei in der Ehe leben, da soll der Ehemann schalten über ihre Habe und die Geschäfte.*«

Bis in die Neuzeit war die Frau – rechtlich gesehen – kein öffentliches Wesen. Sie war der Alleinherrschaft ihres Mannes unterstellt und wurde gleichgestellt mit Sklaven, Vieh und Sachen. Aufgrund ihrer vermeintlichen Geschlechtsschwäche war man der Auffassung, dass sie bei allen wichtigen Geschäften einen Vormund benötige.

Ausgenommen davon war die Zeit zwischen dem 13. und 15. Jahrhundert, in der Frauen mehr Rechte eingeräumt wurden. Sie konnten damals Berufe erlernen, wurden Meisterinnen, organisierten sich in Zünften. In den Städten waren Frauen generell von keinem Gewerbe ausgeschlossen, für das ihre Kräfte reichten. Sogar von einer Handelsfrau wird berichtet, die im 15. Jahrhundert Geschäftsreisen nach England unternahm.

Aber: Es ist zu vermuten, dass es sich auch damals schon um das bekannte »Trümmerfrauen-Syndrom« handelte, wie wir es aus der Zeit nach 1945 kennen. Denn auch im Mittelalter herrschte gravierender Männermangel, bedingt durch Kreuzzüge, beschwerliche Handelsreisen und durch die Pest, an der mehr Männer als Frauen starben.

Als diese schweren Zeiten vorbei waren, kam schon bald wieder die Tendenz auf, Frauen in die alleinige Rolle der Hausfrau und Mutter abzudrängen. Und wenn das nicht so einfach gelang, gab es ja noch das probate Mittel der Hexenverfolgung. Mir scheinen die neueren Darstellungen von Religionswissenschaftlern sehr plausibel, die in der Verfolgung selbstständiger Frauen als Hexen ein Instrument zu ihrer Unterdrückung sehen. Sie behaupten, dass dieses düstere Kapitel der Kirchen – aller christlichen Kirchen übrigens – auch einen deutlich wirtschaftlichen Aspekt hatte: Das Vermögen von »Hexen« fiel den jeweiligen Kirchen anheim, deshalb gerieten reiche Witwen besonders leicht in den Verdacht, eine Hexe zu sein.

Kaum zu glauben, aber das Bestimmungsrecht des Mannes über die Frau bzw. ihre Bevormundung bestand bis Mitte des 20. Jahrhunderts. Daran änderte auch das von den Frauen erkämpfte Wahlrecht und ihr Zugang zu den Universitäten erst einmal nichts.

Nach dem Familienrecht des Bürgerlichen Gesetzbuches (BGB) entschied noch bis nach 1945 der Mann aufgrund »der natürlichen Ordnung der Verhältnisse« in allen das gemeinschaftliche Leben betreffenden Angelegenheiten. Die Frau hatte den Haushalt zu führen.

Es gab kaum Möglichkeiten für sie, eigenes Geld zu verdienen. Einen Beruf durften Frauen nur mit Zustimmung des Mannes ausüben. Nicht einmal ein Bankkonto konnten sie ohne Einwilligung ihres Mannes eröffnen. Brachten sie eigenes Vermögen in die Ehe mit ein, so galt noch bis 1953, was schon 1117 gegolten hatte: »*Das Vermögen der Frau wird durch die Eheschließung der Verwaltung ihres Mannes unterworfen.*«

Da half auch der 1949 in Artikel 3, Absatz 2 festgeschriebene Gleichheitsgrundsatz des Grundgesetzes (»Männer und Frauen sind gleichberechtigt«) nichts. Die ausführenden Bestimmungen

Geld – immer noch ein Tabu für Frauen

im Gesetz zur Gleichstellung von Mann und Frau, mit dem sich die rechtliche Situation von Frauen fundamental veränderte, wurden erst 1958 in Kraft gesetzt, einzelne Bestimmungen sogar noch später geändert! Zum Beispiel legte erst das neue Scheidungsrecht von 1977(!) offiziell fest, dass ein Mann seiner Frau ihre Berufstätigkeit nicht mehr verbieten darf – und den Job auch nicht mehr in ihrem Namen kündigen kann.

Die rechtliche Situation, die Frauen Zugang zu Geld und dessen Verwaltung verwehrte, wurde durch ein gesellschaftliches Bild der Frau gestützt, das klischeehaft und millionenfach von der Trivialliteratur verbreitet wurde – als gravierendstes Beispiel nenne ich da Hedwig Courths-Mahler. In der Nachkriegszeit prägten Filme wie die »Försterchristl« ein bestimmtes Frauenbild: Danach waren sie begehrenswert und eine »echte« Frau, wenn sie lieb und bescheiden waren, also nichts für sich forderten, sozial engagiert, aufopferungsbereit und natürlich in gar keiner Weise an Geld interessiert. Und war eine Frau so, dann klappte es auch mit dem Traummann und in der Folge natürlich mit der Altersvorsorge: Die Krankenschwester bekam den Chefarzt, die Sekretärin den Unternehmer und die arme Försterstochter den reichen Grafen.

Die Botschaft war immer dieselbe: Wer lieb und bescheiden ist und nichts für sich fordert, wird auf jeden Fall belohnt.

Dieses Frauenbild wird auch heute noch millionenfach verbreitet

Der Markt der sogenannten Groschenromane, also der DIN-A5-Hefte mit ihren Arzt- und Heimatserien, boomt, wie Artikeln der »Süddeutschen Zeitung« und dem »Handelsblatt« zu entnehmen war. 98 % werden von Frauen gelesen.

Und wer nicht zum Heftroman greift, schaut sich vielleicht die moderne Version an: Rosamunde Pilcher oder Telenovelas, die jeden Nachmittag über die privaten Sender flimmern. Da geht es dann um Bianca, die vom Land in die Stadt zieht. Dort begegnet sie Sportarzt Oliver, dem sie, nach einigen Irrungen und Wirrungen, an die Brust sinkt und fortan von ihm versorgt wird ...

Auch wenn sich vordergründig eine ganze Menge verändert hat, die alte Rollenverteilung ist immer noch in vielen Frauenköpfen, wie die von mir zitierten Untersuchungsergebnisse und meine tagtäglichen Erfahrungen zeigen. Nur einige Beispiele – ich könnte Ihnen viel mehr davon nennen:

→ *Gehalt:* Die Personalchefin eines großen Münchner Unternehmens sagte mir nach einem Vortrag, dass Frauen selten in einem Einstellungsgespräch nach ihrem möglichen Gehalt fragen, während dies für Männer einer der entscheidenden Punkte ist.

→ *Altersvorsorge:* In einer Sendung des Bayerischen Fernsehens wurden vor einiger Zeit junge, verheiratete Frauen zu ihrer Altersvorsorge befragt. Die Antwort war meist: »Das brauche ich nicht, ich bin ja verheiratet.«

→ *Erbschaft:* Viele Frauen überlassen nach wie vor die Anlage des gemeinsamen Geldes, oft sogar ihres eigenen Erbes, ihrem Partner. Mit der Folge, dass sie bei Trennungen oft nicht wissen, wie viel Geld wo angelegt ist.

→ *Erziehungszeit:* Viele junge Frauen geben ihren Beruf auf, ermöglichen ihrem Partner den seinen und erziehen die gemeinsamen Kinder, sind aber nicht verheiratet – »weil das ja heutzutage nicht mehr sein muss«. Ein verhängnisvoller Irrtum! Solange unser Steuer-, Erbschafts- und Scheidungsrecht Ehe und Familie bevorzugen, ist meiner Meinung nach jede Frau, die nicht heiratet, äußerst unklug: Stirbt der Partner, ist sie nicht erbberechtigt oder bezahlt horrende Erbschaftssteuern. Und sie ist für den Fall der Trennung nicht abgesichert – den Zugewinnausgleich gibt's nur in der Ehe und den Versorgungsausgleich für die spätere Rente auch.

→ *Soziale Arbeit:* In unserer Gesellschaft finden Sie viele eindrucksvolle Beispiele im sozialen Bereich, in dem überwiegend Frauen umsonst oder für wenig Geld tätig sind. Männer leiten die Projekte – für gutes Geld natürlich.

→ *Öffentlichkeit:* Auch in der Presse spielt das Thema Frauen & Geld kaum ein Rolle. Meines Wissens ist »Brigitte« die einzige große Frauenzeitschrift, die sich seit über zehn Jahren intensiv damit auseinandersetzt und für ein Extra-Heft zur Altersvorsorge mit dem »Zukunftspreis Altersvorsorge« ausgezeichnet wurde.

Ich bin froh, dass jetzt eine große Diskussion angefangen hat, ob wir eine neue Frauenbewegung brauchen. Wer hätte noch vor einigen Monaten gedacht, dass die derzeit wieder auftauchenden »Thesen« – Frauen zurück an den Herd und in die Mutterrolle – einen so heftigen Proteststurm auslösen würden? Schön, dass auch junge Frauen, wie zum Beispiel die Schriftstellerin Thea Dorn, darauf aufmerksam machen, dass es selbst mit exzellenter Ausbildung nicht einfach ist, als Frau Karriere zu machen, und vor allem dass es in Deutschland nicht so einfach ist, Beruf und Familie zu vereinbaren.

Doch diese Probleme dürfen Frauen heute nicht dazu verführen, die Rezepte der 50er-Jahre wiederzubeleben. Frauen müssen erkennen, dass sie für ihr Leben selbst verantwortlich sind – für ihr ganzes Leben. Auch die beste Partnerschaft, die liebevollste Ehe darf sie nicht dazu verführen, ihre Eigenständigkeit aus der Hand zu geben.

Dazu gehört auch, sich um das eigene Geld zu kümmern, eine finanzielle Lebensplanung zu entwerfen, sich Ziele zu stecken und rechtzeitig für das Alter vorzusorgen. Dafür brauchen Sie Basiswissen, das Sie sich in den folgenden Kapiteln dieses Buches mühelos erwerben können.

Denn: Viel zu selten tritt ein Prinz ins Leben, viel zu oft entpuppt sich der Prinz als Frosch. Das Ende der Illusionen ist der Anfang vom Erwachsensein.

Gut abgesichert lebt sich's leichter

➤ *Welche Versicherungen Sie wirklich brauchen*

Das ist womöglich ein eher langweiliges Thema für Sie. Wer denkt schon gern darüber nach, was im Leben alles passieren kann. Deshalb gibt's erst einmal etwas zum Schmunzeln: Dass eine Police, die den Verlust des männlichen Brusthaares abdeckt, nicht existenziell wichtig ist, da sind wir uns bestimmt alle einig. Obwohl es eine solche Versicherung in Großbritannien (wo denn sonst?) tatsächlich gibt.

Auch eine Hochzeitsausfallversicherung (ebenfalls aus Großbritannien) muss nicht unbedingt sein, das sehen Sie sicher genauso. Sie deckt ohnehin den Schaden nicht ab, der entsteht, wenn sich Braut oder Bräutigam in letzter Minute anders entscheiden und zur Trauungszeremonie gar nicht erscheinen. Wie Julia Roberts in dem Film »Die Braut, die sich nicht traut«. Gedacht ist bei der Police vielmehr an Schäden am Hochzeitskleid oder Anzug, das sind jedenfalls die häufigsten gemeldeten Versicherungsfälle. Gefolgt vom Ausbleiben des Fotografen.

Halt, doch, es gibt eine Versicherungsgesellschaft (diesmal in Holland), die eine »Abgeblitzt-Police« bietet. Wenn sich da ein Partner davonmacht, erhält der Verlassene einmalig 300 Euro als »Entschädigung für das erlittene Herzeleid«.

Aber jenseits solcher Skurrilitäten gibt es Versicherungen, die Sie unbedingt kennen müssen, weil sie existenzbedrohende Risiken abdecken. **Denn das beste Anlagekonzept nützt nichts, wenn Ihre wirtschaftliche Existenz oder die Ihrer Familie durch Krankheit, Unfall oder Tod gefährdet ist.**

Bevor Sie also Geld anlegen, müssen Sie vorsorgen – für den schlimmsten Fall! Versichern Sie sich also nicht gegen alles und jedes. Überlegen Sie vielmehr, welche Schadensfolgen Sie selbst tragen können.

Aber fragen Sie sich: Was ist für Sie der finanzielle GAU, also der (G)rößte (A)nzunehmende (U)nfall?

→ Dass Sie jemand anderem großen Schaden zufügen?

→ Dass Sie schwer krank werden oder einen Unfall erleiden und länger nicht mehr arbeiten können?

→ Dass der Hauptverdiener stirbt und Sie mit kleinen Kindern und Schulden, beispielsweise nach einem Immobilienkauf, dastehen?

→ Dass Ihren Kindern etwas passiert, unter Umständen mit lebenslangen Folgen?

Es geht also darum, welche Gefahren tatsächlich existenzbedrohend sind. Und um die Frage, woher Geld kommt, wenn so ein Fall eintritt.

Was müssen Sie absichern?

Neben einer gesetzlichen oder privaten Krankenversicherung brauchen Sie auch noch eine Kfz-Haftpflichtversicherung, wenn Sie Fahrzeughalterin sind.

Die wichtigsten Risikoversicherungen sind darüber hinaus:

Private Haftpflichtversicherung

Ein Drittel aller Bundesdeutschen hat keine Haftpflichtversicherung, dabei ist gerade diese Versicherung ein absolutes Muss. Denn: Wer anderen schuldhaft einen Schaden zufügt, ist laut Gesetz zum Schadenersatz verpflichtet. Dieser Rechtsgrundsatz kann leicht zum finanziellen Ruin führen. Wer den Schaden verursacht, zum Beispiel beim Inline-Skaten oder bei einem Fahrradunfall, haftet nämlich grundsätzlich mit seinem gesamten Vermögen und – bis zur Pfändungsgrenze – auch mit seinem Einkommen. Schmerzensgeld und lebenslange Rente für die Geschädigten könnten Unfallverursacher finanziell in den Ruin treiben.

Bei vielen Haftpflichtversicherungen sind die Schadenssummen allerdings zu niedrig. Heute geht man davon aus, dass eine Schadenssumme von fünf bis zehn Millionen Euro bei Personenschäden eine wirkliche Absicherung bedeutet.

Eine Privathaftpflichtversicherung gilt normalerweise weltweit. Mitversichert sind außer dem Ehepartner auch die Kinder, solange sie minderjährig oder noch in der ersten Ausbildung sind. Bei nicht verheirateten Paaren wird der Partner mitversichert, wenn er in der Police namentlich genannt wird.

Als Privatperson brauchen Sie eine Privathaftpflichtversicherung, als Selbstständige zusätzlich eine Berufs- oder Betriebshaftpflichtversicherung, als Häuslebauerin eine Bauherrenhaftpflicht-Versicherung, als Grundstücksbesitzerin eine Haus- und Grundbesitzer-Haftpflichtversicherung, als Öltankbesitzerin eine Gewässerschaden-Haftpflichtversicherung und als Tierhalterin (Hund, Pferd) eine Tierhalter-Haftpflichtversicherung.

Wohngebäudeversicherung

Verpflichtet sind Sie nicht, eine solche Versicherung abzuschließen. Sie ist jedoch allen Hauseigentümerinnen auf jeden Fall sehr zu empfehlen. Schließlich geht es dabei ja um so schwerwiegende Risiken wie Feuer (Brand oder Blitzschlag), Leitungswasser (Bruch und Frost an Leitungen, Rohren usw.) sowie Sturm- oder Hagelschäden, die immer mehr zunehmen. Versichert sind dann unter anderem die Reparaturen am Gebäude bis hin zum Wiederaufbau, aber auch die Kosten, die bei Abbruch und Aufräumarbeiten anfallen. Deshalb ist es meiner Meinung nach kein Luxus, sondern eine Notwendigkeit, sich mit einer solchen Versicherung vor größeren Schäden zu schützen, die durchaus existenzbedrohend sein können.

Gut abgesichert lebt sich's leichter

Tipp

Achten Sie darauf, dass Ihrem Vertrag die sogenannte Unterversicherungsverzichtsklausel zugrunde liegt. Nur so können Sie sicher sein, dass Ihr Gebäude unabhängig von Baupreiskosten immer zum Wiederaufbauwert versichert ist.

Berufsunfähigkeitsversicherung (BU)

Woher bekommen Sie Geld, wenn Sie nicht mehr in Ihrem Beruf arbeiten können? Besitzen Sie ein großes Vermögen oder stammen Sie aus einer reichen Familie, dürfte das kein Problem sein. Ist dies aber nicht der Fall, sollten Sie unbedingt privat vorsorgen. Die Berufsunfähigkeitsversicherung ist eine der wichtigsten Risikoversicherungen – und wird leider völlig unterschätzt. Nur jeder siebte Erwerbstätige ist dagegen abgesichert. Besonders pflichtversicherte Angestellte sind häufig der Meinung, dass sie über die gesetzliche Rentenversicherung und über die gesetzliche Unfallversicherung im Fall der Berufsunfähigkeit ausreichend abgesichert sind. Das ist leider ein Trugschluss.

Für wen gibt's noch was vom Staat?

An die Stelle der Berufsunfähigkeitsrente ist seit 1. 1. 2001 die Erwerbsminderungsrente getreten. Eine volle Erwerbsminderungsrente erhält, wer täglich weniger als drei Stunden auf dem allgemeinen Arbeitsmarkt tätig sein kann. Eine halbe Erwerbsminderungsrente erhält derjenige, der noch drei, aber weniger als sechs Stunden am Tag arbeiten kann. Wer täglich sechs Stunden und mehr erwerbstätig sein kann, erhält keine Rente. Ausschlaggebend ist die Erwerbsfähigkeit auf dem »allgemeinen Arbeitsmarkt«, das heißt in jeder denkbaren Tätigkeit auf dem Arbeitsmarkt. Der bisher ausgeübte Beruf, die Kenntnisse und Fähigkeiten werden nicht berücksichtigt. Die neue gesetzliche Regelung gilt für alle, die nach dem 1. 1. 1961 geboren sind. Von ihnen erwartet der Gesetzgeber, dass sie privat für den Fall der Berufsunfähigkeit vorsorgen.

Die gesetzliche Unfallversicherung kommt nur nach berufsbedingten Unfällen für die Wiederherstellung der Arbeitsfähigkeit auf und zahlt – in schweren Fällen – eine Unfallrente. Geld gibt es derzeit bei Unfällen auf dem Weg zu und von der Arbeit und bei Berufskrankheiten, aber nicht bei Unfällen in der Freizeit.

Sie sehen also, wenn Sie durch eine schwere Erkrankung oder auch durch einen Unfall nicht mehr in Ihrem Beruf arbeiten können, kann Ihre wirtschaftliche Existenz auf dem Spiel stehen.

Und so funktioniert's

Eine Berufsunfähigkeitsversicherung ist eine Risikoversicherung. Das heißt, sie zahlt ausschließlich, wenn der versicherte Fall eintritt, wenn Sie also durch eine schwere Erkrankung oder einen Unfall nicht mehr in Ihrem zuletzt ausgeübten Beruf arbeiten können. Passiert nichts – zum Glück –, gibt es kein Geld zurück. Eine solche Versicherung sollte so früh wie möglich abgeschlossen werden, da ja im jugendlichen Alter kaum gesundheitliche Probleme bestehen. Sie sollte mindestens bis zum 60., besser noch bis zum 65. Lebensjahr laufen. Gesundheitliche Beeinträchtigungen werden ja mit zunehmendem Alter wahrscheinlicher.

Und wenn Sie beruflich für einige Zeit ins Ausland gehen, gibt es Versicherungsgesellschaften, die Berufsunfähigkeitsschutz nur für wenige Länder Europas anbieten, andere wiederum sichern weltweiten Versicherungsschutz zu. Sie sind also nur dann abgesichert, wenn in Ihren Versicherungsbedingungen »weltweiter Versicherungsschutz« gegeben ist. Achten Sie darauf!

Wenn Sie eine private Berufsunfähigkeitsversicherung abschließen möchten, sollten Sie sich vorher unbedingt qualifiziert beraten lassen. Bei den Angeboten, die auf dem Markt sind, gibt es große Unterschiede in den Bedingungen. Darüber hinaus muss im Beratungsgespräch abgeklärt werden, ob Vorerkrankungen bestehen, die eventuell den Abschluss einer BU-Versicherung verhindern. Wählen Sie auch eine Versicherungsgesellschaft, die bereits langjährige Erfahrung mit dem Risiko der Berufsunfähigkeit hat. Und schauen Sie nicht allein auf die Höhe des Beitrags. Gerade bei dieser existenziellen Absicherung kann billig sehr teuer werden!

Gut abgesichert lebt sich's leichter

? Nachgefragt:
Keine BU-Versicherung bei Psychotherapie?

Mein Antrag auf eine Berufsunfähigkeitsversicherung wurde abgelehnt, weil ich seit meiner Scheidung vor einem Jahr eine Gesprächstherapie mache. Ist das ein Grund, jemandem eine Berufsunfähigkeitsversicherung zu verweigern? Mir ist dies völlig unverständlich, schließlich ist Psychotherapie eine anerkannte und bewährte Möglichkeit zur Krisenbewältigung und Selbstfindung.

Ihre Frage beleuchtet eine gängige Praxis, die meiner Meinung nach dringend geändert werden sollte. Es ist zwar verständlich, dass sich Versicherungsgesellschaften vor hohen Risiken schützen wollen – immerhin sind circa 30 % aller Berufsunfähigkeitsfälle durch psychische Erkrankungen bedingt. Nicht verständlich ist aber, dass pauschal und undifferenziert alle Versicherungsanträge abgelehnt werden, wenn sich jemand in einer laufenden Psychotherapie befindet, die keinen medizinischen Hintergrund hat. Sie haben derzeit leider nur eine Chance, dass Ihr Antrag auf Berufsunfähigkeitsversicherung angenommen wird: bei einigen wenigen Versicherungsgesellschaften, wenn der Abschluss Ihrer Therapie mindestens zwei Jahre zurückliegt.

Wie steht's mit dem Datenschutz?

Viele von Ihnen fragen, wie es denn bei Versicherungen um den Datenschutz bestellt ist. Denn wie kann eine Versicherungsgesellschaft wissen, dass eine Vorerkrankung besteht oder bei Abschluss eine Psychotherapie durchgeführt wird, wenn Sie dies im Antrag nicht angeben?

Aber um den Datenschutz geht es hier nicht. Natürlich fallen Ihre Angaben darunter. Es geht vielmehr um den gesamten Versicherungsschutz, wenn Sie nicht wahrheitsgemäß antworten. Verschweigen Sie nämlich beim Abschluss eine Vorerkrankung und werden später aufgrund dieser Krankheit berufsunfähig, darf die Versicherung die Rentenzahlung verweigern. Sie sollten die Gesundheitsfragen also auf jeden Fall nach bestem Wissen und Gewissen beantworten.

？ Nachgefragt:
LV gekündigt, BU weg

Immer wieder habe ich gehört und gelesen, dass eine Lebensversicherung unrentabel ist. Daraufhin habe ich meine gekündigt. Allerdings habe ich dabei nicht berücksichtigt, dass damit eine Berufsunfähigkeits-Zusatzversicherung verbunden war. Nun wollte ich so eine BU-Versicherung separat abschließen und höre, dass dies nicht möglich ist, weil ich inzwischen einen Bandscheibenvorfall habe. Was soll ich jetzt tun?

Ich wundere mich schon länger darüber, wie leichtfertig in einigen Medien zur Kündigung von Lebensversicherungen geraten wird. Ich finde solche pauschalen Ratschläge unverantwortlich. Leider können Sie im Moment gar nichts tun. Durch die Kündigung Ihrer Lebensversicherung mit Berufsunfähigkeits-Zusatzversicherung haben Sie keinen Schutz mehr, falls Sie berufsunfähig werden, also wegen Krankheit oder Unfall nicht mehr arbeiten können. Je nach Art der Diagnose müssen Sie bei einem Neuantrag mit einem Leistungsausschluss oder einem Risikozuschlag rechnen.

Dread-Disease-Versicherung statt BU

Eine Berufsunfähigkeitsversicherung garantiert eine monatliche Rente, wenn Sie krankheits- oder unfallbedingt Ihren Beruf nicht mehr ausüben können. Eine Dread-Disease-Versicherung (Dread Disease bedeutet so viel wie »schwere Krankheit«) zahlt dagegen eine einmalige Summe, zum Beispiel bei Krebs, Nierenversagen oder multipler Sklerose, bei einem schweren Herzinfarkt oder

Gut abgesichert lebt sich's leichter

einem Schlaganfall. Einige Anbieter zahlen außerdem bei anderen Erkrankungen, die genau definiert sind.

Ein weiterer Unterschied: Eine BU-Versicherung läuft immer bis zum vereinbarten Vertragsende, zum Beispiel bis zum 65. Lebensjahr, auch wenn Sie während dieser Zeit berufsunfähig werden sollten und eine BU-Rente beziehen. Bei einer Dread-Disease-Versicherung dagegen endet der Vertrag, wenn die Versicherungssumme ausgezahlt wird. Sie müssten sich dann anschließend neu versichern, was nach einer schweren Erkrankung allerdings schwierig wird.

Besonders interessant ist die Dread-Disease-Versicherung beispielsweise für Selbstständige, die mit und nach einer schweren Erkrankung nicht automatisch auch berufsunfähig sind.

Grundfähigkeitsversicherung statt BU

Bestimmte Berufsgruppen haben Schwierigkeiten, überhaupt eine Absicherung zu erhalten.

? ### Nachgefragt:
Keine Absicherung für Schauspieler?

Ich bin Schauspielerin und bekomme keine Berufsunfähigkeitsversicherung. Das Risiko ist der Versicherungsgesellschaft zu hoch. Kann ich mich denn nun gar nicht absichern?

Die Gesellschaften verwehren oft bestimmten Berufsgruppen den Zugang zur Berufsunfähigkeitsversicherung. Sie als Schauspielerin gehören dazu, weil bereits eine geringe körperliche Beeinträchtigung oder der Verlust der Kreativität zu einer Berufsunfähigkeit führen kann.

Eine Alternative bietet die Grundfähigkeitsversicherung: Beim Verlust bestimmter Fähigkeiten wie Sehen, Hören, Sprechen, Gehen, Stehen, Autofahren usw. zahlt sie eine monatliche Rente. Dabei spielt es keine Rolle, ob Sie Ihre Fähigkeiten durch Körperverletzung, Kräfteverfall oder Erkrankung verlieren. Die Voraussetzung für eine Rente aus dieser Versicherung liegt deshalb auch vor, wenn die Pflegestufen II oder III zuerkannt sind. Ob diese Risikoabsicherung, die in Deutschland längst nicht so verbreitet ist wie in angelsächsischen Ländern, für Sie geeignet ist, ergibt ein Gespräch mit einer unabhängigen Finanzberaterin, einem Finanzberater.

Ein Vorteil der Grundfähigkeitsversicherung ist, dass sie auch dann zahlt, wenn der Beruf noch ausgeübt werden kann. Die Gesundheitsprüfung ist einfacher, der aktuell ausgeübte Beruf spielt für die Aufnahme keine Rolle.

Welche Art der Absicherung für Sie persönlich geeignet ist, muss unbedingt eine qualifizierte persönliche Beratung ergeben.

Schulunfähigkeitsversicherung

Ab dem sechsten Lebensjahr ist für Kinder eine Schulunfähigkeitsversicherung sehr zu empfehlen. Sie zahlt eine monatliche Rente, wenn das Kind durch Unfall oder Krankheit für längere Zeit nicht am Unterricht teilnehmen kann oder sogar lebenslang erwerbsgemindert ist. Bei guten Anbietern wird die Schulunfähigkeitsversicherung später ohne erneute Gesundheitsprüfung in eine Berufsunfähigkeitsversicherung umgewandelt.

Unfallversicherung

Fast alle haben eine. Aber sie ersetzt nicht die Berufsunfähigkeitsversicherung, denn die zahlt ja bei Unfall *und* Krankheit. Wichtig für Sie zu wissen: Nicht einmal 10 % der Berufsunfähigkeitsfälle sind auf Unfälle zurückzuführen.

Eine Unfallversicherung ist dann sinnvoll, wenn aus bestimmten Gründen keine Berufsunfähigkeits-, Dread-Disease- oder Grundfähigkeitsversicherung möglich ist, zum Beispiel mit einer schweren Vorerkrankung. Die einzige Möglichkeit der Absicherung ist sie auch, wenn Sie ein gefährlicheres Hobby haben – wie Tauchen etwa.

Gut abgesichert lebt sich's leichter

Ein absolutes Muss ist eine Unfallversicherung für *Kinder*. Denn die gesetzliche Unfallversicherung deckt nur den Weg zum Kindergarten, zur Schule oder zur Universität ab. Alles, was Ihrem Kind in der Freizeit passiert, muss privat abgesichert werden.

Und Kinder sind in besonderem Maß unfallgefährdet, weil sie oft unbedacht handeln und Risiken noch nicht einschätzen können. Ein Unfall im Kindesalter kann unter Umständen gravierende und lebenslange Folgen haben.

Mit einer Kinder-Invaliditätsversicherung, die bei Unfall und Krankheit zahlt, verhindern Sie, dass im schlimmsten Fall noch wirtschaftliche Not zur psychischen Belastung hinzukommt.

Auch *ältere Menschen* sind in hohem Maß unfallgefährdet. Sie sollten deshalb rechtzeitig vor Rentenbeginn eine Unfallversicherung abschließen. In der Regel ist nämlich ein Abschluss nach dem 65. Lebensjahr nicht mehr möglich. Und bestehende Verträge werden häufig mit Vollendung des 75. Lebensjahres automatisch gekündigt.

Der Vertrag sollte so gestaltet sein, dass im Ernstfall nicht nur eine sogenannte Unfallrente gezahlt wird, sondern dass auch eine ausreichende, einmalige Summe fließt. Denn nach einem Unfall in höherem Alter muss ja häufig ein Umbau der Wohnung finanziert werden.

Risiko-Lebensversicherung

Eine Risiko-Lebensversicherung ist dann besonders wichtig, wenn Sie Ihren Partner im Fall Ihres Todes absichern müssen und wollen, wenn Sie kleine Kinder haben oder Schulden aus einem Immobilienkauf.

Sind Sie Hauptverdienerin, können Sie mit dieser Versicherung vermeiden, dass Ihre Familie im Fall Ihres Ablebens ohne Einkommen und/oder mit einem Schuldenpaket dasteht.

Die Risiko-Lebensversicherung sollte entweder die Schuldsumme abdecken oder – je nach Zahl der Kinder – ein Mehrfaches der Jahresnettoeinkünfte ausmachen.

Was sollten Sie absichern?

Reisekrankenversicherung

Seit 1.1.2006 gibt es die European Health Insurance Card (EHIC). Mit dieser europäischen Versichertenkarte haben Sie im europäischen Ausland Anspruch auf alle medizinischen Leistungen, die nicht aufgeschoben werden können, bis Sie wieder zu Hause sind. Allerdings gelten für die Behandlung die Bedingungen des Landes, in dem die medizinische Versorgung erbracht wird. Die Leistungskataloge sind außerdem innerhalb Europas sehr unterschiedlich. Manches, das bei uns von den Kassen bezahlt wird, wird im Ausland privat abgerechnet. Und: Nicht alle ausländischen Ärzte akzeptieren die EHIC-Card. Die Rechnungen können dann zwar bei der Krankenkasse eingereicht werden, aber: Alle Leistungen müssen einzeln aufgelistet sein, möglichst auf Deutsch. Sonst muss eine Übersetzung angefertigt werden, und die zahlen Sie.

Es ist gesetzlich geregelt, dass die meist sehr hohen Kosten für einen eventuellen Krankenrücktransport nach Deutschland von deutschen Krankenversicherungen nicht übernommen werden dürfen. Aus diesen Gründen empfehlen die gesetzlichen Krankenkassen, eine Reisekrankenversicherung abzuschließen. Sie übernimmt in der Regel alle Kosten – weltweit!

Eine Reisekrankenversicherung ist nicht teuer. Ab 6 Euro gibt es schon Jahrespolicen. Aber auch hier, wie bei allen Risikoversicherungen, ist es wichtig, die Bedingungen anzuschauen. Ältere über 70 zahlen deutliche Aufschläge oder werden nicht mehr aufgenommen. Auch Vorerkrankungen können problematisch sein.

Wichtig ist die Dauer des Versicherungsschutzes. Meist sind nur sechs Wochen pro Jahr abgesichert. Einige Anbieter versichern bis zu drei Monaten.

Wenn Sie einen längeren Auslandsaufenthalt planen, dann müssen Sie eine richtige Auslandskrankenversicherung abschließen, die natürlich wesentlich teurer ist.

Gut abgesichert lebt sich's leichter

Pflegezusatzversicherung

Ein heute 50-jähriger Mann hat eine durchschnittliche Lebenserwartung von 90 Jahren! Eine gleichaltrige Frau von 94 Jahren! Das Risiko, ein Pflegefall zu werden, dürfte also künftig keine Ausnahme sein, sondern eher zum Regelfall werden. Vorsorge ist also auch hier wichtig.

Für Frauen ist das Thema Pflegebedürftigkeit besonders brisant:

→ Frauen werden doppelt so häufig pflegebedürftig wie Männer.

→ 70 % der Frauen überleben ihre Männer. Sie sind deshalb im hohen Alter meist auf sich allein gestellt.

→ 90 % der Patienten in stationären Pflegeeinrichtungen sind Frauen.

1995 wurde die gesetzliche Pflegeversicherung eingeführt. Wer in Deutschland krankenversichert ist – ob gesetzlich oder privat –, muss in die gesetzliche Pflegeversicherung einzahlen. Doch sie gewährleistet nur eine Grundabsicherung – und wie lange sie dies noch kann, ist nicht abzusehen.

Die Leistungen der gesetzlichen Pflegeversicherung reichen also bei Weitem nicht aus. Bei Pflegestufe I und Unterbringung in einem Heim bekommen Sie zurzeit 1023 Euro, in Pflegestufe II und III 1279 bzw. 1432 Euro. Für einen Heimplatz fallen aber schnell mal 2800 Euro an, meist sogar einiges mehr.

Da hilft eine Pflegezusatzversicherung. Entweder als Pflegekostenversicherung (übernimmt nachgewiesene Pflegekosten für Leistungen aus dem Katalog der gesetzlichen Pflegeversicherung) oder als Pflegetagegeldversicherung (zahlt einen fest vereinbarten Tagessatz, über den frei verfügt werden kann; die Leistungen richten sich dann nach dem Grad der Pflegebedürftigkeit).

Wie bei allen Risikoversicherungen gilt auch hier: Wer jung und in der Regel auch gesünder ist, kommt mit geringeren Beiträgen davon. Grundsätzlich können private Pflegezusatzversicherungen bis zum 65., manchmal auch bis zum 70. Lebensjahr abgeschlossen werden. Es gibt allerdings Unternehmen, bei denen Sie nicht älter als 55 sein dürfen. Lassen Sie sich unbedingt beraten, weil Versicherungsgesellschaften sehr unterschiedliche Leistungen und Bedingungen haben.

Für Alleinstehende ohne ausreichendes Einkommen und Vermögen, aber auch für Familienmitglieder, die ihren Angehörigen nicht zur Last fallen oder ihnen noch etwas vererben möchten, ist eine Pflegezusatzversicherung sehr sinnvoll.

Auch Kinder können für ihre Eltern eine solche Versicherung abschließen, um später die finanzielle Belastung auf ein erträgliches Maß zu senken.

Hausratversicherung

Wer kann schon mit 100-prozentiger Sicherheit ausschließen, dass es in der Wohnung einmal brennt? Dass die Badewanne überläuft? Dass der Blitz einschlägt, bei Sturm ein Fenster zu Bruch geht? Oder dass jemand einbricht und auf der Suche nach Wertsachen die halbe Einrichtung zerstört? Deshalb halte ich eine Hausratversicherung, die bei allen diesen Schäden einspringt, durchaus für sinnvoll. Ersetzt wird übrigens der Neupreis von beschädigten oder gestohlenen Gegenständen, also nicht nur der Zeitwert. Bei wertvollen Möbeln, Kleidungs- oder Schmuckstücken machen Sie deshalb am besten eine Inventarliste mit dem Neupreis, fotografieren die einzelnen Stücke und bewahren alle Unterlagen sicher auf, zum Beispiel bei Freunden oder in einem Banksafe.

Notwendig ist eine Hausratversicherung auf jeden Fall, wenn Sie eine hochwertige Wohnungseinrichtung haben, Antiquitäten sammeln oder Kunstgegenstände besitzen.

Was können Sie absichern?

Rechtsschutzversicherung

Rechtsstreite nehmen zu. Deshalb kann eine Rechtsschutzversicherung sinnvoll sein.

Sie übernimmt die Kosten eines Rechtsstreits wie etwa Anwalts- und Gerichtskosten. Beim Rechtsschutz gibt es drei Grundbausteine: Verkehrsrechtsschutz, Privat- und Berufsrechtsschutz sowie Wohnungs- und Grundstücksrechtsschutz.

Gut abgesichert lebt sich's leichter

Im Verkehrsrechtsschutz sind Streitigkeiten versichert, die Ihnen als Halterin oder Fahrerin eines Kraftfahrzeugs widerfahren können. Der Privat- und Berufsrechtsschutz umfasst Vertrags-, Arbeits- und Sozialgerichts-, Steuer-, Daten- sowie Beratungsrechtsschutz im Erb- und Familienrecht etc. Über Wohnungs- und Grundstücksrechtsschutz sind Streitfälle mit Vermietern versichert bzw. als Hauseigentümerin Streitigkeiten, die Ihr Grundstück betreffen.
Sie können entweder einen Baustein wählen oder ein gesamtes Paket. In der Regel besteht eine Wartefrist von drei Monaten.

Was ist überflüssig?

Unnötig ist meiner Meinung nach eine:
- Kfz-Insassenversicherung, weil alle berechtigten Ansprüche, die gegen Fahrzeughalterin oder Fahrerin erhoben werden können, durch die Kfz-Haftpflichtversicherung gedeckt sind. Familienangehörige sind durch eine Unfallversicherung besser geschützt, weil diese alle Unfälle abdeckt, nicht nur Verkehrsunfälle.
- Glasversicherung, wenn Sie nicht Ladenbesitzerin sind und Ihr Geschäft über große Schaufenster verfügt.
- Haushaltsgeräte- und Reisegepäckversicherung.
- Sterbegeldversicherung; dafür sparen Sie besser auf andere Weise mit höheren Renditen.

> **Auf den Punkt gebracht**
>
> - Machen Sie einen Versicherungscheck, kündigen Sie überflüssige Versicherungen. Niemand kann sich gegen alle Eventualitäten des Lebens absichern.
> - Überflüssig sind Versicherungen dann, wenn Sie die möglichen Schäden selbst tragen können, ohne in Schwierigkeiten zu geraten.
> - Aber versichern Sie sich unbedingt gegen die Schadensfolgen, die Sie ruinieren könnten.

Planung führt zum Erfolg

➤ *Mit dem Kassensturz geht's los*

Sie möchten zu Ihrem Geburtstag viele Freunde einladen und ein Festmenü kochen. Aber Sie planen das Essen nicht, Sie schreiben auch keine Einkaufsliste. Sie gehen einfach in den Supermarkt und nehmen mit, was Ihnen aus den Regalen entgegenlacht. Und dann wundern Sie sich, dass die Wiener Würstl nicht zum Rindercarpaccio passen?

Natürlich ist das im »richtigen Leben« absurd! Niemand verhält sich so, denn ohne Planung geht nichts.

Bei der Vermögensplanung allerdings ist so etwas gang und gäbe. Da hat ein Nachbar einen heißen Aktientipp, der Bankangestellte ruft ständig an, weil Sie auf Ihrem Girokonto einen größeren Betrag liegen haben. Der Bausparvertreter will demnächst auch vorbeischauen, denn Sie brauchen natürlich, egal was Sie vorhaben, dringend einen Bausparvertrag. Außerdem laufen Pfandbriefe aus, und weil Sie nicht wissen, wohin mit dem Geld, kaufen Sie gleich wieder welche, ob es passt oder nicht. In der Tageszeitung werden tolle Anlagen vorgestellt, und nach einer Wirtschaftssendung im Fernsehen glauben Sie zu wissen, was gut für Sie ist.

Selten plant jemand rational und systematisch seinen Vermögensaufbau und seine Altersvorsorge. Dabei geht es doch um äußerst folgenreiche Entscheidungen. Das Resultat sieht dann ja auch entsprechend aus. Wenn Sie einen guten Anlageerfolg erzielen wollen, brauchen Sie also eine vernünftige Strategie. Ob Sie ein Festessen planen oder Ihre Altersvorsorge, in jedem Fall müssen Sie zunächst klären, welche Voraussetzungen gegeben sind, was Sie erreichen möchten, was Sie dafür einsetzen können und auf welche Weise Sie zu Ihrem Ziel kommen wollen.

Wenn Ihre finanzielle Planung erfolgreich werden soll, müssen Sie also zuerst folgende Fragen beantworten:

→ Was habe ich?
→ Was will ich erreichen?
→ Was kann und will ich dafür tun?

Was habe ich?

Ein Kassensturz bringt's ans Licht: Haben Sie mit Ihrem Geld gut gewirtschaftet? Oder waren Sie zu ängstlich und haben deshalb nur magere Renditen erzielt? Sind Ihre Geldanlagen gut strukturiert oder eher ein Sammelsurium aller möglichen Zufallsanlagen? Ist Ihr Geld recht einseitig angelegt, zum Beispiel ausschließlich auf Sparkonten, in Bundesschatzbriefen, Lebensversicherungen oder auch in Immobilien?

Und Sie sehen auch, wo noch Lücken sind: Hapert's bei der eisernen Reserve? Zu wenig Eigenkapital für eine Immobilie? Von der Lücke in der Altersabsicherung ganz zu schweigen.

Sie können keinen Kassensturz machen, weil Sie nichts haben? Das glaube ich nicht! Sie verdienen doch Monat für Monat Geld! Urlaubsgeld und Weihnachtsgeld gibt es auch noch. Erhalten Sie vielleicht vermögenswirksame Leistungen von Ihrem Arbeitgeber? Oder eine betriebliche Altersvorsorge? Haben Sie ein Sparbuch? Die paar Euro auf dem Sparkonto anders anzulegen, bringt doch nichts, meinen Sie? Keine Geringschätzung bitte! In diesem Buch geht es ja genau darum, mehr aus Ihrem Geld zu machen.

Was will ich erreichen?

Brauchen Sie demnächst ein neues Auto? Wollen Sie umziehen? Oder geht es mittelfristig um eine Zusatzausbildung oder Existenzgründung? Ist eine eigene Immobilie oder ein Ferienhäuschen Ihr sehnlichster Wunsch? Oder möchten Sie alles daransetzen, im Alter gut leben zu können?

Denken Sie darüber nach, welche Ziele Sie kurzfristig, mittelfristig und längerfristig erreichen möchten und wie viel Sie dafür einsetzen können. Und schreiben Sie sich das alles auf. Mit einem klaren Ziel vor Augen spart sich's leichter.

Aus Ihren persönlichen Vorstellungen und Wünschen ergibt sich der Anlagehorizont und damit die Art der Geldanlage. Nicht umgekehrt.

Wie komme ich zum Ziel?

Für *kurzfristige* Ziele sparen Sie am besten auf einem Tagesgeld- oder Cashkonto Geld an. Natürlich gibt es dafür keine hohen Zinsen. Dafür aber steht Ihnen Ihr Geld auch jederzeit ohne Verlust zur Verfügung. Wichtig: Geld für kurzfristige Ziele darf nie in riskante Anlagen investiert werden.

Als *mittelfristig* wird ein Zeitraum von vier bis sechs Jahren bezeichnet. Dafür gibt es schon lukrativere Geldanlagen wie Bausparverträge mit höheren Guthabenzinsen, Rentenfonds, offene Immobilienfonds, gemischte Fonds, Dachfonds mit kleinerem Aktienanteil, Zielfonds usw.

Längerfristig ist alles, was über sechs, sieben Jahre hinausgeht. Mit solchen Anlagen schaffen Sie ein Vermögen, weil Sie durch einen Anlagehorizont von 10, 20 Jahren und mehr höhere Renditen erwirtschaften und oft auch noch Steuervorteile genießen. Geeignet sind hier vor allem Aktien und Aktienfonds, gemischte Fonds und Dachfonds mit höherem Aktienanteil, die verschiedenen Modelle privater Rentenversicherungen, Immobilien. Und natürlich auch geschlossene Fonds, wenn sie zu Ihrer Lebenssituation passen.

Welche Beträge Sie in der jeweiligen Kategorie anlegen, hängt von Ihren individuellen Zielen und Wünschen ab und natürlich auch von Ihrer Risikobereitschaft. Der Begriff Streuung darf aber nicht zu weit gefasst werden. Eine Fülle verschiedenartigster Geldanlagen bedeutet Chaos und keine gezielte Streuung.

Ein weiteres, nicht unwesentliches Kriterium bei der Geldanlage ist die Verwaltbarkeit. Beruflich stark engagierte Frauen haben in

Planung führt zum Erfolg

der Regel weder Zeit noch Lust, sich täglich mit ihrer Geldanlage auseinanderzusetzen. Außerdem sollten Sie berücksichtigen, dass nicht alle Geldanlagen in allen Lebensphasen einen Sinn ergeben. Wer im Ruhestand ist, braucht eine andere Vermögensstrategie als eine Frau in der Erziehungszeit oder junge Leute am Anfang ihres Berufslebens.

Noch so viel Monat und so wenig Geld?

Wenn bei Ihnen am Ende des Geldes noch viel Monat übrig ist, dann kommen Sie um einen Haushaltsplan nicht herum. Wie wollen Sie sonst das Bermuda-Dreieck in Ihren Finanzen finden und sicher umschiffen? Sie haben keine Lust dazu und auch keine Zeit? Denken Sie doch an Ihre Ziele! Sie wissen es wahrscheinlich: Um zu Geld zu kommen, gibt es nur zwei Wege: *mehr verdienen* oder *weniger ausgeben.*

Mehr zu verdienen, ist nicht immer möglich. Also bleibt nur die Alternative: weniger ausgeben. Um dahin zu kommen, sollten Sie zwei Monate lang ein Haushaltsbuch führen. Sie müssen ja auf der Suche nach dem »verlorenen Geld« nicht zu pingelig vorgehen. Sonst verlieren Sie die Lust dazu. Nicht jeder ausgegebene Cent ist von Bedeutung, sondern ausschließlich die größeren Posten.

Nicht ändern können Sie in der Regel Ihre Fixkosten. Trotzdem lohnt auch hier die Durchsicht: Lassen sich die Telefonkosten reduzieren? Sind Sie nicht auch mit einem kleineren Fahrzeug glücklich? Vielleicht verzichten Sie auch eine Weile ganz aufs Auto. Ein Mittelklassewagen kostet inklusive Wertverlust pro Monat circa 300 Euro! Selbst wenn Sie ab und zu Taxi fahren, kommt das noch viel billiger, als ein Fahrzeug zu halten. Durchforsten Sie Ihre Versicherungen. Brauchen Sie wirklich eine Glas- oder Rechtsschutzversicherung?

Wirklich fündig werden Sie vermutlich bei den variablen Ausgaben. Restaurantbesuche beispielsweise gehen ganz schön ins Geld. Oder auch die Ausgaben für Kleidung, Kosmetik, Sport und Fitness. Da, wo das meiste Geld verschwindet, lässt sich auch am meisten sparen.

Eine amerikanische Investmentgesellschaft rechnete einmal vor, was zusammenkommt, wenn jemand 30 Jahre lang auf die tägliche Tasse Cappuccino zu 2,50 US-Dollar verzichtet. Das Geld wird in einem Aktienfonds angelegt, der im langjährigen Durchschnitt rund 9 % Rendite pro Jahr erwirtschaftet. Das ergäbe somit ein Kapital von rund 129 000 US-Dollar. Und wenn Sie dann wegen der Geldentwertung die Sparrate noch jährlich um 3 % erhöhen, summiert sich das auf rund 170 000 US-Dollar.

Ganz bestimmt müssen Sie nicht auf alles verzichten, was Spaß macht! Und Sie sollen auch nicht in Sack und Asche gehen. Aber denken Sie daran: Auch ein ausgeglichenes Konto und ein finanzielles Polster machen Freude. Wenn Sie zum Beispiel durch Ihre Sparaktion monatlich 150 Euro übrig haben, dann könnten Sie diese 150 Euro in einen Aktienfonds investieren. Klassische, international anlegende Aktienfonds haben in den vergangenen 20 Jahren eine Rendite von durchschnittlich 9 % pro Jahr erbracht. Sie hätten also nach zehn Jahren rund 29 000 Euro zur Verfügung, nach 20 Jahren sind das schon rund 96 000 Euro!

Ganz gleich, wie viel Sie monatlich sparen können, wichtig ist, dass Sie es regelmäßig tun. Wenn Sie in Zukunft nicht nur beruflich, sondern auch wirtschaftlich erfolgreich sein wollen, müssen Sie planen. Deshalb gilt alles, was auf den vorhergehenden Seiten gesagt wurde, auch in Ihrem Fall: Machen Sie unbedingt eine Bestandsaufnahme, überlegen Sie sich Ihre kurz-, mittel- und langfristigen Ziele, entwerfen Sie ein Anlagekonzept oder lassen Sie sich professionell dabei helfen.

Planung führt zum Erfolg

Das Magische Dreieck

➤ *Jederzeit verfügbares Geld,*
ganz ohne Risiko, bei maximaler Rendite?

? **Nachgefragt:**
Tolle Rendite, kein Risiko?

Ich habe 30 000 Euro. Die will ich sicher anlegen und
jährlich 3000 Euro daraus entnehmen. Aber 7 % Rendite
soll das Ganze natürlich schon bringen. Was gibt's denn da?

Nichts! Denn Ihre Wünsche sind mit einer einzigen Geldanlage nicht zu erfüllen. Grundsätzlich gilt: Je höher die
mögliche Rendite, desto mehr Risiko ist damit verbunden.
Eine sichere und jederzeit verkäufliche Anlage wie ein
Bundeswertpapier oder ein entsprechender Rentenfonds
bringt eben derzeit nur 3,5 bis 4 %.
Bei Anleihen aus Schwellenländern, entsprechenden Rentenfonds und Fonds mit Aktien sind zwar 7 % und mehr
möglich. Aber hier ist natürlich auch das Risiko deutlich
höher. Sie müssen sich also entscheiden: ganz sicher und
jederzeit verfügbar – dann gibt es keine 7 %. Ansonsten
müssen Sie ein höheres Risiko eingehen oder Ihr Geld
zehn Jahre und länger festlegen, wie in geschlossenen Immobilienfonds und Schiffsbeteiligungen.

Solche Fragen werden mir sehr häufig gestellt. Das ist fatal, weil
ganz offenkundig der Zusammenhang zwischen Rendite und Risiko nicht bekannt ist und auch nicht, wie Sicherheit und Verfügbarkeit des Geldes sowohl die Rendite als auch das Risiko be-
einflussen. Das führt dann natürlich zu völlig unrealistischen

Erwartungen und öffnet unseriösen Anlageberatern und Betrügern Tür und Tor.
Lesen Sie deshalb unbedingt die folgenden Seiten, bevor Sie überhaupt Geld anlegen.

Sie möchten also eine Anlage, die nicht nur hohe Erträge bringt, sondern auch absolut sicher ist und über die Sie jederzeit verfügen können. Und wenn Sie darüber hinaus nicht allzu viel damit zu tun hätten, wäre die Geldanlage ideal.
Eine Geldanlage, die all diese Ziele in idealer Weise verwirklicht, gibt es nicht. Die Darstellung dieser Ziele illustriert das Magische Dreieck.

Magisches Dreieck

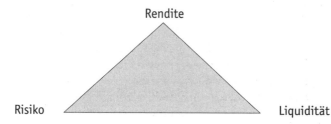

Denn nur Magie könnte Ihnen maximalen Ertrag bei geringstem Risiko und ständiger Verfügbarkeit (Liquidität) bringen.
Wenn Sie Ihr Geld beispielsweise auf ein Sparbuch legen, haben Sie zwar kein Risiko und Sie können schnell darüber verfügen. Ihr Ertrag ist aber auch mager. Nach Abzug von Steuern und Inflationsrate bleibt meist nichts mehr übrig.
Sie müssen also Kompromisse schließen. Wenn Sie bei Ihrer finanziellen Planung Liquidität und Ertrag, Wachstum und Sicherheit in gleicher Weise berücksichtigen wollen, dürfen Sie nicht in eine einzige Geldanlage investieren – Sie müssen Ihr Geld streuen.

Das Magische Dreieck

Liquidität

Liquide ist Ihr Geld, wenn Sie jederzeit darüber verfügen können. Besonders Frauen, das zeigen Umfragen, möchten ihr Geld gern griffbereit haben.

Natürlich ist es wichtig, eine Liquiditätsreserve für Anschaffungen, Reisen und für Notfälle zu haben. Aber es ist unsinnig und wenig lukrativ, größere Geldbeträge für imaginäre Notlagen bereitzuhalten.

Ebenso wenig sinnvoll ist es allerdings, das ganze Vermögen langfristig und schwer auflösbar anzulegen.

Risiko

Es gibt keine Geldanlage ohne jegliches Risiko. Bei dem Wort Risiko denken die meisten Leute an Totalverluste durch Börsencrashs oder betrügerische Anlagevermittler. Von diesen Extremfällen einmal abgesehen, gibt es ganz alltägliche und manchmal nicht vermeidbare Risiken, die Sie kennen sollten.

Das Bonitätsrisiko

Gemeint ist damit, dass die Institution oder das Unternehmen, dem Sie Ihr Geld anvertrauen, sicher sein muss. Bei Anleihen namhafter europäischer Banken dürfte kein Risiko bestehen. Bei Anleihen verschiedener Länder heißt es schon aufpassen. Oder möchten Sie derzeit argentinische Staatsanleihen besitzen?

Unternehmensanleihen bergen das größte Risiko, denn die Firmen können ja auch pleitegehen. Bewusst muss Ihnen sein, dass ein überdurchschnittlich hoher Zins, ob bei einer Unternehmens- oder einer Staatsanleihe, immer eine Art Risikoprämie darstellt.

Sowohl bei Unternehmensanleihen als auch bei ausländischen Staatsanleihen ist die Bonität der Emittenten von entscheidender Bedeutung. Fragen Sie Ihre Bank nach dem Rating eines Unternehmens oder Staates. Das ist die Bewertung der Kreditwürdigkeit eines Schuldners durch spezielle Agenturen. Am häufigsten finden Sie die Bewertung der beiden amerikanischen Ratingagenturen Standard & Poor's (S & P) und Moody's.

Das Bewertungsschema von S & P

AAA   allerbeste Beurteilung, sehr geringes Risiko

AA +
AA   hohe Qualität, geringes Risiko
AA –

A +
A   gute Qualität des Schuldners;
A –   aber auch negative Entwicklung ist möglich

BBB +
BBB   durchschnittliche Qualität des Schuldners;
BBB –   Risiko möglich

BB +
BB   Anleihen mit spekulativem Charakter;
BB –   Gefahr, dass Zinsen und Tilgung nicht gezahlt werden

B +
B   sehr spekulatives Wertpapier
B –

CCC
CC   Junk Bonds (Schrottanleihen)
C

Das Magische Dreieck

Das Marktrisiko

Auch hochkarätige Spezialisten können nicht mit Sicherheit vorhersagen, ob die Zinsen in den nächsten Jahren steigen oder fallen, wie sich der Dollar oder die Aktienkurse entwickeln, ob es einen Börseneinbruch gibt oder nicht. Wer etwas anderes behauptet, ist unseriös.

Sie können nur ganz allgemein davon ausgehen, dass Höhenflüge bei Aktien durch politische und wirtschaftliche Ereignisse gebremst werden können, dass auf einen Konjunkturabschwung wieder ein -aufschwung folgt. Nur *wann* das alles eintritt, ist eine Prognose und dementsprechend unsicher.

Das politische Risiko

Änderungen in der Gesetzgebung können gravierende Auswirkungen für Anlegerinnen haben. Denken Sie nur an die Halbierung des Zinsfreibetrags zum 1. 1. 2007 und an die geplante Abgeltungssteuer auf Kursgewinne bei Aktien und Verkaufsgewinne bei Immobilien.

Das Geldwertrisiko

Sogar mit einem Sparbuch können Sie auf längere Sicht Geld verlieren. Wie das geht? Sie erhalten auf Ihr Sparguthaben 1,5 % Zinsen. Bei einer Inflationsrate von 2 % vermehren Sie damit aber leider nicht Ihr Geld, sondern zahlen im Endeffekt drauf.

Rendite

Die Rendite zeigt, was Ihr eingesetztes Kapital innerhalb einer bestimmten Zeit bringt. Und das sind nicht nur Zinsen, sondern auch Dividenden bei Aktien, Ausschüttungen bei Investmentfonds, Mieteinnahmen bei Immobilien. Auch Steuerersparnisse bei Immobilien und Lebensversicherungen, Wertzuwachs bei

Immobilien und Gold sowie Kursgewinne bei Aktien und festverzinslichen Wertpapieren gehören hierzu!

❓ Nachgefragt:
Realzins – was ist das denn?

Ich habe schon öfter den Begriff »Realzins« gelesen und gehört, dass dieser ganz wichtig ist. Mir ist nicht klar, was das heißt. Können Sie es mir erklären?

Der Realzins besagt, wie viel Ihnen von Ihren Zinsen nach Abzug der Inflationsrate tatsächlich bleibt. Die Höhe der Zinsen, die Sie für Ihr Geld bekommen, sagt ja allein noch nicht viel aus. Denn was nützen Ihnen beispielsweise tolle Zinsen von 10 %, wenn die Inflationsrate, also die Steigerung der Lebenshaltungskosten, 8 % beträgt? Von den 10 % Zinsen bleiben Ihnen dann nur 2 %! Solch hohe Zins- und Inflationsraten gab es schon einmal, in den 70er-Jahren!

4 % gibt es derzeit zum Beispiel bei Sparbriefen. 2 % beträgt die Inflationsrate, also bleiben Ihnen reale 2 %. Sie sehen also aus den beiden Zahlenbeispielen, dass so unterschiedlich hohe Zinsen wie 10 % und 4 % letztlich zum selben Ergebnis führen können.

Berücksichtigen Sie dann auch noch die Steuern, die Sie auf die Zinsen zahlen müssen, bleiben von 2 % Realzins, wie im obigen Beispiel, bei einem Steuersatz von 30 % gerade mal 1,4 %. Grund genug, mehr auf die Rendite und Steuern zu achten, wenn Sie Geld anlegen!

Das Magische Dreieck

Testen Sie Ihr Wissen

➤ *Ein nicht ganz ernst gemeintes Quiz*

A) Ein Fonds ist:

1. Der rückwärtige Teil einer Limousine.
2. Eine eingedickte Brühe vom Kalb, Rind usw.
3. Ein »Topf« mit Anlegergeldern, der professionell verwaltet wird.

B) Ein Pfandbrief ist:

1. Der Schein, den man bekommt, wenn man im Pfandhaus etwas versetzt hat.
2. Ein festverzinsliches Wertpapier, ausgegeben von Hypothekenbanken.
3. Ein anderer Ausdruck für Dosenpfand.

C) Ein Genussschein ist:

1. Der Mitgliedsausweis in der Gewerkschaft Nahrung, Genuss, Gaststätten.
2. Ein Wertpapier, Zwitter zwischen Aktie und Anleihe.
3. Ein Gutschein für Freibier auf dem Oktoberfest.

D) Bonds sind:

1. Die Verwandten von James Bond.
2. Der angelsächsische Begriff für festverzinsliche Wertpapiere.
3. Sadomaso-Praktiken.

E) Stockpicking ist:

1. Eine andere Bezeichnung für Nordic Walking. ☐
2. Das, was ein Parkwächter macht, der mit einem ☐
   Stock den Abfall aufhebt.
3. Eine Strategie bei der Aktienanlage. ☐

F) Eine Baisse ist:

1. Ein sehr süßes Schaumgebäck. ☐
2. Ein stärkerer, meist länger anhaltender ☐
   Kursrückgang an der Börse.
3. Französisch für Kuss. ☐

G) Blue Chip ist:

1. Eine Bezeichnung für Plastikgeld, das in ☐
   Spielbanken verwendet wird.
2. Ein Kreuzfahrtschiff der Luxuskategorie. ☐
3. Eine Bezeichnung für Aktien höchster Qualität. ☐

H) Top Down heißt:

1. Die Kurve eines Aktienfonds bei einem Börsencrash. ☐
2. Ein Oben-ohne-Sonnenbad. ☐
3. engl. Ausdruck für Abstieg vom Berg. ☐

Auflösung

A:3, B:2, C:2, D:2, E:3, F:2, G:3, H:1.

Ergebnis

6 bis 8 richtige Antworten: Sie sollten sich den Kaufpreis für dieses
Buch zurückgeben lassen – Sie brauchen es nicht!

5 bis 3 richtige Antworten: Sie dürfen die nächsten Seiten über-
blättern.

2 bis 1 richtige Antworten: Kritisch! Sie sollten das Buch unbedingt
zweimal lesen!

Testen Sie Ihr Wissen

Aktien, Fonds & Co.

➤ *Was Sie schon immer über Geldanlagen*
wissen wollten

Am 23. Juni 1838 starb eine der ungewöhnlichsten Frauen des frühen 19. Jahrhunderts: Bayerns letzte Kurfürstin Maria Leopoldine. Sie war geistig und materiell unabhängig wie kaum eine andere Frau ihrer Zeit.

Nach dem Tod ihres 53 Jahre älteren Mannes, des bayerischen Kurfürsten Karl Theodor, begann ihr unaufhaltsamer Aufstieg als Gutsbesitzerin und Immobilienmaklerin zur reichsten Frau Bayerns. Sie erwarb Brauereien und Liegenschaften im großen Stil, sanierte diese und verkaufte sie gewinnbringend oder behielt sie – wenn die Rendite gut war.

In ihrem letzten Lebensabschnitt allerdings wandte sie sich einem wesentlich lukrativeren Wirtschaftszweig zu: den Börsengeschäften. Sie hatte dabei eine äußerst glückliche Hand und erzielte mit ihren Aktiengeschäften aufsehenerregende Gewinne und entwickelte sich so zu einer bedeutenden Aktienspekulantin ihres Jahrhunderts.

Ihre Kernaussage: *»Um seine Unabhängigkeit wirklich zu genießen, muss man sein Vermögen in einer Mappe haben und als wahrer Kosmopolit an nichts hängen.«*

Aktien

So kennen wir die Börse: eine riesige Anzeigentafel im Hintergrund, auf der ständig neue Zahlen erscheinen. Davor eine Menge Männer (nur wenige Frauen) in Anzug und Krawatte oder – ganz cool – im Hemd mit Hosenträgern, natürlich mit mehreren

Handys bestückt, rennen sie aufgeregt herum, brüllen sich unverständliche Ausdrücke zu und machen dazu noch höchst merkwürdige Handzeichen.

Was wie ein Tohuwabohu aussieht und äußerst seltsam anmutet, folgt in Wirklichkeit sehr strengen Regeln und steht unter strengster Aufsicht – die Börse, also der Markt, an dem Aktien, festverzinsliche Papiere, Gold, Kaffee, Zucker und andere Rohstoffe und noch vieles mehr gehandelt werden.

Wobei anzumerken ist, dass das oben beschriebene Szenario des Aktienhandels auf dem sogenannten Parkett (damit ist der Börsensaal gemeint) zunehmend abgelöst wird vom Telefonhandel und vom elektronischen Handelssystem Xetra. Da sitzen dann die gleichen gut gekleideten Herren vor vielen Computern, und es geht vergleichsweise ruhig zu.

Ähnlich unverständlich wie ihr Verhalten ist oft die Sprache der Börsianer. Da heißt es beispielsweise: Die Aktien waren heute:

»fest« oder »freundlich«	=	steigende Kurse
»behauptet«	=	die Kurse haben sich im Vergleich zum Vortag wenig verändert
»schwach«	=	die Kurse sind gefallen
»tendiert seitwärts«	=	es tut sich nichts
»Hausse«	=	steigende Aktienkurse auf einem einzelnen oder dem gesamten Markt
»Baisse«	=	das Gegenteil, also sinkende Kurse

Ja, und dann gibt es noch Bullen und Bären! Was ist das?

Nun, der Bulle steht für eine positive Entwicklung an der Börse, weil er mit seinen Hörnern die Kurse nach oben stößt (die Stimmung ist also bullish). Und das Gegenteil ist dann bearish, weil der Bär die Kurse mit den Tatzen nach unten drückt.

Doch jetzt schauen wir uns Aktien mal etwas genauer an. Aktien sind Wertpapiere. Mit dem Kauf einer Aktie erwerben Sie einen kleinen Anteil am Grundkapital einer Aktiengesellschaft, zum Beispiel von Siemens, BMW, Nestlé. Sie werden damit zur Miteigen-

Aktien, Fonds & Co.

tümerin des Unternehmens und sind an Gewinn und Verlust beteiligt. Mit der Ausgabe von Aktien besorgen sich Aktiengesellschaften Eigenkapital, mit dem Forschung und Entwicklung, der Einsatz neuer Technologien usw. finanziert werden.

Sind alle Aktien gleich?

Die übliche Aktienform sind Stammaktien. Über diese Stammaktien erwerben Sie Aktionärsrechte, wie zum Beispiel das Stimmrecht in der Hauptversammlung, entsprechend dem Anteil am Grundkapital der AG. Und Sie haben ein Anrecht auf eine Dividende, wenn das Unternehmen eine ausschüttet.

Nennwert und Kurswert

Der Nennwert ist der nominale Wert einer Aktie, also der Anteil am Grundkapital des Unternehmens. Der Nennwert einer Aktie lautet in der Regel auf einen Euro oder ein Vielfaches davon.

Gekauft werden Aktien aber nicht zum *Nennwert*, sondern zum *Kurswert*, der völlig unabhängig vom Nennwert ist. Der Kurswert wird bestimmt von Angebot und Nachfrage, von Erfolg und Misserfolg der einzelnen Unternehmen. Aber natürlich auch von der allgemeinen wirtschaftlichen Entwicklung und von innen- sowie außenpolitischen Ereignissen. Sie kennen das aus den Nachrichten: Regierungswechsel, Attentate, die Entwicklung im Nahen Osten, Naturkatastrophen. All diese Ereignisse, deren Folgen erst einmal nicht zu übersehen sind, wirken sich auf Aktienkurse aus.

Den stärksten Einfluss haben aber psychologische Faktoren, also Hoffnungen und Wünsche, Ängste und Panik und – nicht zu vergessen – die Gier der Anleger.

Aus all diesen Gründen ist eine Kursentwicklung nicht vorherzusagen.

Einen Kursgewinn erzielen Sie, wenn Sie Ihre Aktie zu einem höheren Kurs verkaufen, als Sie diese gekauft haben. Einen Kursverlust müssen Sie verbuchen, wenn Sie das Papier zu einem niedrigeren Kurs verkaufen, als Sie es gekauft haben.

> **Nachgefragt:**
> **Gewinne sichern**

Einige meiner Aktien haben schon schöne Kursgewinne erzielt. Ich will sie nicht verkaufen, möchte aber bei einem Kurseinbruch natürlich auch nicht wieder alles verlieren. Wie stelle ich das an?

Mit einer sogenannten Stop-Loss-Order können Sie Ihre Gewinne auf einfache Weise sichern. Das funktioniert so: Sie geben der Bank ein bestimmtes Limit vor. Fällt der Kurs so weit, dass er dieses Limit erreicht, verkauft die Bank die entsprechende Aktie zum nächsten zustande kommenden Kurs. Treten die gefürchteten Verluste dagegen nicht ein, bleibt die Aktie in Ihrem Besitz, und Sie können von weiteren Kurssteigerungen profitieren.

Dividende

Als Aktionärin erhalten Sie auf Ihre Anteile eine jährliche Gewinnausschüttung, die sogenannte Dividende. Im Gegensatz zu Zinsen bei festverzinslichen Wertpapieren steht die Dividende aber nicht fest. Erzielt die Aktiengesellschaft keinen Gewinn, kann die Dividende herabgesetzt werden oder auch ganz ausfallen. Genauso kann sie aber auch erhöht werden.

Auf den Punkt gebracht

* Die Hälfte aller deutschen Privataktionäre besitzt weniger als fünf Aktien, und die überwiegend von deutschen Unternehmen wie Telekom, DaimlerChrysler oder Infineon. Von einer sinnvollen Investition kann hier nicht die Rede sein.

Aktien, Fonds & Co.

- Einzelne Aktien zu kaufen, ist nur dann zu empfehlen, wenn so viel Geld investiert werden kann, dass eine sinnvolle Risikostreuung möglich ist. Dazu müssten Aktien aus unterschiedlichen Branchen und Ländern gemischt werden können. Dies ist beispielsweise mit 10 000 Euro nicht möglich. Es gibt Vermögensverwaltungen, die sogar bis zu einem Vermögen von mehreren hunderttausend Euro überwiegend mit Aktienfonds arbeiten.
- Ein großer international ausgerichteter Fonds investiert in 100 bis 200 Aktien von Unternehmen verschiedener Regionen und unterschiedlicher Branchen. Sie haben hier also eine enorme Risikostreuung und können die Aktienanalyse delegieren.
- Kaufen können Sie Aktien bei Ihrer Bank, bei der Sie auch ein Depot einrichten müssen, in dem Ihre Aktien verwahrt und verwaltet werden. Der Kauf über Direktbanken ist preisgünstiger, allerdings erhalten Sie dort keine Beratung. Dies ist also nur dann zu empfehlen, wenn Sie sich wirklich gut auskennen.

Wer ist Dow Jones?

Dow wie Jones sind Nachnamen. Beide stehen für die Idee, die täglichen Bewegungen der Aktienkurse an der Wall Street in einer einzigen Zahl wiederzugeben.

Es begann im Oktober 1896. Der Gedanke von Charles Dow war ebenso genial wie einfach: Er nahm die zwölf wichtigsten Aktien, addierte deren Kurse und teilte sie wieder durch zwölf. Ergebnis zur Geburtsstunde des Dow Jones = 49,71 Punkte.

Seitdem wird der Index täglich veröffentlicht. Zunächst nur in der kleinen Zeitung, die Charles Dow zusammen mit seinem Partner Eddie Jones betrieb, heute weltumspannend. Aus der kleinen Zeitung von damals entstand die bedeutendste Finanzzeitung der Welt, das »Wall Street Journal«.

Geändert haben sich seit damals nur die Zahl der enthaltenen Titel (heute sind es 30) und natürlich der Stand des Index.

Die wichtigsten Indizes weltweit

DAX	Abkürzung für Deutscher Aktienindex. Hier sind die 30 umsatzstärksten deutschen Aktienwerte zusammengefasst.
MDAX	Deutscher Aktienindex, in dem 50 mittelgroße Unternehmen enthalten sind, sogenannte Mid Caps.
DAX 100	Deutscher Aktienindex, in dem die 30 DAX-Werte und 70 Mid-Cap-Werte enthalten sind.
SDAX	In diesem deutschen Aktienindex sind 50 kleinere Unternehmen, sogenannte Small Caps, enthalten.
TecDAX	Das ist der jüngste deutsche Aktienindex, eingeführt 2003. Darin sind die 30 wichtigsten Technologiewerte zusammengefasst.
Dow Jones	Führendes Börsenbarometer der USA, enthält die 30 größten Unternehmen der USA.
Euro Stoxx 50	Führendes europäisches Börsenbarometer. In ihm sind die 50 größten europäischen Unternehmen enthalten, die der Euro-Währungszone angehören.
Nasdaq	ist der amerikanische Index für besonders wachstumsträchtige und innovative Werte.
Nikkei	Der Aktienindex der Tokioter Börse.
Hang Seng	Der führende Aktienindex in Hongkong. Er enthält Aktien der 33 führenden Unternehmen.

Bausparen

Bausparen ist in Deutschland eine der beliebtesten Sparformen überhaupt – eine deutsche Besonderheit, die es in dieser Form nirgendwo sonst gibt. Sie finden kaum eine Familie in Deutsch-

Aktien, Fonds & Co.

land, die nicht einen oder mehrere Bausparverträge besitzt. Kein Wunder, der Name verbindet zwei Begriffe, die in Deutschland außerordentlich positiv besetzt sind: *bauen* und *sparen*. Das klingt so schön nach Heim und Herd, nach Tüchtigkeit und Tugend. Und, ja, es klingt auch ein bisschen nach Anstrengung und Schweiß, was bekanntlich den Wert eher steigert!

Am Grundprinzip des Bausparens hat sich seit der Gründung der ersten Bausparkasse im Jahr 1912 nichts geändert. Bausparen funktioniert wie eine Art Generationenvertrag: Während die einen sparen, bauen die anderen mit diesem Geld. In der Ansparphase sammeln Sie mit monatlichen Raten oder auch einmaligen Zahlungen Eigenkapital für Ihren Immobilienkauf an und erwerben sich damit einen Anspruch auf das spätere zinsgünstige Darlehen, das Ihnen bei Vertragszuteilung zusammen mit Ihrem Guthaben ausgezahlt wird.

Damit Ihr Bausparvertrag zugeteilt werden kann, müssen Sie das sogenannte Mindestguthaben (das sind je nach Tarif 40 oder 50 % der Bausparsumme) erreicht haben. Ausgezahlt wird aber erst, wenn Sie zudem eine bestimmte Wartefrist eingehalten haben. Die Mindestlaufzeit sind 18 Monate. Damit wird die Verfügbarkeit gesteuert. Denn ob und wann der Vertrag zugeteilt wird, hängt von der verfügbaren Geldmenge der Bausparkasse ab. Die Berechnung der Zuteilungen erfolgt über die Bewertungszahl (die Saldierung der Guthaben zum Quartalsende).

Ist ein Bausparvertrag noch sinnvoll?

Die Kreditzinsen sind heute noch niedrig. Sie können aber nicht davon ausgehen, dass dies dauerhaft so bleibt. Deshalb ist es gerade in Niedrigzinszeiten sinnvoll, einen Bausparvertrag abzuschließen und sich damit den Anspruch auf ein zinsgünstiges Darlehen zu sichern. Der Nachteil von Bausparverträgen, der geringe Guthabenzins, wiegt derzeit nicht so schwer, weil Sie bei anderen, ähnlich sicheren Geldanlagen auch keine wesentlich höheren Zinsen erhalten. Der große Vorteil von Bausparverträgen liegt in der Kalkulierbarkeit – Sie wissen heute schon, welche Zins- und Tilgungsleistungen später auf Sie zukommen. Und der traditionell niedrige Darlehenszins ist über die gesamte Laufzeit garantiert. Ein weiterer Vorteil von Bausparverträgen gegenüber Bankdarlehen: Sie können später jederzeit kostenfreie Sondertilgungen leisten, zum Beispiel wenn Sparverträge frei werden.

Eine gute Immobilienfinanzierung sollte immer auf drei Beinen stehen: Eigenkapital, Bankdarlehen und Bausparvertrag.

Bausparvertrag mit vielen Optionen

Wie vielseitig Bausparverträge eingesetzt werden können, wissen viele nicht. Das Bauspardarlehen darf zwar laut Gesetz nur für »wohnwirtschaftliche Maßnahmen« aufgenommen werden. Aber diese Vorschrift bietet viele Möglichkeiten – unter anderem die Instandsetzung und Modernisierung einer vorhandenen Wohnung. Damit sind Einbauten gemeint, die fest mit dem Gebäude verbunden sind, wie zum Beispiel Wandschränke, WC oder Waschbecken. Ebenso könnten Sie Parkett, Fliesen oder Teppich verlegen lassen, vorausgesetzt, der Bodenbelag wird fest mit dem Untergrund verbunden.

Sie dürfen stattdessen aber auch ein Ferienhaus erwerben oder sich in ein Seniorenstift einkaufen. Wenn Sie mit anderen zusammen eine Immobilie geerbt haben, können Sie mit dem Darlehen auch die anderen Erben auszahlen. Und eine im Zusammenhang mit einer Immobilienerbschaft angefallene Erbschaftssteuer begleichen.

? *Nachgefragt:*
Bausparvertrag übertragbar?

Ich zahle seit Jahren in einen Bausparvertrag ein, weil ich mir eine Immobilie kaufen wollte. Jetzt ist er zuteilungsreif. Aber nun gehe ich ins Ausland und will nichts mehr kaufen. Kann ich meinen Vertrag auch auf jemand anderen übertragen?

Zumindest bei nahen Angehörigen wird eine solche Übertragung in der Regel akzeptiert – also zum Beispiel bei Eheleuten, auch Verlobten, bei Kindern, Geschwistern, Nichten oder Neffen (offiziell: Angehörige gemäß § 15 der Abgabenordnung [AO]). Voraussetzung ist eine ausreichende Bonität der neuen Vertragspartner. Die letzte Entscheidung liegt allerdings immer beim Kreditinstitut. Dies kann in seinen allgemeinen Geschäftsbedingungen nämlich auch andere Regeln festlegen. Informieren Sie sich deshalb bei Ihrer Bank oder Bausparkasse.

Bausparvertrag mit Wohnungsbauprämie

Auch als reiner Sparvertrag kann Bausparen interessant sein. Falls Ihr zu versteuerndes Einkommen 25 600 Euro im Jahr nicht übersteigt (bei Ehepaaren 51 200 Euro), können Sie mit einem Bausparvertrag ein gutes Geschäft machen: Wenn Sie sieben Jahre lang 512 Euro im Jahr einzahlen und auf das Bauspardarlehen verzichten, gibt es bei einigen Bausparkassen bis zu 4 % Guthabenzinsen und pro Jahr 50 Euro Wohnungsbauprämie als Geschenk vom Staat. Diese Rendite kann sich sehen lassen. Auch für Kinder ab 16 Jahren gibt es die Wohnungsbauprämie schon!

> **Auf den Punkt gebracht**
>
> Ein Bausparvertrag ist immer dann interessant:
>
> • wenn Sie vorhaben, in einigen Jahren eine Immobilie zu erwerben. Sie wissen ja nicht, wie hoch die Hypothekenzinsen sind, wenn Sie Ihren Immobilienkauf verwirklichen.
> • wenn Sie eine Immobilie besitzen und günstiges Geld für die Renovierung brauchen.
> • wenn Sie mit anderen zusammen eine Immobilie erben und die anderen auszahlen wollen.

- wenn das Zinsniveau niedrig ist, weil Sie dann für Ihr Guthaben auch bei anderen sicheren Geldanlagen nur wenig Rendite erhalten.
- wenn Sie die flexiblen Tilgungsbedingungen nutzen wollen. Sie können ja ein Bauspardarlehen jederzeit ohne Zusatzkosten zurückzahlen.
- wenn Sie die Bedingungen für die Wohnungsbauprämie erfüllen.
- wenn Sie kein Darlehen brauchen, aber den Bausparvertrag als risikolosen Sparvertrag mit guten Zinsen nutzen möchten.

Festverzinsliche Wertpapiere

In der Regel verbindet jeder mit »Börse« den Aktienhandel. Doch die größte Börse der Welt ist der Rentenmarkt.

Mit »Renten« sind hier nicht die lebenslangen Zahlungen der gesetzlichen oder privaten Rentenversicherung gemeint. Rentenpapier ist der »offizielle« Name für alle Arten von festverzinslichen Wertpapieren. Und der Markt, auf dem diese Papiere an der Börse gehandelt werden, ist der Rentenmarkt.

Was ist das genau?

Rentenpapiere sind praktisch Schuldscheine, denn mit der Ausgabe dieser Papiere leihen sich Staat, Länder und Gemeinden, Unternehmen und ausländische Staaten Geld von Anlegern. Bei den gängigen Papieren zahlen sie dafür einen Zins, der über die gesamte Laufzeit fest ist (daher die Bezeichnung »festverzinslich«). Vorher festgelegt wird auch die Laufzeit. Sie kann von einem bis zu 30 Jahre betragen.

Emittenten von Rentenpapieren sind zum Beispiel:

→ die Bundesrepublik Deutschland und die Bundesländer mit Bundesobligationen, Bundesanleihen, Bundesschatzbriefen, Finanzierungsschätzen

Aktien, Fonds & Co.

➜ Sparkassen/Banken mit Inhaber-Schuldverschreibungen und Kommunalobligationen, Landesbanken und Hypothekenbanken mit Pfandbriefen

➜ große und mittlere Unternehmen mit Unternehmensanleihen und Schuldverschreibungen

➜ ausländische Staaten mit Staatsanleihen

Alle Rentenpapiere, ausgenommen Bundesschatzbriefe und Finanzierungsschätze, werden an der Börse gehandelt.

Rentenpapiere lauten auf einen bestimmten Nennwert. Er kann 100, 1000 oder ein Mehrfaches davon betragen. Auf diesen Nennwert werden Zinsen bezahlt.

Kommt ein Rentenpapier neu auf den Markt, können Sie es in der Regel zu 100 % des Nennwertes erwerben. Am Ende der Laufzeit erhalten Sie es zu 100 % zurück. Während der Laufzeit allerdings wird ein Rentenpapier zum aktuellen Tageswert gehandelt, also ge- oder verkauft.

Und hierin liegt ein gewisses Risiko: Steigen nämlich die Zinsen während der Laufzeit, sinkt der Kurswert Ihrer Rentenpapiere. Das heißt, Sie würden bei einem vorzeitigen Verkauf nicht mehr 100 % Ihres Geldes zurückbekommen, sondern einen Verlust verbuchen.

Aber kein Risiko ohne Chance: Sinken nämlich während der Laufzeit Ihrer Rentenpapiere die Zinsen, dann haben Sie die Möglichkeit, bei einem vorzeitigen Verkauf der Papiere einen Kursgewinn zu erzielen. Ihre Papiere sind dann mehr wert. Sie würden also mehr als 100 % des eingesetzten Geldes zurückbekommen.

Die Regel heißt:

Zinsen und Kurse laufen meist entgegengesetzt. Das bedeutet:

Steigende Zinsen	=	fallende Kurse
Fallende Zinsen	=	steigende Kurse

Ein Beispiel für Kursentwicklung und Rendite bei gesunkenen Zinsen (August 2006)

Im Kursteil einer Tageszeitung lesen Sie:

Zins	Bundesanleihe	Kurs	Rendite
5,25 %	00/11	105,73	3,7972 %

Das bedeutet konkret:

00 heißt, die Bundesanleihe wurde im Jahr 2000 auf den Markt gebracht. 11 bedeutet, dass sie bis zum Jahr 2011 läuft. Der Zinssatz beträgt 5,25 %, die Rendite 3,7972 %. Der aktuelle Kurswert beträgt 105,73, das bedeutet, dass die damals neu ausgegebene Anleihe zwar zum Kurs von 100 gekauft wurde, dass sie aber heute 105,73 Euro wert ist.

Und warum beträgt die Rendite nur 3,7972 %, wenn der Zinssatz bei 5,25 % liegt? Der Zinssatz für zehnjährige Bundesanleihen lag im August 2006 bei circa 4 %. Die Anleihe von 2000 hat aber noch einen Zinssatz von 5,25 % – und ist deshalb heiß begehrt. Und was begehrt ist, steigt im Preis! Damit sich aber auch für die neuen Bundesanleihen mit 4 % Zins Käufer finden, wird der Preis für die höher verzinsten »alten« Anleihen an der Börse angehoben, sodass sich die Rendite trotz der höheren Zinsen auf dem aktuellen Zinsniveau einpendelt. Der Kurswert bildet somit den Ausgleich zwischen dem damaligen und dem aktuellen Kapitalmarkt-Zinsniveau. Denn wer jetzt diese Anleihe mit 5,25 % Zins kaufen will, zahlt 105,73 Euro dafür, bekommt aber im Jahr 2011 nur 100 Euro zurück. Deshalb beträgt die Rendite nur 3,7972.

Ein Beispiel für Kursentwicklung und Rendite bei gestiegenen Zinsen (August 2006)

Zins	Bundesanleihe	Kurs	Rendite
3,25 %	05/15	94,75	3,9606 %

Die Anleihe wurde also 2005 auf den Markt gebracht. Sie läuft bis 2015. Der Zinssatz beträgt 3,25 %. Da inzwischen die Zinsen gestiegen sind und neue Anleihen mit derselben Restlaufzeit fast 4 % Zins bringen, wurde der Preis der Anleihe an der Börse reduziert. Wer also diese »gebrauchte« Anleihe kauft, zahlt nur 94,75 Euro dafür, bekommt aber 2015 die vollen 100 Euro zurück. Deshalb ist hier die Rendite höher als der Zins.

Bei festverzinslichen Wertpapieren findet also eine Anpassung an das aktuelle Zinsniveau ausschließlich über den Kurs statt, da der Zins ja nicht geändert werden kann, sondern fest ist.

Bei festverzinslichen Wertpapieren ist deshalb der Zins nicht immer auch die Rendite. Die Rendite ist abhängig von Zinssatz, Kaufkurs, Laufzeit und Gebühren. Fast alle großen Tageszeitungen veröffentlichen täglich die aktuellen Renditen der gehandelten Rentenpapiere.

Eine Ausnahme sind Bundesschatzbriefe. Sie bringen weder Kursverluste noch Kursgewinne, da diese Papiere nicht an der Börse gehandelt werden. Es gibt immer, auch bei Verkauf vor Ende der Laufzeit, 100 % des eingesetzten Geldes zurück.

DIE BEKANNTESTEN RENTENPAPIERE

Bundeswertpapiere

Der größte Teil der öffentlich angebotenen Festverzinslichen entfällt auf Bundeswertpapiere. Das sind unter anderem Finanzierungsschätze, Bundesschatzbriefe, Anleihen von Bund, Bahn, Post, von Ländern und Kommunen. Die einzelnen Bundeswertpapiere unterscheiden sich in Laufzeit, Verzinsung, Liquidität und Kursrisiko.

→ **Bundesobligationen** haben eine Laufzeit von fünf,

→ **Bundesanleihen** von zehn Jahren. Sowohl Bundesobligationen als auch -anleihen werden an der Börse gehandelt, unterliegen also bei Zinsänderungen Kursschwankungen.

→ **Bundesschatzbriefe** haben wachsende Zinssätze; diese steigen über die Jahre nach einer festen Zinsstaffel für die gesamte Laufzeit. Bundesschatzbriefe gibt es als Typ A mit einer Laufzeit von sechs Jahren – die Zinsen werden jährlich ausgezahlt – und als Typ B mit einer Laufzeit von sieben Jahren – die Zinsen werden angesammelt. Das Kapital wird bei Fälligkeit oder bei vorzeitiger Rückgabe mit Zinseszins zurückbezahlt. Bundesschatzbriefe liegen ein Jahr fest, können dann aber jederzeit verkauft werden, allerdings nur bis zu 5000 Euro pro Monat.

→ **Finanzierungsschätze** sind abgezinste Papiere, das heißt, sie haben keinen laufenden Zinsertrag. Die Zinsen werden vielmehr bereits beim Kauf vom Nennwert (500 Euro) abgezogen. Sie zahlen also beim Kauf den um die Zinsen geminderten Betrag und erhalten am Ende der Laufzeit den vollen Nennwert von 500. Finanzierungsschätze laufen ein oder zwei Jahre. Sie können während der Laufzeit nicht verkauft werden.

Alle Bundeswertpapiere können bei der Bundeswertpapierverwaltung kostenfrei deponiert werden.

Banken-Schuldverschreibungen

Sie sind neben den öffentlichen Obligationen und Anleihen die meistgekauften festverzinslichen Wertpapiere in Deutschland. Zu ihnen gehören Inhaber-Schuldverschreibungen, Pfandbriefe und Kommunalobligationen.

→ **Inhaber-Schuldverschreibungen** sind festverzinsliche Wertpapiere, die von Banken, Sparkassen oder Girozentralen ausgegeben werden.

→ **Pfandbriefe** werden von Hypothekenbanken oder von öffentlich-rechtlichen Kreditinstituten emittiert. Mit dem Geld, das Sie über Pfandbriefe den Hypothekenbanken zur Verfügung stellen, werden Darlehen an Immobilienkäufer gewährt.

→ **Kommunalobligationen** werden von Gemeinden und anderen Gebietskörperschaften ausgegeben. Der Verkaufserlös aus diesen Kommunalobligationen finanziert öffentliche Aufgaben, also beispielsweise Straßen- und Wohnungsbau, den Bau von Schulen und Krankenhäusern.

Aktien, Fonds & Co.

Unternehmensanleihen

In den letzten Jahren hat das Interesse von Anlegerinnen an diesen höher verzinsten Anleihen stark zugenommen. Denn: Unternehmensanleihen bieten höhere Zinsen als Bundesanleihen. Sie sind, bei richtiger Auswahl, eine interessante Alternative, besonders Anleihen von Unternehmen mit ausgezeichnetem Rating aus dem Euroraum (engl. Corporate Bonds).

Geschenkt wird Ihnen hier natürlich auch nichts: Der Zinsaufschlag, der Ihnen bei diesen Papieren geboten wird, wird mit einem höheren Risiko bezahlt. Im Gegensatz zum Staat können Unternehmen ja auch pleitegehen. Das Maß für das Risiko, das Sie eingehen, ist der Spread, also der Zinsaufschlag gegenüber einer Bundesanleihe.

Größte Vorsicht ist geboten bei Anleihen und Schuldverschreibungen, die kleinere und mittelgroße Unternehmen ausgeben, um sich Kapital zu verschaffen. Immer wieder gibt es spektakuläre Pleiten, bei denen Anlegerinnen ihr Geld nicht wiedersehen. Die aufsehenerregendsten Fälle der letzten Jahre waren der Konkurs der Wohnungsbaugesellschaft Leipzig-West und der Firma DM-Beteiligungen, vor deren Schuldverschreibungen Verbraucherschützer jahrelang gewarnt hatten.

Setzen Sie nicht alles auf eine Karte, sondern kaufen Sie Anleihen mehrerer gut bewerteter Unternehmen aus verschiedenen Branchen. Oder noch besser: Kaufen Sie Rentenfonds mit Unternehmensanleihen, bei denen das Risiko durch eine große Mischung verschiedenster Papiere geringer ist.

Auslandsanleihen

Sie sind interessant, aber auch hier gilt es aufzupassen. Je unsicherer die wirtschaftliche und/oder politische Lage in einem Land, desto höhere Zinsen müssen gezahlt werden, wenn sich der Staat Geld leiht. Sonst würde ja niemand diese Papiere kaufen. Für Anleihen politisch und wirtschaftlich stabiler Länder wie Deutschland und der Schweiz gibt es nur niedrige Zinsen. Anleihen unsicherer Länder bringen hohe Zinsen, sind aber eine spekulative Anlage. Wenn Sie über ein größeres Vermögen verfügen und für einen kleineren Teil (5 bis 10 %) eine risikoreichere Anlage suchen, ist nichts dagegen einzuwenden.

? Nachgefragt:
Brasilianische Staatsanleihen

Ich besitze eine brasilianische Staatsanleihe, Laufzeit bis 2011, Zins 9,5 %. Wenn Brasilien nun pleitegeht, wer zahlt mir dann mein eingesetztes Kapital zurück? Die Hausbank, bei der ich mein Depot habe?

Leider nein. Die deutschen und europäischen Kreditinstitute haben zwar eine Einlagensicherung. Die greift allerdings nur bei der eigenen Pleite und auch dann nur bei Geld auf Giro-, Spar- und Festgeldkonten und bei bestimmten Sparbriefen. Mit dem Kauf einer Anleihe des Staates Brasilien haben Sie diesem Staat Geld geliehen; Ihr Schuldner ist also Brasilien. Würde das Land zahlungsunfähig werden, bekämen Sie keine Zinsen, und die Rückzahlung Ihres Geldes wäre gefährdet. Eine brasilianische Anleihe hat höhere Risiken als beispielsweise eine deutsche. Dafür bekommen Sie aber auch eine Risikoprämie, den hohen Zins. Eine deutsche Staatsanleihe mit Laufzeit bis 2011 bringt Ihnen zwar nur 4 % Zinsen, bietet dafür aber hohe Sicherheit.

Aktienanleihen

Aktienanleihen haben meist eine Laufzeit von nur ein oder zwei Jahren und bieten häufig eine zweistellige Verzinsung. Aber zum Nulltarif sind diese traumhaften Zinsen selbstverständlich auch nicht zu haben.

Bei Aktienanleihen hat der Emittent zum Fälligkeitstermin nämlich das Wahlrecht, das Kapital entweder in Höhe des Nominal-

Aktien, Fonds & Co.

werts der Anleihe oder durch Lieferung einer vorher festgelegten Anzahl von Aktien zurückzuzahlen. Die Aktien erhalten Sie aber nur dann, wenn der Wert des Aktienpakets niedriger ist als der Nennwert der Anleihe.

Bei einem Kurseinbruch tragen Sie das Verlustrisiko, von steigenden Aktienkursen profitieren Sie hingegen nicht. Ihr Gewinn ist dann auf die hohe Verzinsung der Anleihe beschränkt.

Genussscheine

Genussscheine, auch Genüsse genannt, werden als Zwitter zwischen Anleihe und Aktie bezeichnet. Sie kommen in vielen Variationen vor. Manche ähneln eher Anleihen und sind mit einem festen Zins ausgestattet, der meist über dem marktüblichen Zinsniveau liegt. Aber anders als bei Anleihen haben Sie bei Genussscheinen keinen Anspruch auf die jährliche Ausschüttung. Fällt der Gewinn des Unternehmens in einem Jahr mager aus, müssen die Inhaberinnen von Genüssen auf die Ausschüttung verzichten. Andere Emittenten bieten eine garantierte Mindestverzinsung, die dann durch eine gewinnabhängige Ausschüttung aufgebessert wird.

Es gibt auch aktienähnliche Genussscheine, bei denen Ihnen ein Anspruch auf eine Beteiligung am Jahresgewinn zusteht. Diese Ausschüttung ist etwas höher als die Dividende der Aktionäre – als Ausgleich dafür, dass Genussschein-Inhaberinnen kein Stimmrecht auf den Hauptversammlungen der Aktiengesellschaft haben.

Genussscheine können eine hochinteressante Anlage sein mit Renditen, die weit über das Niveau von festverzinslichen Wertpapieren hinausgehen. Die Sicherheit von Genussscheinen hängt ausschließlich von der Bonität des Emittenten ab. Deshalb ist hier eine sorgfältige Auswahl besonders wichtig.

Wandelanleihen

Auch sie werden als Zwitter zwischen Anleihe und Aktie bezeichnet. Wandelanleihen sind Wertpapiere mit Sonderrechten, die von Aktiengesellschaften ausgegeben werden. Sie sind mit einem festen

Zins ausgestattet, der allerdings in der Regel niedriger ist als bei normalen Anleihen. Sie haben ebenso wie die üblichen Anleihen eine feste Laufzeit und werden an deren Ende zu 100 % zurückgezahlt. Das Besondere daran: Sie haben das Recht, Ihre Anleihe in Aktien des jeweiligen Unternehmens zu tauschen. Wie viele Aktien Sie zu welchem Kurs für Ihre Anleihe erhalten, ist in den Anleihebedingungen festgehalten. Ebenso ist vorher schon festgelegt, ob Sie eine Zuzahlung leisten müssen und innerhalb welcher Frist getauscht werden kann. Nehmen Sie Ihr Umtauschrecht nicht wahr, erfolgt die Rückzahlung zum Nennwert am Ende der Laufzeit wie bei jeder gängigen Schuldverschreibung.

Steigt der Aktienkurs des jeweiligen Unternehmens, notiert auch die Wandelanleihe meist über ihrem Nennwert. Wenn Sie Ihre Wandelanleihe dann verkaufen, können Sie einen steuerfreien Kursgewinn verbuchen. Kursverluste dagegen sind begrenzt. Ihre Wandelanleihe wirft ja jährlich feste Zinsen ab, und Ihr Kapital wird am Ende der Laufzeit zu 100 % zurückgezahlt. Einen Kursverlust erleiden Sie nur dann, wenn die Aktie des Unternehmens einen Kursrückgang verbuchen muss und Sie genau zu diesem Zeitpunkt, also vor Ende der Fälligkeit, Ihre Wandelanleihe verkaufen.

Zerobonds

Bei diesen festverzinslichen Wertpapieren gibt es während der Laufzeit keine Zinszahlungen. Deshalb werden sie auch Nullkupon-Anleihen genannt. Die Zinsen werden erst am Ende der Laufzeit mit Zins und Zinseszins ausgezahlt, ähnlich wie bei Bundesschatzbriefen Typ B. Beim Kauf eines Zerobonds zahlen Sie nur einen Teil des Nennwerts und erhalten am Ende der Laufzeit den vollen Nennwert zurück.

Ein Beispiel: Einen Zerobond der Deutschen Bahn AG konnten Sie im Januar 2000 für 3500 Euro kaufen, erhalten aber am 3. 4. 2016 5112,92 Euro zurück. Dies entspricht einer jährlichen Rendite von 6,68 %.

Zerobonds haben meist sehr lange Laufzeiten, oft sind es 10, 15 oder sogar 30, 40 Jahre. Ausgegeben werden sie von verschiede-

Aktien, Fonds & Co.

nen Ländern, der Weltbank, Geschäftsbanken und von Industrieunternehmen. Mit Zerobonds können Sie Zinseinkünfte in das steuerlich günstigere Rentenalter verlegen. Sie sollten Zerobonds zeitlich versetzt oder mit unterschiedlichen Laufzeiten erwerben, damit nicht alle in einem Jahr fällig werden.

Auf den Punkt gebracht

- Festverzinsliche Wertpapiere sind eine der bekanntesten und beliebtesten Geldanlagen. Sie sind überschaubar: Jede Frau weiß, was sie wann und in welcher Höhe zurückbekommt. Besonders geeignet sind sie, wenn Anlegerinnen von den Zinseinnahmen leben müssen, beispielsweise im Rentenalter.
- Für Anlegerinnen, die Kapital bilden möchten und müssen, die also die Zinsen nicht zum Lebensunterhalt benötigen, sind festverzinsliche Wertpapiere nicht oder nur bedingt geeignet: Sie bekommen die Zinsen ein- oder zweimal jährlich ausgezahlt. Nach meiner Erfahrung werden diese Zinsen meist nicht wieder angelegt, sondern verbraucht – für einen schönen Urlaub, ein besonderes Kleidungsstück. Damit aber aus Ihrem Geld Vermögen werden kann, müssen Zins und Zinseszins das Kapital vermehren.
- Wenn Sie schon ein Depot mit festverzinslichen Wertpapieren besitzen, bleibt Ihnen trotzdem eine Möglichkeit: Zahlen Sie einfach konsequent die jährlichen Zinsen in einen Aktienfonds ein oder »füttern« Sie damit eine private Rentenversicherung. Dann erzielen Sie den erwünschten Effekt.
- Zum Vermögensaufbau sind meiner Meinung nach festverzinsliche Wertpapiere nicht geeignet – die Rendite nach Abzug der Inflationsrate und der Steuer ist in der Regel zu gering.
- Investieren Sie lieber in Rentenfonds. Hier werden die Zinsen automatisch wieder angelegt. Die Auswahl der Papiere nimmt Ihnen das Fondsmanagement ab. Und die Risikostreuung ist bei Rentenfonds naturgemäß wesentlich besser als bei einem Depot mit einzelnen festverzinslichen Wertpapieren.

Investmentfonds

In Deutschland startete der erste Aktienfonds am 30. Oktober 1950. Fondak hieß er und stammte von der Fondsgesellschaft ADIG. Es gibt ihn noch heute.

Der weltweit erste Aktienfonds entstand allerdings schon 1868 in England. Im damaligen Gründungsprospekt stand:

»Das Ziel der Gesellschaft ist es, den kleinen Sparern dieselben Vorteile zu verschaffen wie den Reichen, indem das Risiko durch Streuung der Kapitalanlage auf eine Anzahl verschiedener Aktien vermindert wird.« Eine ebenso einfache wie geniale Idee.

Die Fondslandschaft hat sich seitdem fundamental verändert. Circa 5000 Fonds gibt es mittlerweile in Deutschland. Jeder, aber auch jeder Anlagewunsch kann heute mit Fonds erfüllt werden.

Sie haben die Möglichkeit, ganz traditionell auf europäische oder globale Aktienmärkte zu setzen oder von der Entwicklung der Immobilienmärkte zu profitieren. Sie können aber auch Goldminen- und Rohstofffonds kaufen. Oder Sie setzen lieber auf erneuerbare Energien oder investieren in China. Harmlosere Fonds, Renten- oder offene Immobilienfonds, gibt es natürlich auch noch.

Sie sehen schon: Der Entschluss »Ich will in einen Fonds investieren« ist zu ungenau. Sie müssen sich schon entscheiden. Soll's ruhig und eher gemütlich werden oder lieber aufregend und riskanter? Investieren Sie lieber in das, was Sie schon kennen, oder reizt Sie mehr das Unbekannte?

Sie schrecken davor zurück, weil Sie nicht die Zeit und das Wissen haben, sich mit so einer Anlage eingehender zu befassen? Gerade dann sind Fonds ideal für Sie. Denn mit dem Kauf von Fondsanteilen delegieren Sie genau das, was Sie nicht können oder auch nicht können wollen, an Profis!

Vorteile von Investmentfonds

Dass Investmentfonds quasi »Töpfe« sind, angefüllt mit Aktien, Rentenpapieren oder Immobilien beispielsweise, das haben Sie sicher schon gehört oder gelesen. Auch dass diese »Töpfe« professionell verwaltet werden. Aber kennen Sie wirklich die vielen Vorteile von Fonds?

Flexibilität

Sie bleiben flexibel, denn Sie können in Fonds einmalig eine Summe einzahlen und unregelmäßige Folgeeinzahlungen leisten. Oder regelmäßig eine gleichbleibende Summe über einen Dauerauftrag ansparen. Und Ihr Geld steht Ihnen jederzeit, ohne Kündigungsfrist, zur Verfügung.

Risikostreuung

Wenn Sie selbst Aktien oder Rentenpapiere kaufen, können Sie in der Regel nur eine kleine Auswahl an Wertpapieren erwerben. Die Gefahr, dabei auf das falsche Pferd zu setzen, ist groß. Ein Fonds dagegen gewährt eine enorme Risikostreuung. Ein Aktienfonds beispielsweise enthält 50 bis 100, oft sogar noch mehr verschiedene Aktien.

Große Sicherheit

Investmentgesellschaften und ihre Fonds unterliegen einem eigens hierfür geschaffenen Gesetz und sehr strengen Anlage-, Publizitäts- und Kontrollvorschriften. Das von Anlegern investierte Geld ist sogenanntes Sondervermögen, das nicht veruntreut werden kann. Selbst bei einem Konkurs der Fondsgesellschaft (dieser Fall ist bisher noch nicht vorgekommen) bleiben diese Gelder verschont.

Transparenz

Die Ausgabe- und Rücknahmepreise werden börsentäglich in den großen Tageszeitungen veröffentlicht. Außerdem können sie über das Internet abgerufen werden. Sie sehen also jederzeit, wie sich Ihr Fonds entwickelt. Die Fondsergebnisse werden außerdem in regelmäßigen Abständen in großen Wirtschaftszeitungen publiziert.

Bequemlichkeit

Sie müssen sich nicht selbst um die Auswahl von Wertpapieren, Laufzeiten, Fälligkeiten und um die Wiederanlage der Ausschüttung kümmern.

Alles hat seinen Preis

Beim Kauf fällt der Ausgabeaufschlag an, der je nach Art des Fonds zwischen 2 und 6 % liegen kann. Die Verwaltungsgebühren werden jährlich aus dem Fondsvermögen bezahlt. Für die Verwahrung der Fondsanteile wird in der Regel eine jährliche Depotgebühr erhoben.

Diese Gebühren sind immer wieder ein Thema beim Kauf von Fonds. Und wenn dann welche angeboten werden, die gar nichts kosten, wird meist ohne Überlegung zugegriffen. Dabei kann billig manchmal ganz schön teuer werden! Die sogenannten No-Load- oder Tradingfonds sind nur auf den ersten Blick günstiger als die traditionellen mit Ausgabeaufschlag. Bei No-Load-Fonds zahlen Sie nämlich Jahr für Jahr eine deutlich höhere Verwaltungsgebühr. Wenn Sie also der Empfehlung von Profis folgen und Aktienfonds als langfristige Geldanlage ansehen, haben Sie bei diesen vermeintlich günstigen Fonds insgesamt eine wesentlich höhere Kostenbelastung.

Fazit

No-Load-Fonds sind nur dann für Sie interessant, wenn Sie spekulieren wollen und dabei Ihre Fonds öfter umschichten. Wenn Sie aber eher die langfristige Vermögensbildung und Vorsorge im Auge haben, sind Fonds mit Ausgabeaufschlag deutlich kostengünstiger für Sie. Für Ihren Anlageerfolg ist die Kostenbelastung nicht entscheidend. Es gibt Fonds mit sehr hohen Gebühren und besten Ergebnissen – und das seit Jahren.

Aktien, Fonds & Co.

Die wichtigsten Fondskategorien

Aktienfonds

Den Aktienfonds gibt es nicht. Der gemeinsame Nenner aller Aktienfonds sind zwar Aktien, doch die Schwerpunkte können sehr unterschiedlich verteilt sein. Einige Fonds investieren in Standardwerte, die sogenannten Blue Chips, andere in kleinere und mittelgroße Unternehmen (Small Caps und Mid Caps). Es gibt Branchenfonds, die beispielsweise nur in Technologie- oder Pharmawerten anlegen. Auch einzelne Länder oder Regionen können der Anlageschwerpunkt sein (etwa China, Indien, Asien, Lateinamerika, Europa).

Weitere Unterschiede liegen im Investmentstil. Manche Fonds setzen nur auf Wachstumswerte (hohe Chancen, aber auch größere Risiken), andere legen in Substanzwerten an, also in eher klassischen, werthaltigen Aktien. Darüber hinaus wären noch aktiv und passiv gemanagte Fonds zu nennen, ausschüttende und thesaurierende.

Sich in diesem Dschungel zurechtzufinden, ist für Laien nicht einfach. Deshalb ist hier gute Beratung wichtig. Denn Ihr Fonds soll ja auch zu Ihrer Zielsetzung und Ihrer Lebensplanung passen!

> **?** *Nachgefragt:*
> *Verschiedene Fonds, gleicher Mix*
>
> *Ich habe in Aktienfonds verschiedener guter Fondsgesellschaften investiert, um das Risiko zu streuen. Nun sagte mir eine Finanzberaterin, ich sei ein »Klumpenrisiko« eingegangen. Was bedeutet das?*
>
> Vermutlich haben Sie zwar unterschiedliche Aktienfonds gekauft, aber nicht beachtet, in welche Aktien diese investieren. Es kann beispielsweise sein, dass sich in einem internationalen Aktienfonds, in einem Fonds für europäische Standardwerte und in einem Technologiefonds jeweils größere Mengen Telekom-Aktien befinden.

In diesem Fall besteht ein Klumpenrisiko. Das heißt, dass diese eine Aktie in Ihrem Depot überproportional gewichtet ist und deshalb die Entwicklung der drei Fonds auch überproportional bestimmen kann – sowohl positiv als auch negativ.

Risiko

Die Börse ist keine Einbahnstraße! Alle Aktienkurse sind Schwankungen unterworfen. Bei Aktienfonds fallen diese Kursschwankungen (auch Volatilität genannt) stärker aus als bei Rentenfonds und offenen Immobilienfonds. Aus diesem Grund sind Aktienfonds keinesfalls für eine kurzfristige Anlage geeignet. Die Vergangenheit zeigt, dass sich das Risiko, das durch Kursschwankungen entsteht, deutlich reduziert, wenn eine lange Anlagezeit eingehalten werden kann.

Entscheidend für die Risikominimierung ist natürlich auch, wie hoch der Aktienfondsanteil am Gesamtvermögen ist. In jungen Jahren, wenn also ein langer Anlagehorizont eingeplant werden kann, darf die Aktienfondsquote ruhig hoch sein. Wenn sich die Lebensumstände ändern, zum Beispiel bei Familien- oder Existenzgründung oder auch wenn der Ruhestand in Sicht ist, sollte die Vermögensaufteilung, also auch die Aktienquote, den veränderten Verhältnissen angepasst werden.

? *Nachgefragt:*
Sparplan wiederaufnehmen?

Ich zahle seit einigen Jahren monatlich 100 Euro in einen Aktienfonds. Aber beim letzten Börseneinbruch habe ich den Sparplan vorsichtshalber abgebrochen. Jetzt will ich wieder damit anfangen, weil es ja langsam aufwärtsgeht. Ist das okay?

Dass Sie den Sparplan in schwierigen Börsenzeiten beenden und ihn in guten Börsenzeiten wiederaufnehmen, ist verständlich; klug ist es allerdings nicht. Sinken die Kurse, können Sie nämlich ein echtes »Schnäppchen« machen. Weil Sie jeden Monat für Ihre Einzahlung mehr Fondsanteile bekommen als in besseren Zeiten.

Angenommen, ein Anteil Ihres Fonds kostet 10 Euro, dann erhalten Sie für 100 Euro 10 Anteile. Sinkt nun der Anteilspreis bis zur nächsten Einzahlung auf 5 Euro, erhalten Sie für Ihren Monatsbeitrag schon 20 Anteile. Über einen längeren Zeitraum ergibt sich so ein günstiger Durchschnittspreis (Cost-Average-Effekt).

Ich rate Ihnen, Ihren Sparplan auf jeden Fall weiterzuführen – auch wenn die Kurse wieder einmal stark zurückgehen sollten. Natürlich nur, wenn es sich um einen gut gemanagten, soliden Fonds handelt.

Dachfonds

Sie stehen für ein Fonds-im-Fonds-Konzept. Das bedeutet, sie investieren ausschließlich in andere Fonds, nicht also in einzelne Wertpapiere. Einige Investmentgesellschaften (meist die Bankentöchter) investieren nur in hauseigene Fonds. Andere bieten eine Mischung bester Fonds verschiedener namhafter Fondsgesellschaften.

Anlegerinnen können zwischen verschiedenen Risikoklassen wählen, von sicherheitsorientiert (mit geringem Aktien- und hohem Rentenfondsanteil) bis dynamisch (mit hohem Aktienanteil), je nach Risikofreude. Dachfonds sind eine interessante Fondsvariante. Sie sind für alle Anlegerinnen geeignet, die ihre Chancen über Fonds mit Aktien wahrnehmen, dabei aber das Risiko minimieren möchten.

Gemischte Fonds

Bei gemischten Fonds hat das Fondsmanagement die größten Möglichkeiten, auf Kapitalmarktveränderungen zu reagieren. Sie investieren ja nicht nur in Aktien, sondern auch in Rentenpapiere; manche enthalten auch einen Anteil an offenen Immobilienfonds. Wegen des geringeren Risikos sind gemischte Fonds auch für einen mittelfristigen Anlagehorizont interessant.

Hedgefonds

Im Investmentgesetz sind Hedgefonds als »Sondervermögen mit zusätzlichen Risiken« geregelt. Sie unterliegen praktisch keinen Beschränkungen hinsichtlich ihrer Anlageinstrumente. Sie dürfen neben Aktien, Rentenpapieren und Immobilien unter anderem auch in Rohstoffe und Edelmetalle investieren. Bei Hedgefonds gibt es ein breites Spektrum von äußerst risikoreich bis zu risikoärmer. Alle aber wollen dasselbe: unabhängig von der Situation am Kapitalmarkt eine Wertsteigerung erzielen.

In Deutschland können Privatanlegerinnen ausschließlich in Dach-Hedgefonds investieren, also in Fonds, die in anderen Hedgefonds anlegen. Dadurch soll das Ausfallrisiko gesenkt werden. Wichtig zu wissen: Hedgefonds können nicht – wie andere Fonds – jederzeit gekauft und verkauft werden. Die Anteile sind meist nur monatlich oder vierteljährlich zu erwerben.

Hedgefonds sind nur für erfahrene Anleger ohne Risikoscheu geeignet – manche mögen's eben heiß. Sie sollten außerdem nur eine Beimischung in einer gut gestreuten Vermögensanlage sein.

Rentenfonds

Das sind Investmentfonds, die in festverzinsliche Wertpapiere, sogenannte Rentenpapiere, investieren. Aber: Rentenfonds ist nicht Rentenfonds. Die Spannweite reicht von Geldmarktfonds, die für eine kurzfristige Anlage geeignet sind, quasi als Tagesgeld- oder Festgeldersatz, über Kurzläuferfonds, die in Papiere mit kurzen Restlaufzeiten anlegen und deshalb nur ein geringes Risiko aufweisen, bis zu Euro-Rentenfonds. Diese legen nur in Rentenpapieren an, die auf die Gemeinschaftswährung Euro ausgestellt sind. Und schließlich gibt es global investierende

Aktien, Fonds & Co.

Rentenfonds, in denen Wertpapiere mit unterschiedlichen Währungen enthalten sind.

? Nachgefragt:
Tolle Zinsen – und das Risiko?

Ich habe schon mehrere Aktienfonds und möchte nun wegen der breiteren Streuung in einen Rentenfonds investieren. In diesem Zusammenhang wurden mir sogenannte »High Yield« Bond Funds empfohlen. Was ist das?

High Yield heißt hohe Rendite. Ein High Yield Bond Fund investiert in Unternehmensanleihen mit hoher Verzinsung (die deutlich über der von Staatsanleihen liegt) und entsprechend höherem Risiko. Über einen Fonds in High Yield Bonds zu investieren, ist sehr sinnvoll, weil das Risiko durch die große Streuung gemindert wird. Wenn Sie die überdurchschnittlichen Ertragschancen reizen und Sie bereit sind, das höhere Risiko einzugehen, sind High Yield Bond Funds eine sehr interessante Beimischung in einem größeren Portfolio.

Auch Rentenfonds, die ja ausschließlich in festverzinsliche Papiere investieren, unterliegen Kursschwankungen. Allerdings sind sie mit denen von Aktienfonds nicht zu vergleichen, denn diese sind nicht vorhersehbar. Aktienfondskursschwankungen sind abhängig von politischen und wirtschaftlichen Ereignissen, Hoffnungen und Wünschen der Anlegerinnen. Ebenso wenig ist ihre Dauer vorhersehbar.
Kursschwankungen bei Rentenfonds hingegen fallen deutlich geringer aus. Sie folgen einer mathematischen Gesetzmäßigkeit. Es sind Mechanismen, die dann auftreten, wenn sich das Zinsniveau nach oben oder unten verändert. Hat der Fonds eine gute Bewertung, können Sie in Ruhe abwarten, bis sich der Kurs wieder erholt hat.

Offene Immobilienfonds

Offene Immobilienfonds sind Investmentfonds, bei denen Ihr Geld nicht in Wertpapieren, sondern in gewerblichen Immobilien angelegt wird. Immobilienfonds haben in ihrem Bestand in der Regel mindestens zehn, manchmal sogar bis zu hundert verschiedene Immobilien aus unterschiedlichen Lagen und Branchen. Einige offene Immobilienfonds investieren auch im Ausland, zum Beispiel in Großbritannien, Holland, Frankreich, in den USA. Da sich die Immobilienmärkte in einzelnen Ländern höchst unterschiedlich entwickeln, können diese Fonds höhere Renditen erzielen.

Ein enormer Vorteil gegenüber der Direktanlage in Immobilien ist die Beteiligungsmöglichkeit schon mit kleinen Beträgen, die professionelle Auswahl und Verwaltung der Objekte. Die Rendite offener Immobilienfonds entspricht in der Regel in etwa der festverzinslicher Wertpapiere, liegt also derzeit bei 3 bis 4,5 %. Offene Immobilienfonds sind aber steuerlich wesentlich günstiger als festverzinsliche Wertpapiere. Während Sie bei diesen Ihre Zinserträge voll versteuern müssen, sind die Erträge offener Immobilienfonds teilweise steuerfrei. Das verbessert die Rendite erheblich, falls Sie Ihren Freibetrag für Zinserträge schon ausgeschöpft haben.

Mit offenen Immobilienfonds haben Sie zwar keinesfalls die Chancen, die Ihnen ein Aktienfonds bietet – die haben Sie bei sicheren Geldanlagen nie. Sie müssen dafür aber auch nicht mit drastischen Kursschwankungen rechnen, haben also eine stabile Anlage mit geringem Risiko. Offene Immobilienfonds zählen immerhin zu den »mündelsicheren« Geldanlagen!

Ökologisch/ethische Fonds (Sustainable Fonds)

»Ich möchte mit meinem Geld nichts unterstützen, was ich sonst ablehne.« Das sagen mehr Frauen als Männer. Und auch für sie gibt es eine ganze Reihe von Möglichkeiten.

Sogenannte ethische Investments sind Geldanlagen, die neben Renditekriterien auch die ethischen Wertvorstellungen von An-

Aktien, Fonds & Co.

legerinnen berücksichtigen. Oft wird auch von ökologischem und sozial verantwortlichem Investment gesprochen (englisch: *Social Responsible Investment*, SRI).

Die Idee ethischen Investments nahm ihren Ursprung in den 70er-Jahren in den Bewegungen gegen die Apartheid in Südafrika und den Vietnamkrieg. Kein »Geld für Rüstung und Apartheid« war die Devise derer, die mit ihrem Geld nicht das finanzieren wollten, was sie mit ihrem politischen Engagement ablehnten.

Zuerst entstanden in den USA und Großbritannien Fonds mit diesen Ausschlusskriterien. In Europa, vor allem in Deutschland, kamen Atomkraft und Rüstung hinzu. In den 70er-Jahren machte in Deutschland die GLS Gemeinschaftsbank den Anfang, in den 80ern eröffneten weitere alternative Banken wie die Ökobank oder die Umweltbank, die ökologische und soziale Projekte finanzieren. Seit den 90er-Jahren spielt für Anlegerinnen die Kritik an der Globalisierung und der Ausweitung spekulativer Finanztransaktionen sowie die vermehrt in verschiedenen Bereichen eingesetzte Gentechnik eine zunehmende Rolle für ethisch motiviertes Investment.

In Deutschland sind inzwischen rund 80 Ökofonds zugelassen, die nach unterschiedlichen Prinzipien arbeiten. Die einen begrenzen ihre Aktienauswahl durch Ausschlusskriterien wie Gentechnik, Kinderarbeit, Rüstung, Pornografie oder Tierversuche. Andere wiederum arbeiten nach dem Best-in-Class-Ansatz, das heißt, sie wählen anhand eigener Kriterien die ökologisch/ethisch Besten einer Branche aus.

Und da gibt es manchmal Irritationen, weil unter Umständen auch Aktien von Ölfirmen in einem solchen Fonds enthalten sind. Natürlich bringt man Ölmultis nicht gerade mit einem »Öko-Siegel« in Verbindung. Aber einige von ihnen werden regelmäßig für ihre Umwelt- und Sozialstandards ausgezeichnet, forschen an alternativen Treibstoffen und schadstoffarmem Benzin oder engagieren sich im Bereich der Sonnenenergie und Luftverbesserung.

? Nachgefragt:
Was ist ein Wasserfonds?

Ich habe gehört, dass es sogenannte Wasserfonds gibt, mit denen man viel Geld verdienen kann. Was soll man sich darunter vorstellen?

Der ehemalige UNO-Generalsekretär Boutros Boutros-Ghali warnte: »Die nächsten Kriege werden nicht um Öl, sondern um Wasser geführt.« Damit wies er auf die Bedeutung dieses wichtigsten Rohstoffs hin. Es sind zwar circa 70 % der Erdoberfläche mit Wasser bedeckt. Aber weniger als 1 % können die Menschen als lebensnotwendiges Trinkwasser nutzen. Die anderen 99 % verteilen sich auf etwa 97 % Salzwasser und 2 % Eis in Grönland und der Antarktis. Wasser ist also knapp. Der Wasserverbrauch steigt aber weltweit durch das Wachstum der Landwirtschaft und die Industrieproduktion in den Schwellenländern. Außerdem haben immer noch etwa 40 % der Weltbevölkerung keinen Zugang zu gesicherten Wasservorkommen.

Wasserfonds investieren in Aktien von Unternehmen, die zum Beispiel Schmutzwasser reinigen oder recyceln, Meerwasser entsalzen, im Bereich der Bewässerungstechnologie arbeiten und sich mit Wasserspareinrichtungen beschäftigen.

Mit einem Wasserfonds investieren Sie sehr speziell, deshalb sollten Sie einen langfristigen Anlagehorizont haben und das Geld keinesfalls zu einem bestimmten Zeitpunkt benötigen. Ein solcher Fonds sollte nur eine kleine Beimischung in einem Portfolio sein. Breiter aufgestellt und damit weniger riskant sind ökologische Aktienfonds, die sich generell mit dem Thema Ressourcen, also nicht nur mit Wasser, befassen.

Aktien, Fonds & Co.

Ökologische Rentenfonds

Sie sind nicht so risikofreudig und möchten deshalb keinen Aktienfonds kaufen? Kein Problem – manche Rentenfonds passen dennoch in die umweltbewusste Kategorie. Auch die Manager dieser Fonds legen strenge ökologische Kriterien an. Bei der Auswahl der Staatsanleihen spielt es zum Beispiel eine Rolle, welche Nation einen besonders hohen Energie- und Rohstoffverbrauch hat (USA, Kanada), wo auf Atomkraftwerke verzichtet wird (Österreich) oder wer führend in der Umweltpolitik ist (skandinavische Länder).

Zielfonds

Zielfonds, auch Targetfonds genannt, haben, anders als »normale« Fonds, eine feste Laufzeit, die 5, 10, 15, 20 oder mehr Jahre betragen kann. Ein Beispiel: Sie sind 45 und wollen das Geld für Ihre Altersvorsorge anlegen. Deshalb wählen Sie eine Laufzeit von 20 Jahren. Der Fonds legt nun überwiegend in Aktien an, schichtet aber im Lauf der Jahre sukzessive um in sicherere Rentenpapiere. Nach 20 Jahren ist Ihr Kapital ausschließlich in Rentenpapieren angelegt. Ein Börsencrash zum Laufzeitende trifft Sie also nicht.

Interessant sind diese Fonds auch dann, wenn Sie zu einem bestimmen Zeitpunkt eine Hypothek zurückzahlen müssen, wenn Ihre Kinder voraussichtlich eine Ausbildung beginnen werden und, und, und.

> **Auf den Punkt gebracht**
>
> • Fonds sind die ideale Anlageform, wenn Sie Geld mittel- und längerfristig anlegen und sich nicht dauernd damit befassen möchten.
> • Sehr gut geeignet sind Fonds als Baustein für die Altersvorsorge, falls Ihre Basisabsicherung steht. Wenn Sie jung sind,

arbeitet der Zinseszins für Sie, und Sie haben die nötige Zeit, um die unvermeidlichen Kursschwankungen auszusitzen.

• Falls Sie einen langen Anlagezeitraum (mindestens zehn Jahre, besser mehr) einplanen können und Risikofreude mitbringen, sollten Sie in Aktienfonds investieren. Hier sind die Chancen zweifellos am größten.

• Möchten Sie Ihr Geld nicht ganz so lange anlegen oder ist Ihre Risikofreude begrenzt, dann sind Sie mit einem gemischten Fonds, einem Dachfonds mit mittlerem Aktienanteil oder einem Zielfonds gut beraten.

• Und wenn Sie zwar Zeit, aber keine guten Nerven haben, dann sind gemischte Fonds oder Dachfonds mit geringem Aktienanteil, Rentenfonds oder offene Immobilienfonds die Anlagen Ihrer Wahl.

• Den meisten Anlegerinnen fehlt die Möglichkeit, aus der Fülle der angebotenen Fonds den oder die für sie richtigen herauszufinden. Deshalb ist bei kaum einer Geldanlageart gute Beratung so wichtig wie bei Investmentfonds.

Weitere Informationen

Wie können Sie sich informieren, wenn Sie nicht gleich eine ausführliche Beratung wünschen? Am besten durch Prospekte und Berichte der Fondsgesellschaft, die Sie schriftlich oder telefonisch anfordern können. Wesentlich einfacher geht's jedoch per Internet. Auf den Websites der einzelnen Gesellschaften (zum Beispiel über Google anklicken) finden Sie für jeden Fonds ein »Fact Sheet« – knappe Angaben über die Anlagestrategie, die Wertentwicklung der letzten Monate oder Jahre usw. Außerdem können Sie sich auch Verkaufsprospekte und Rechenschaftsberichte herunterladen. Besonders bei Fonds sind die sogenannten Rankings üblich geworden. Das ist der englische Ausdruck für Renn- oder Ranglisten. Fonds werden dabei nach der Wertentwicklung in einem bestimmten Zeitraum (ein Jahr, drei Jahre usw.) sortiert. Leider richten sich viele Anlegerinnen inzwischen ausschließlich nach solchen Listen. Sie sind jedoch nur für einen ersten Überblick geeignet. Weil sie

Aktien, Fonds & Co.

beispielsweise nichts darüber aussagen, mit welchem Risiko eine gute Wertentwicklung erreicht wurde. Und: Der gewählte Zeitraum verfälscht unter Umständen die langfristigen Ergebnisse eines Fonds. Trotz solcher Ranglisten werden Sie also nicht um eigene Recherche oder um gute Beratung herumkommen.

Geschlossene Fonds

Das sind unternehmerische Beteiligungen, meist in der Rechtsform der Kommanditgesellschaft. Zeichner werden Mitunternehmerinnen einer Gesellschaft, deren Geschäftszweck es ist, gewerbliche Großobjekte zu erwerben, zu verwalten und zu betreiben. Die sich daraus ergebenden jährlichen Einnahmen werden nach Abzug aller Bewirtschaftungskosten unter den Beteiligten aufgeteilt und ausgeschüttet. Aus der laufenden Ausschüttung sowie einem Verkaufserlös am Ende der Laufzeit errechnet sich die Rendite dieser Anlageform.

Geschlossene Fonds investieren in nationale und internationale Immobilien, in Schiffe, Logistikgüter wie Container, aber auch in deutsche, britische oder US-amerikanische Lebensversicherungen. Sie können sich an einem Weinberg beteiligen, ein Flugzeugtriebwerk mitfinanzieren oder in einen großstädtischen Bahnhof investieren. Grundsätzlich ist nahezu jedes Investitionsgut über diese Anlageform finanzierbar – jedoch nur wenige sind so transparent und gut zu kalkulieren, um für Anlegerinnen geeignet zu sein.

Unternehmerische Beteiligungen sind interessante Geldanlagen, auch deshalb, weil sie in der Regel unabhängig sind von den Entwicklungen der Aktienmärkte. Sie bieten meist hohe Ausschüttungen – oft steuerbegünstigt.

Aber natürlich gehen Sie auch ein unternehmerisches Risiko ein. Wird zum Beispiel der Mieter einer Großimmobilie insolvent, kann die Ausschüttung vorübergehend ausfallen oder sich reduzieren. Die Gefahr der Zahlungsunfähigkeit des Fondsanbieters ist vergleichsweise gering, wenn es sich um ein angesehenes Emissionshaus mit einer erstklassigen Leistungsbilanz handelt.

DIE WICHTIGSTEN BETEILIGUNGSARTEN

Geschlossene Immobilienfonds

Die wohl bekannteste Form der Beteiligung sind geschlossene Immobilienfonds. Aber die Namensähnlichkeit mit offenen Immobilienfonds führt immer wieder zur Verwirrung.

Dabei ist der Unterschied erheblich. Beide Fonds investieren zwar in Immobilien, haben aber sonst nichts gemeinsam. Offene Immobilienfonds sind Investmentfonds, die nicht in Wertpapiere, sondern in Immobilien anlegen. »Offen« heißen sie, weil ständig neue Fondsanteile ausgegeben und zurückgenommen werden können. Die Fondsanteile sind in der Regel jederzeit zum Tageswert verkäuflich.

Bei geschlossenen Immobilienfonds beteiligen Sie sich direkt an einer oder mehreren gewerblichen Immobilien, zum Beispiel an Bürogebäuden. Die Zahl der Anteile ist begrenzt – Anteile werden nur so lange verkauft, bis das erforderliche Kapital erreicht ist. Ihre Beteiligung bringt Ihnen hohe Ausschüttungen, die meist nur gering besteuert werden.

Allerdings haben geschlossene Immobilienfonds meist eine längere Laufzeit. Sie können nicht, wie bei offenen Immobilienfonds, jederzeit aus Ihrer Beteiligung aussteigen.

Mittlerweile hat sich aber der sogenannte Zweitmarkt gut etabliert, über den es möglich ist, eine Beteiligung auch vor Ende der Laufzeit zu verkaufen. Manche Emittenten bieten von sich aus die Möglichkeit des Ausstiegs an, zum Beispiel bei Scheidung oder Arbeitslosigkeit.

Fonds mit Auslandsimmobilien

Es gibt Immobilienfonds, die ausschließlich in Deutschland investieren. Besonders lukrativ sind aber häufig Fonds mit Auslandsimmobilien. Bei ihnen beteiligen Sie sich an Gewerbeimmobilien beispielsweise in England, Holland, Frankreich, aber auch in den USA, in osteuropäischen Ländern oder in Australien.

Das Besondere: Die Ausschüttungen sind überwiegend steuerfrei, und zwar aus folgendem Grund: Zwischen Deutschland und verschiedenen Ländern gibt es ein Doppelbesteuerungsabkommen. Danach muss Einkommen, das in einem anderen Land erzielt und dort innerhalb bestimmter Freibeträge nicht besteuert wird, auch in Deutschland nicht versteuert werden. Es gilt bei uns lediglich der sogenannte Progressionsvorbehalt, das heißt: Die ausländischen Einnahmen werden zu Ihrem in Deutschland zu versteuernden Einkommen fiktiv hinzugerechnet. Der sich daraus ergebende, eventuell höhere Steuersatz wird dann auf das zu versteuernde Einkommen angewendet, aber eben ohne die ausländischen Einnahmen.

? **Nachgefragt: Superangebot –**
vom Bundesaufsichtsamt geprüft?

Ich wurde zu Hause von einem unbekannten Finanzberater angerufen, der mir von einem geschlossenen Immobilienfonds vorschwärmte. Er sagte mir, das Angebot sei super, weil das Bundesaufsichtsamt es geprüft habe. Heißt das, dass so ein Angebot dann absolut seriös ist?

Bedauerlicherweise werden mit solchen Aussagen häufig unseriöse Geschäfte gemacht. Nein, Sie können sich auf diese Aussage nicht verlassen. Seit 1. 7. 2005 müssen zwar nach dem Verkaufsprospektgesetz alle Prospekte von geschlossenen Fonds der Bundesanstalt für Finanzdienstleistungsaufsicht (BaFin) zur Gestattung vorgelegt werden. Die BaFin prüft aber das Angebot nur formell, nicht inhaltlich. Falls also ein Produkt die Gestattung der BaFin hat, sagt das noch gar nichts über die Qualität des Produkts aus. Wenn Sie Ihr Geld in einen geschlossenen Fonds investieren wollen, müssen Sie sich nach wie vor die Mühe machen, zu prüfen, welche Gesellschaft die Beteiligung anbietet, wie viel Erfahrung diese Gesellschaft auf diesem Gebiet hat, wie deren Leistungsbilanz aussieht, in welche Objekte investiert wird und welche Bonität die Mieter haben usw.

82   *Aktien, Fonds & Co.*

Da die meisten Anlegerinnen diese Möglichkeit der Prüfung nicht haben, rate ich gerade bei solch schwierigen Produkten dazu, sich unbedingt von qualifizierten, unabhängigen Finanzberaterinnen/Finanzberatern unterstützen zu lassen.

Schiffsbeteiligungen

Schiffsbeteiligungen sind an sich eine sehr alte Form der Geldanlage. Schon vor Jahrhunderten haben sich Kaufleute zusammengetan, um mit ihrem Geld ein Handelsschiff zu finanzieren. Im Grunde geht es auch heute noch darum: Viele Anlegerinnen finanzieren ein Schiff, in der Regel entweder ein Container-, Kühlschiff, einen Tanker oder einen Bulker, ein Schiff für Massengüter. Ein Vertragsreeder übernimmt gegen Gebühr das technische und kommerzielle Management des Schiffes. Der Charterer mietet das Schiff an, um im Auftrag Dritter Frachtgut zu transportieren.

Für Anlegerinnen gibt es Ausschüttungen aus den Chartereinnahmen, die überwiegend steuerfrei sind, wenn es sich um einen sogenannten Tonnagesteuerfonds handelt. Die Tonnagesteuer ist eine Form der Gewinnermittlung. Schiffe, die zur Tonnagesteuer optieren, versteuern nicht ihren Gewinn aus dem Schiffsbetrieb, sondern führen pauschal einen Betrag ab, der von der Schiffsgröße abhängt. Und Steuern zahlen Sie im Schnitt nur auf etwa 0,2 bis 0,5 % Ihrer Anlagesumme – unabhängig von der Höhe der Ausschüttung. Bei 15 000 Euro wären das zum Beispiel zwischen 30 und 75 Euro, die Sie versteuern müssen.

Kauf von Containern

Der Container hat die internationale Logistik revolutioniert. Mit seiner Einführung vor 50 Jahren entstand ein weltweit standardisiertes, hocheffizientes Transportmittel. Befördert wird heute darin alles, was früher nur auf Paletten, in Kisten und Säcken transportiert wurde oder wegen der begrenzten Haltbarkeit über eine kleine Region hinaus gar nicht handelbar war.

Aktien, Fonds & Co.

Der weltweite Containerumschlag hat sich in den letzten 25 Jahren mehr als versechsfacht. Laut Expertenprognosen wird die Nachfrage in den nächsten Jahren sogar stärker wachsen als das Angebot – unter anderem bedingt durch den Wirtschaftsboom in Asien. In Deutschland gibt es diese Art der Anlage seit nahezu 30 Jahren.

So funktioniert's:

Sie kaufen mehrere Container zu festen Preisen, die für sechs Jahre an ein international tätiges Transportunternehmen vermietet werden. Die jährliche Ausschüttung liegt je nach Angebot zwischen 12 und 13 % und wird in Teilbeträgen alle drei Monate ausgezahlt. Aber: Die hohen Erträge sind zu einem Teil ein Ausgleich für den Wertverlust am Laufzeitende. Denn nach sechs Jahren werden die Container zu einem Festpreis zurückgenommen, der knapp die Hälfte des eingesetzten Geldes ausmacht. Die »echte« (übrigens steuerfreie!) Rendite beträgt also um die 6 %.

Geschlossene Fonds mit Secondhand-Versicherungen

Seit den 90er-Jahren sind geschlossene Fonds auf dem Markt, die gebrauchte Versicherungspolicen aufkaufen. Hier gibt es verschiedene Varianten.

Fonds mit US-amerikanischen Versicherungspolicen

Die meisten Lebensversicherungen in den Vereinigten Staaten werden traditionell als Risikoversicherung abgeschlossen. Das heißt: Das Geld wird nicht zu Lebzeiten ausgezahlt, zum Beispiel am 65. Geburtstag, sondern es steht nach dem Tod eines Versicherten den Angehörigen zu. Nun verkaufen seit den 90er-Jahren immer mehr schwerkranke Amerikaner ihre Risikoversicherungen, um sich von dem Geld teure Medikamente leisten zu können oder um sich für die verbleibenden Jahre ein schöneres Leben machen zu können. Spezielle Fonds kaufen solche Risikoversicherungen auf und zahlen die Beiträge weiter. Allerdings erst, nachdem Gutachter die noch zu erwartende Lebenszeit des Versicherungsverkäufers festgestellt haben, mit dessen Tod die Versicherungssumme dann ja fällig wird. Und da liegt auch der Knackpunkt: Bei dieser Geld-anlage hängt die Rendite ausschließlich davon ab, ob der Versi-cherte tatsächlich innerhalb der kalkulierten Zeit stirbt. Es gibt nicht nur Anlegerinnnen, sondern auch Fachleute, die das mora-lisch für fragwürdig halten.

Die andere Seite der Medaille: Für alte und kranke Menschen bietet dieses Modell in den USA oft die einzige Möglichkeit, an eine größere Summe zu gelangen.

Die erwartete Rendite liegt etwa zwischen 8 und 10 %, für den Fall, dass alle Versicherungssummen, wie prognostiziert, fällig werden. Doch Vorsicht: Totgesagte leben oft länger.

Steuerlich werden diese Fonds über das Doppelbesteuerungsab-kommen mit den USA abgerechnet. Innerhalb der Freigrenzen sind die Ausschüttungen steuerfrei.

Fonds mit britischen Versicherungspolicen

Es handelt sich hier nicht, wie bei der US-Variante, um Risiko-versicherungen, sondern ausschließlich um klassische britische With-Profit-Lebensversicherungen. Sie heißen deshalb »with pro-fit«, weil sie aus drei Quellen Profit schöpfen: Die Ablaufleistung setzt sich nämlich aus der garantierten Versicherungssumme, einer laufenden jährlichen Prämienzahlung und einer Gewinnbe-teiligung zum Schluss zusammen. Das Risiko ist also vergleichs-weise gering, da ja alle Lebensversicherungspolicen eine feste Laufzeit haben und der Zuflusszeitpunkt im Voraus feststeht. Die garantierte Versicherungssumme plus gutgeschriebener Jahres-boni und Schlussbonus werden also an einem Stichtag zum Ende dieser Laufzeit ausgezahlt.

Die Zweimarktfonds kaufen die gebrauchten Versicherungen weit unter ihrem tatsächlichen Wert ein, sodass sich hier eine gute Rendite von circa 6 bis 8 % ergibt.

Fonds mit deutschen Versicherungspolicen

Es spricht sich auch in Deutschland herum, dass es günstiger ist, im Ernstfall eine Lebensversicherung zu verkaufen, als sie zu kün-digen. Der Verkäufer erhält bei einem Verkauf mehr Geld. Der

Aktien, Fonds & Co.

Käufer, in diesem Fall der Fonds, nimmt nur Policen von erstklassigen Versicherungsgesellschaften. Die Policen müssen einen Mindestrückkaufswert von 5000 Euro aufweisen und eine Restlaufzeit von maximal 15 Jahren haben. Gekauft werden meist ältere Versicherungen, die noch eine höhere Garantieverzinsung bieten. So sind mit diesen Fonds Renditen zwischen 5 und 6 % erreichbar. Das Risiko ist gering.

Beteiligungen an alternativen Energien

Sehr interessante geschlossene Fonds gibt es im Bereich der regenerativen Energien. Dieser Technologiebereich hat zweifellos eine große Zukunft. Mittlerweile gibt es neben Windparkfonds auch Beteiligungen an Solarenergieanlagen, Bio-Heizkraftwerken, Anlagen, die aus Biomasse (Raps, Gras usw.) Biodiesel herstellen, geothermische Projekte und einiges mehr.

Der Wunsch, mit seinem Geld auch sinnvolle Projekte zu unterstützen, steht hier zweifellos im Vordergrund. Die Risiken dürfen dabei aber nicht übersehen werden. Denn es handelt sich häufig um neue Technologien, deren Problematik noch nicht ausreichend erforscht ist, wie sich bei den Windparks gezeigt hat. Die einzige ausgereifte und störungsfrei funktionierende neue Technik ist die Nutzung der Sonnenenergie in der Photovoltaik. Bedauerlich ist, dass die Beteiligungsmöglichkeiten in Solarparks derzeit noch sehr rar sind.

? *Nachgefragt:*
Windparkfonds, eine risikolose Anlage?

Ich interessiere mich für eine Beteiligung an einem Windparkfonds. Und ich habe gelesen, dass die Energieversorgungsunternehmen verpflichtet sind, Strom aus Windkraftanlagen zu gesetzlich festgelegten Preisen abzunehmen. Deshalb denke ich, dass das doch eine ziemlich risikolose Anlage ist. Was meinen Sie?

Windparkfonds haben zweifellos Vorteile: Sie legen Ihr Geld mit gutem Gewissen an und erhalten laufend hohe Ausschüttungen, wenn die Windkraftanlage genügend Strom produzieren kann.

Eine risikolose Art der Geldanlage sind Windkraftanlagen aber nicht. Ob Sie die prognostizierten hohen Ausschüttungen auch tatsächlich erhalten, hängt vom Windaufkommen ab, also davon, ob genügend Wind weht, damit überhaupt Strom produziert werden kann. Beim Bau einer Windkraftanlage müssen zwar mindestens zwei Windgutachten eingeholt werden. Diese können aber natürlich nur beurteilen, wie sich die Windsituation in der Vergangenheit und im Allgemeinen dargestellt hat. Wie viel Wind tatsächlich weht, ist nicht vorhersehbar.

Darüber hinaus gibt es noch weitere Kriterien, wie etwa die Erfahrung des Anbieters, wie realistisch der Fonds konzipiert ist, ob ausreichende Reparatur- und Wartungsrückstellungen vorgesehen sind. Da Sie sich mit so einer Beteiligung lange festlegen, ist qualifizierte Beratung hier besonders wichtig.

Private-Equity-Fonds

Private-Equity-Fonds gibt es in Großbritannien und den USA seit den 70er-Jahren, in Deutschland kennt man sie seit den 90ern. Ziel der Fonds ist im weitesten Sinne die Übernahme, Umstrukturierung und der Wiederverkauf (Buy-out) von Unternehmen oder von Teilen davon. Natürlich mit der Absicht, hohe Gewinne zu erzielen. Da es sich meist um Beteiligungen an Unternehmen handelt, die noch nicht an einer Börse notiert sind (daher »private«), muss der Kauf mit Eigenkapital finanziert werden (daher »Equity«), bzw. mit Anlegergeldern. Diese Anlegergelder sammeln Private-Equity-Fonds ein.

Bis vor einigen Jahren konnte man sich nur mit sehr hohen Summen an diesen Fonds beteiligen. Heute gibt es Publikumsfonds,

Aktien, Fonds & Co.

die eine Beteiligung schon mit kleineren Summen möglich machen. Sie sind als Dachfonds konzipiert, über die in die eigentlichen Private-Equity-Fonds investiert wird. Somit erreicht man eine breite Streuung.

Wann wie viele der einzelnen Firmen mit Gewinn (oder Verlust!) verkauft werden, kann nicht gesagt werden. Sie wissen also nicht, wann, wie viel und ob Ihr Kapital überhaupt an Sie zurückfließt. Grundsätzlich gilt auch hier: Wo hohe Gewinne winken, ist das Risiko nicht weit. Für Anlegerinnen, die nicht risikobereit sind und nicht viele Jahre Zeit haben, ist diese Anlage nicht geeignet. Wenn Sie es sich leisten können, das höhere Risiko in Kauf zu nehmen und für längere Zeit auf das eingesetzte Kapital zu verzichten, haben Sie allerdings die Chance auf eine überdurchschnittliche Rendite.

? *Nachgefragt:*
Geschlossene Fonds online kaufen?

In einer renommierten Tageszeitung habe ich gelesen, dass man zum Beispiel Schiffsbeteiligungen oder geschlossene Immobilienfonds mit Rabatt kaufen kann. Man müsse dazu nur das Online-Anlageformular eines Fonds-Discounters ausfüllen. Wäre das was für mich? Ich verdiene gut, habe aber wenig Ahnung und vor allem wenig Zeit.

Ein solcher Ratschlag ist meiner Meinung nach verantwortungslos. Eine unternehmerische Beteiligung – und das sind geschlossene Immobilienfonds, Schiffsbeteiligungen & Co. – ohne Beratung zu kaufen, wäre geradezu abenteuerlich. Diese Anlagen haben zwar große Chancen, sind aber nicht ohne Risiko. Vor allen Dingen unterscheiden sich die einzelnen Angebote etwa hinsichtlich Seriosität, Rentabilität oder Sicherheit. Es gehört eine Menge Hintergrundwissen dazu, um aus dem großen Angebot das individuell geeignete herauszufinden. Wenn Sie an geschlossenen Fonds interessiert sind,

Aktien, Fonds & Co.

sollten Sie sich unbedingt persönlich beraten lassen. Ihre Anlage muss ja zu Ihren Zielen passen, zu Ihrer Lebensplanung und natürlich zu den schon vorhandenen Geldanlagen.

Lassen Sie sich also unbedingt von erfahrenen Fachleuten beraten, wenn Sie sich im Bereich der Beteiligungen engagieren wollen.

> **Auf den Punkt gebracht**
>
> • Beteiligungen sind sehr interessante, aber auch komplizierte Kapitalmarktprodukte, für Laien schwer zu durchschauen. Die wenigsten Anlegerinnen haben Kriterien zur Hand, um die Seriosität eines Angebots zu beurteilen. Zudem beträgt die Laufzeit geschlossener Fonds in der Regel 7 bis 10, manchmal auch bis zu 20 Jahre, ein vorzeitiger Ausstieg ist oft nur mit hohen Kosten oder Verlusten möglich.
>
> • Wenn Sie eine gute Beteiligung eines renommierten Emittenten vorzeitig verkaufen müssen, bestehen auf dem Zweitmarkt sehr gute Chancen, einen angemessenen Preis zu erzielen.
>
> • Geschlossene Fonds können immer nur ein Teil eines gut gestreuten Portfolios sein.

Gold

Seit Jahrhunderten symbolisiert Gold Reichtum und Macht. Viele Anlegerinnen sehen in dem Edelmetall aber auch Sicherheit und Schutz vor Inflation, wirtschaftlichem Zusammenbruch, einem Börsencrash. Dass dies so einfach nicht ist, sehen Sie an der Entwicklung des Goldpreises. Von 1980 bis 1999 kannte der Goldpreis nur eine Richtung: nach unten. Innerhalb von 15 Jahren hatte sich der Goldpreis halbiert und lag 1999 bei 250 Dollar je Feinunze. Gold war allenfalls noch als Schmuck begehrt, aber nicht mehr als Vermögensanlage.

Aktien, Fonds & Co.

Seit 2001 dreht sich der Wind. Gold ist wieder gefragt. Worauf das zurückzuführen ist? Auf die starke Nachfrage aus den immer reicher werdenden asiatischen Ländern, vor allem Indien und China, ist eine Meinung. Angst vor Inflation eine andere.

Einige Fachleute glauben allerdings, dass für den Aufschwung am Goldmarkt Spekulanten verantwortlich sind und die Kurse durch Hedgefonds getrieben werden. Andere wiederum meinen, dass der Aufwärtstrend eher auf psychologische Faktoren zurückzuführen ist, wie Angst vor einer Inflation, mangelndes Vertrauen in die Wirtschaft und Politik und in »Papiergeld«.

Tatsache ist wohl, dass der Goldmarkt reichlich intransparent ist. Von wem der Goldpreis letztlich bestimmt wird, bleibt Normalanlegerinnen verborgen. So sind denn auch angesehene Finanzfachleute der Ansicht, dass Gold keine sichere Anlage mehr ist, sondern eher ein Spekulationsobjekt.

Das Gold unserer Tage wird gehandelt in physischem Gold als Goldbarren, -münzen oder -schmuck oder zu Spekulationszwecken in Aktien von Goldminengesellschaften bzw. in entsprechenden Fonds.

Einige Banken bieten Goldsparpläne an, bei denen Sie durch regelmäßige Einzahlungen Anspruch auf eine bestimmte, ständig wachsende Menge an Gold erwerben können.

→ **Goldbarren** gibt es von 5 bis 1000 g bei jeder Bank zu kaufen.

→ Gängige **Goldmünzen** sind Krügerrand, Maple Leaf, American Eagle, der australische Nugget und die Britannia.

Beim Kauf von Goldbarren und -münzen fallen keine Gebühren (Agio) an. Allerdings haben Sie später dann auch keine laufenden Erträge wie Zinszahlungen oder Dividenden. Außerdem müssen Sie das Gold irgendwo sicher aufbewahren und dazu vermutlich einen Safe mieten. Das kostet Geld.

→ **Goldschmuck** ist als Geldanlage ungeeignet. Freuen Sie sich über Ihr schönes Stück, erwarten Sie davon aber keine großen Wertsteigerungen.

→ **Goldminen-Aktien** und **Goldminen-Aktienfonds** wiederum sind eine interessante, aber spekulative Geldanlage. Sie sind starken Kursschwankungen unterworfen. Die bekanntesten Gold-minen-Aktiengesellschaften befinden sich in Kanada, Australien, Südafrika und den USA. Goldminen-Aktienfonds investieren in Aktien von Unternehmen, die im Bereich der Goldgewinnung und -verarbeitung tätig sind. Sie haben hier zwar durch die Fonds-gebühren höhere Kosten. Es gibt aber jährliche Dividenden, und Sie können nicht nur auf eine positive Entwicklung des Goldprei-ses hoffen, sondern auch auf steigende Kurse am Aktienmarkt. Die Kehrseite der Medaille: Da sich Goldpreis und Aktienkurse nicht langfristig vorhersagen lassen, müssen Sie Schwankungen von vornherein einkalkulieren – im Fall des Falles eben auch einen Abwärtstrend.

→ **Gold-Zertifikate**, die von Banken emittiert werden, verbrie-fen das Recht auf eine bestimmte Menge Gold. Sie bilden die Goldpreisentwicklung 1 : 1 ab und werden an der Börse gehan-delt. Die Kosten sind moderat. Manche Zertifikate sind wäh-rungsgesichert. Bei diesen Zertifikaten profitieren Anlegerinnen auch von einem steigenden Goldpreis, wenn der US-Dollar im Vergleich zum Euro deutlich fällt.

Nachgefragt:
Kein Gewinn mit Gold?

Nach den Terroranschlägen vom 11. September habe ich sicherheitshalber Goldbarren gekauft, weil ich nicht wusste, wie alles weitergeht. Obwohl der Goldpreis andauernd steigt, mache ich kaum Gewinne. Hat diese Anlage für mich überhaupt einen Sinn?

Der Goldpreis wird in US-Dollar berechnet. Und durch die Kurssprünge der amerikanischen Währung ist der Besitz von Goldmünzen oder -barren für Europäer in der Tat wenig ertragreich. Eine Kursschwäche der US-Währung kann die erzielten Erträge mehr als auffressen.

Aktien, Fonds & Co.

Auf den Punkt gebracht

● Politische und wirtschaftliche Krisenzeiten verunsichern besonders ältere Anlegerinnen. Viele fragen sich dann, ob es nicht sinnvoll sei, Geldanlagen aufzulösen und stattdessen in Gold zu investieren.

● Seit Ende des Zweiten Weltkriegs gab es international eine schwerwiegende Krise nach der anderen. Das menschliche Gedächtnis neigt zum Glück dazu, sie zu vergessen. Und jüngere Menschen kennen sie sowieso nicht. Aber keine einzige dieser Krisen führte zum Zusammenbruch des Weltwirtschaftssystems.

● Trotzdem kann es sinnvoll sein, Gold als Teil einer gut gestreuten Vermögensanlage zu betrachten, in welcher Form auch immer. Aber alles auf Gold zu setzen, ist meiner Meinung nach unsinnig.

Immobilien

»Ja, das möchste:
Eine Villa im Grünen mit großer Terrasse,
vorn die Ostsee, hinten die Friedrichstraße;
mit schöner Aussicht, ländlich-mondän,
vom Badezimmer aus ist die Zugspitze zu sehn –
aber abends zum Kino hast du's nicht weit.
Das Ganze schlicht, voller Bescheidenheit.«

KURT TUCHOLSKY, *Das Ideal*

Die selbst genutzte Immobilie

Es gibt wohl kaum eine andere Geldanlage, mit der so viele Emotionen verknüpft sind wie mit einer Immobilie. Die eigene Wohnung nach Gutdünken gestalten zu können, nicht mehr von einem Vermieter und von Mieterhöhungen abhängig zu sein und dazu noch die Krisensicherheit und Wertbeständigkeit einer Immobilie, das sind vermutlich die Hauptkriterien für den Wunsch so vieler Menschen, eine Immobilie zu besitzen. Wobei Untersuchungen ergeben haben, dass sich mehr Frauen als Männer danach sehnen.

Und tatsächlich ist der selbst genutzte Wohnraum ein wichtiger und sinnvoller Baustein Ihrer Altersvorsorge. Wenn Sie es schaffen, bis zum Rentenalter schuldenfrei zu sein, sparen Sie die Miete und haben dadurch mehr Geld für die schönen Dinge des Lebens zur Verfügung. Darüber hinaus erhöhen natürlich die eigenen vier Wände für die meisten Menschen die Lebensqualität.

Sie können träumen

Maria F. schwebt schon seit Jahren eine eigene Immobilie vor. Sie blättert in Zeitschriften, richtet in Gedanken »ihre« Traumwohnung ein, schwärmt, kommt aber letzten Endes zu dem Schluss: »Schade, das kann ich mir ja doch nie leisten.«

Oder Sie träumen, planen und handeln

Auch Petra H. träumt vom eigenen Zuhause. Im Gegensatz zu Maria F. aber hat sie vor sechs Jahren einen Bauspar- und einen Fondssparvertrag abgeschlossen. Immer mit dem Ziel ihrer Traumwohnung vor Augen, freut sie sich, jeden Monat mit ihren Einzahlungen der Sache etwas näher zu kommen. Das Sparen ist für sie zum Sport geworden.

Aber rechnen Sie vorher!

Was darf meine Wunschimmobilie kosten?

Wie viel bin ich bereit und in der Lage, monatlich zur Finanzierung einer Wohnung auszugeben? Machen Sie einen Kassensturz und überprüfen Sie Ihre Ausgaben! Gibt es einen Betrag x, den Sie übrig haben oder von dem Sie sich vorstellen können, ihn zu sparen, ohne dass Ihre Lebensfreude verloren geht?

Ihre derzeitige Miete inklusive Nebenkosten plus dieser Betrag x ergeben die Summe, die Sie zur Finanzierung eines Darlehens (Zins und Tilgung) inklusive der Wohnnebenkosten ausgeben

Aktien, Fonds & Co.

können. Die Wohnnebenkosten betragen zwischen 2,50 und 3,00 Euro pro Quadratmeter Wohnfläche.

Und vergessen Sie nicht, die Kaufnebenkosten, wie Notarhonorar, Grundbucheintragung, Grunderwerbssteuer usw. mit circa 5 % des Kaufpreises, eventuell auch noch die Maklergebühr (mindestens 3,5 %), mit einzukalkulieren.

? Nachgefragt:
Immobilienkauf wagen?

Ich bin 35 Jahre alt, alleinerziehend und bewohne eine 90-Quadratmeter-Wohnung, für die ich 700 Euro warm bezahle. Nun sagen Bekannte immer wieder: »Zahl doch die Miete in die eigene Tasche und kauf dir eine Immobilie!« Das geht mir nicht mehr aus dem Kopf. Schätzungsweise 200 000 Euro müsste ich für eine geeignete Wohnung wohl ausgeben. Allerdings habe ich kein nennenswertes Eigenkapital, und mit meinem Einkommen komme ich gerade so rum. Meinen Sie, ich sollte es trotzdem wagen?

Die Argumentation Ihrer Freunde ist leider eine Milchmädchenrechnung. Zum einen ist es derzeit sehr schwierig, einen so hohen Kredit ohne Rücklagen zu erhalten. Zum anderen zahlen Sie ja nicht »in die eigene Tasche«, sondern viele Jahre lang an die Bank – und zwar mehr, als Sie jetzt Miete bezahlen. Bei einem Kredit von 200 000 Euro haben Sie selbst bei den derzeit sehr niedrigen Zinsen (5 % Zins, für zehn Jahre fest und 1 % Tilgung) eine monatliche Belastung von 1000 Euro. Davon sind 833 Euro nur Zinsen! Hinzu kommen regelmäßige Wohnnebenkosten und mehrere Tausend Euro Kaufnebenkosten. Zurückgezahlt wäre Ihr Darlehen nach 36 Jahren. Nach zehn Jahren hätten Sie immer noch eine Restschuld von circa 174 000 Euro. Sind die Zinsen dann deutlich höher als heute, gäbe es echte Probleme.

Wie hoch ist mein Eigenkapital?

Mit 40 % der Gesamtsumme (Kaufpreis plus Nebenkosten) sind Sie auf der sicheren Seite. Wenn Sie gut verdienen oder später frei werdende, größere Sparbeträge zu Sondertilgungen eingesetzt werden können, reichen auch weniger als 20 %.

Die Finanzierung

Mit der richtigen Finanzierung steht und fällt der Immobilienkauf. Zinsbindung, Sondertilgungsmöglichkeiten, Bausparvertrag oder nicht, Geld von der Bank oder der Versicherung sind die Fragen, die alle Immobilienkäufer bewegen. Sie müssen sich schließlich der Frage stellen: Wie viel Kredit können Sie sich leisten?

Monatliche Rate	Zinssatz	Tilgungssatz	Darlehenshöhe
458,33 €	4,5 %	1,0 %	100 000,– €
500,00 €	5,0 %	1,0 %	100 000,– €
916,67 €	4,5 %	1,0 %	200 000,– €
1 000,00 €	5,0 %	1,0 %	200 000,– €

Die günstigste Form der Finanzierung bei der selbst genutzten Immobilie ist das sogenannte Annuitätendarlehen bei einer Bank oder Sparkasse. Dabei zahlen Sie gleichbleibende Raten für Zins und Tilgung an Ihre Bank. In den ersten Jahren begleichen Sie mit diesen Raten überwiegend die Kreditzinsen und tilgen nur wenig. Da Sie aber mit jeder Rate ein bisschen von Ihrem Kredit zurückzahlen, verringern sich mit der Zeit Ihre Zinszahlungen, während die Summen für die Tilgung ansteigen.

Eine teilweise Finanzierung über einen Bausparvertrag ist sinnvoll, wenn der Bausparvertrag beim Kauf bereits besteht und zuteilungsreif ist, also das günstige Baudarlehen eingesetzt werden kann. Leider wird bei vielen Banken immer der Abschluss eines parallel laufenden neuen Bausparvertrages empfohlen. Das kann sich negativ auswirken, wie der folgende Fall zeigt.

❓ Nachgefragt:
Neuer Bausparvertrag zur Finanzierung?

Ich bin Ärztin, 56 Jahre alt und habe die Möglichkeit, die Wohnung zu kaufen, in der ich schon lebe. Eigenkapital ist vorhanden, ich müsste aber dennoch einen Kredit von 100 000 Euro aufnehmen. Der Bankberater schlägt mir vor, die Zinsen von 5 % für diesen Kredit zehn Jahre festzuschreiben und mit 2 % zu tilgen. Ich hätte monatlich 583 Euro zu zahlen und nach zehn Jahren noch eine Schuld von circa 74 000 Euro. Zusätzlich soll ich einen Bausparvertrag über 74 000 Euro abschließen und in diesen monatlich 230 Euro einzahlen. Nach zehn Jahren würde dann der Kredit mit dem Bausparvertrag abgelöst. Ist das günstig?

Ein Bausparvertrag ist in Ihrem Fall nicht optimal. Sie bekommen für Ihr Guthaben beim Bausparvertrag zehn Jahre lang deutlich weniger Zinsen, als Sie für den Kredit an Zinsen bezahlen. Eine schnellere Kredittilgung ist für Sie der bessere Weg.

Wenn Sie monatlich 230 Euro in einen Bausparvertrag einzahlen, haben Sie – bei einer Abschlussgebühr von 1 % und einem Guthabenzins von 2 % – nach zehn Jahren ein Guthaben von 29 600 Euro und eine Restschuld von 44 400 Euro. Wenn Sie keinen Bausparvertrag abschließen, sondern die dafür vorgesehenen monatlichen 230 Euro zur laufenden Tilgung Ihres Bankkredits verwenden, hätten Sie nach zehn Jahren nur noch eine deutlich geringere Restschuld von circa 38 400 Euro.

Vorsicht: Darlehen in Fremdwährung

Immer wieder wird geraten, für den Kauf einer Eigentumswohnung ein Fremdwährungsdarlehen in Schweizer Franken oder japanischen Yen aufzunehmen. Die Zinsen dafür sind deutlich niedriger als bei uns, in Yen betragen sie fast nur die Hälfte.

Die Verlockung ist natürlich groß, zu so günstigen Konditionen einen Kredit aufzunehmen. Das Risiko ist allerdings nicht zu unterschätzen. Deshalb sollten diese Finanzierungsvariante nur Leute wählen, die nicht mit jedem Euro rechnen müssen. Sie haben auf der einen Seite eine Nominalschuld, zum Beispiel 100 000 Euro, die in die fremde Währung umgerechnet wird. Auf der anderen Seite gibt es erhebliche Schwankungen gegenüber dem Euro. Das kann bedeuten: Ist der Euro am Ende der Zinsbindung gegenüber der Fremdwährung schwächer als zu Beginn, müssen Sie wesentlich mehr Geld zurückzahlen, als Sie geliehen haben. Und das, obwohl Sie in der Zwischenzeit schon Teile Ihres Darlehens getilgt haben! Aber natürlich kann es auch umgekehrt kommen: Wenn der Euro am Ende der Zinsbindung sehr stark ist, haben Sie ein gutes Geschäft gemacht. Sie müssten dann nur noch einen Teil Ihres Anfangsdarlehens zurückzahlen. Welcher Fall eintreten wird, kann Ihnen niemand sagen – zuverlässige Prognosen über Währungsentwicklungen gibt es nicht.

Lebensversicherungen beleihen?

Viele Immobilienkäuferinnen haben Lebensversicherungen, möchten diese gern zur Finanzierung einsetzen und überlegen, einen Kredit bei der Versicherungsgesellschaft aufzunehmen.

Aber solche Policendarlehen sind in der Regel zu teuer. Meist zahlen Sie etwa 2 % mehr als beim marktüblichen Zins. Günstiger: Sie nehmen einen normalen Kredit auf (derzeit zu circa 5 % bei zehn Jahren Laufzeit) und treten Ihre Versicherung an die Bank ab. Weil der Rückkaufswert eine zusätzliche Sicherheit bietet, erzielen Sie unter Umständen noch einen etwas günstigeren Zinssatz. Wenn Sie genug Geld aus der Lebensversicherung bekommen, können Sie später damit die gesamte Schuld begleichen, müssten zunächst also nur die Zinsen zahlen.

Oder Sie vereinbaren eine laufende Tilgung von 1 bis 2 % und zahlen den Rest mit dem Geld aus Ihrer Versicherung zurück. In beiden Fällen sollten Sie ein Sondertilgungsrecht vereinbaren. So können Sie das Darlehen zwischendurch mit weiteren Beträgen reduzieren.

Aktien, Fonds & Co.

Wann ist meine Wohnung abbezahlt?

Nutzen Sie unbedingt die niedrigen Zinsen zu einer höheren Tilgungsrate, sonst sitzen Sie jahrzehntelang auf einem Schuldenberg! Mit einer höheren Tilgung geht es schneller, und die Bank bekommt weniger Zinsen.

Tilgungs-satz	Zins-satz	Monatliche Rate	Dauer*	Summe Zinsen	Darlehens-höhe
1 %	5 %	500,00 €	35 Jahre + 11 Monate	115 458,84 €	100 000,– €
2 %	5 %	583,33 €	25 Jahre + 2 Monate	75 752,25 €	100 000,– €
3 %	5 %	666,67 €	19 Jahre + 8 Monate	57 259,53 €	100 000,– €
4 %	5 %	750,00 €	16 Jahre + 4 Monate	46 271,37 €	100 000,– €
5 %	5 %	833,33 €	13 Jahre + 11 Monate	38 918,14 €	100 000,– €

* Bei gleichbleibendem Zins

Wenn Sie die monatliche Darlehensrate niedrig halten wollen, erreichen Sie einen ähnlichen Effekt mit der Option auf jährliche Sondertilgungen. Sie tilgen dann, wenn es Ihnen passt, wenn Gelder aus Sparverträgen oder Lebensversicherungen frei werden oder wenn Sie unvorhergesehene Zuwendungen bekommen. Diese Option unterliegt keinem Zwang wie die monatliche Rate. Sie haben die Möglichkeit, einmal im Jahr bis zu 5 oder sogar 10 % der Darlehenssumme zu tilgen, müssen aber nicht. Das Recht auf Sondertilgung haben Sie nicht automatisch, wenn Sie einen Kreditvertrag abschließen. Es muss extra vereinbart werden.

Bei einer Zinsbindungszeit von mehr als zehn Jahren ist es allerdings jederzeit möglich, nach Ablauf von zehn Jahren den Kredit mit einer Frist von sechs Monaten zu kündigen.

Manche Banken sind bei entsprechender Begründung gegen eine Vorfälligkeitsgebühr bereit, der Tilgung des Darlehens vor der Zehnjahresfrist zuzustimmen. Rechnen Sie die Gebühr gegen die noch zu zahlenden Zinsen auf. Das kann sich lohnen.

Die Denkmal-Immobilie

Eine Denkmal-Immobilie wird wirklich interessant, wenn Sie sehr viel Steuern zahlen, denn Sie bekommen immer noch steuerliche Vergünstigungen, wenn Sie eine sanierungsbedürftige, denkmalgeschützte Immobilie oder eine in einem »förmlich festgelegten Sanierungsgebiet« oder »städtebaulichen Entwicklungsbereich« erwerben. Für den Fall, dass Sie die Immobilie selbst beziehen, können Sie zehn Jahre lang 9 % der begünstigten Herstellungskosten steuerlich abschreiben.

Begünstigt sind beim Baudenkmal die denkmalschutzrelevanten Baukosten. Bei Gebäuden in einem »förmlich festgelegten Sanierungsgebiet« oder »städtebaulichen Entwicklungsbereich« sind die Modernisierungs- und Instandsetzungskosten begünstigt.

Lassen Sie sich doch einmal ausrechnen, ob sich so ein Kauf für Sie steuerlich lohnt.

Risiko-Lebensversicherung als Absicherung

Ganz wichtig: Ihre Familie *muss* abgesichert werden, falls Ihnen etwas passiert! Das geht am besten mit einer preiswerten Risiko-Lebensversicherung.

Sind Sie Hauptverdienerin, können Sie mit dieser Versicherung vermeiden, dass im Falle Ihres Ablebens Ihre Familie ohne Einkommen und/oder mit einem Schuldenpaket dasteht. Bei entsprechender Vereinbarung sind auch Krankheit, Berufsunfähigkeit oder unverschuldete Arbeitslosigkeit abgedeckt.

Die Risiko-Lebensversicherung sollte entweder die Schuldsumme abdecken oder – je nach Zahl der Kinder – ein Mehrfaches der Jahresnettoeinkünfte ausmachen.

Auch eine Restschuldversicherung kann sinnvoll sein.

Das ist eine Risikoversicherung, bei der sich die Höhe der Versicherungssumme entsprechend der Tilgung des Darlehens verringert.

Ein Rat zum Schluss

Wenn Sie Ihren Immobilienkredit vollständig getilgt haben, sollten Sie die Grundschuld, die auf die Immobilie eingetragen ist,

Aktien, Fonds & Co.

nicht löschen. Sie können diese als Sicherheit nutzen, falls Sie irgendwann einmal einen neuen Kredit brauchen. Das ist besonders kostengünstig, denn für ein sogenanntes grundpfandrechtlich gesichertes Darlehen zahlen Sie deutlich weniger Zinsen als für einen Ratenkredit.

Die vermietete Immobilie

Eine vermietete Immobilie kann der erste Schritt zum Immobilienvermögen sein. Miete und Steuerersparnis helfen Ihnen, Ihre Immobilie zu finanzieren. Sie schaffen sich mit der Eigentumswohnung einen inflationssicheren Wert. Und wenn die Wohnung bis zum Ruhestand schuldenfrei ist, haben Sie in der Mieteinnahme eine solide Zusatzrente.

Allerdings erfordert sie mehr Voraussetzungen als andere Geldanlagen. Wenn eine Immobilie nicht zur Belastung werden soll, dann sollten Sie ein finanzielles Polster haben und über ein gutes Einkommen verfügen.

? *Nachgefragt:*
Steuern sparen mit Immobilien?

Ich verdiene sehr gut, zahle also viel Steuern. Kann man denn immer noch mit Immobilien Steuern sparen, oder ist das auch alles gestrichen worden?

Das Ziel der steuerlichen Vergünstigung hat sich geändert. Der Staat fördert kaum noch »normale« Immobilien. Bei einem Kauf nach dem 1.1.2006 können die Anschaffungs- oder Herstellungskosten für vermietete Wohnungen (ohne Grundstück), die nach dem 31.12.1924 fertiggestellt worden sind, jährlich nur noch mit 2 % linear abgeschrieben werden, die Kosten für Gebäude, die vor dem 1.1.1925 fertiggestellt worden sind, jährlich mit 2,5 % linear.

100   *Aktien, Fonds & Co.*

Wesentlich interessanter

Mit erhöhten Abschreibungsmöglichkeiten fördert der Staat die Sanierung denkmalgeschützter Wohnungen bzw. Wohnungen in »förmlich festgelegten Sanierungsgebieten« oder »städtebaulichen Entwicklungsbereichen«. Für Objekte, bei denen der Bauantrag nach dem 31. 12. 2003 gestellt wurde, gilt folgende Abschreibungsregel:

8 Jahre × 9 %
4 Jahre × 7 %.

Die begünstigten Herstellungskosten können also in zwölf Jahren zu 100 % abgeschrieben werden.
Begünstigt sind beim Baudenkmal die denkmalschutzrelevanten Baukosten.
Bei Gebäuden in einem »förmlich festgelegten Sanierungsgebiet« oder »städtebaulichen Entwicklungsbereich« sind die Modernisierungs- und Instandsetzungskosten begünstigt. Darüber hinaus können die Kosten für den Altbauanteil wie oben beschrieben mit 2 % bis 2,5 % abgeschrieben werden.

Die Finanzierung

Auch hier ist in der Regel ein Annuitätendarlehen sinnvoll. Da bei vermieteten Wohnungen die Schuldzinsen aber steuerlich abgesetzt werden können, kann es sich bei gutem Einkommen lohnen, nicht zu hoch zu tilgen.
Viele Immobilienkäuferinnen tilgen nicht laufend, sondern zahlen stattdessen in eine vor Jahren abgeschlossene Kapital-Lebensversicherung ein. Mit der Auszahlung aus der Versicherung soll später die gesamte Schuld auf einmal abgegolten werden.
Bei dieser Konstruktion tauchen nun Probleme auf, weil durch Börsenkrise und lange Niedrigzinszeiten die Überschussbeteiligungen der Versicherungsgesellschaften deutlich geringer ausfallen als prognostiziert. Das bedeutet, dass die Auszahlungssumme am Ende nicht ausreicht, um die Schulden zu decken.

Aktien, Fonds & Co.

Es gibt mehrere Möglichkeiten, mit diesem Problem umzugehen. Wenn die Kapital-Lebensversicherung noch 15, 20 Jahre läuft, können sich die Kapitalmarktsituation, das Zinsniveau und damit die Ertragslage der Versicherungsgesellschaften wieder gravierend verbessern.

Wenn Sie aber auf Nummer sicher gehen wollen, dann haben Sie dazu mehrere Alternativen: Sie können einen Fondssparplan abschließen, um Kapital zu bilden, mit dem Sie dann später den Restbetrag tilgen. Wenn die Zinsbindung für Ihr Darlehen ausläuft, könnten Sie auch mit der Bank eine zusätzliche laufende Tilgung von 1 oder 2 % vereinbaren.

Wenn Sie zusätzlich nichts sparen können, lässt sich auch die Gesamtlaufzeit des Darlehens verlängern. Nach der jetzt vorgesehenen Laufzeit tilgen Sie wie vorgesehen mit der Lebensversicherung. Über den nicht gedeckten Restbetrag schließen Sie dann mit Ihrer Bank ein Annuitätendarlehen mit laufender Tilgung ab.

Die Ferienimmobilie

Sie träumen schon lange von einem Häuschen im Süden? Und Sie haben die finanziellen Mittel dazu? Dann sollten Sie sich diesen Wunsch erfüllen. Ein Ferienhäuschen oder eine Ferienwohnung erhöhen Ihre Lebensqualität.

Aber auch hier heißt es: nicht träumen, sondern planen!

Hat die weinumrankte Idylle Strom und Wasser? Wenn nicht, mit welchem Kostenaufwand lassen sich diese Anschlüsse verlegen? Wie sieht es mit der Bausubstanz aus? Ist ein eventueller Ausbau möglich? Wie ist die rechtliche Situation in dem entsprechenden Land? Mit welchen Kaufnebenkosten müssen Sie rechnen? Wie hoch sind die laufenden Kosten, beispielsweise die Grundsteuer?

Wertvolle Informationen zu diesen Fragen, teils kostenfrei, teils kostenpflichtig, erhalten Sie bei: Deutsche und schweizerische Schutzgemeinschaft für Auslandsgrundbesitz, Tel. 0 77 41/21 31, oder: Deutsche Schutzvereinigung Auslandsimmobilien, Tel. 07 61/5 50 12.

❓ Nachgefragt: Bauspardarlehen fürs Ferienhaus?

Mein größter Wunsch ist es, ein kleines Haus in Frankreich zu kaufen. Ich habe Eigenkapital, müsste aber für einige Jahre einen Kredit aufnehmen. Ist es möglich, ein Haus im Ausland teilweise auch über einen Bausparvertrag zu finanzieren? Ich habe nämlich einen, der bald zuteilungsreif wird.

Ja, seit 1991 ist es möglich, Auslandsimmobilien im Bereich der Europäischen Gemeinschaft auch über ein Bauspardarlehen zu finanzieren. Voraussetzung ist, dass das Objekt überwiegend »wohnwirtschaftlich« genutzt wird. Das heißt, es darf sich nicht um eine reine Gewerbeimmobilie handeln. Der gewerbliche Anteil muss unter 50 % liegen.

Bausparkassen benötigen natürlich Sicherheiten für ihre Darlehen. Manche Bausparkassen haben die Möglichkeit, direkt das Haus bzw. die Wohnung im Ausland zu beleihen. Andere Bausparkassen wiederum verlangen dafür eine Sicherheit im Inland, zum Beispiel eine Wohnimmobilie. Sie sollten deshalb möglichst früh mit Ihrer Bausparkasse über Ihr Vorhaben sprechen, damit nichts schiefläuft.

Auf den Punkt gebracht

- Sind alle Voraussetzungen erfüllt, ist die Immobilie ein wichtiger Baustein für Ihr Vermögen und Ihre Altersvorsorge.
- Ganz gleich, ob selbst genutzt oder vermietet, ein Kauf ist dann zu empfehlen,
- wenn ausreichendes Eigenkapital zur Verfügung steht,
- wenn die berufliche Situation sicher ist
- und wenn die Immobilie bis zum Rentenalter entschuldet werden kann.

➤

Aktien, Fonds & Co.

- Denken Sie auch daran, dass eine Immobilie, in jungen Jahren gekauft, eventuell Ihre berufliche Mobilität einschränkt.
- Und vergessen Sie nicht, die zusätzlichen Kosten beim Kauf einzukalkulieren: Notar- und Grundbuchkosten mit etwa 1,5 % vom Kaufpreis; das Finanzamt kassiert 3,5 % des Kaufpreises als Grunderwerbssteuer; und nicht zuletzt der Makler: Er bekommt mindestens 3,5 % Courtage. Bei einem Kaufpreis von 150 000 Euro beispielsweise müssen Sie mit circa 12 800 Euro zusätzlichen Kosten rechnen.
- Verausgaben Sie sich nicht völlig: Ein finanzielles Polster für Anschaffungen und Renovierung muss sein. Denken Sie auch an unvorhergesehene Ausgaben, die ins Geld gehen.
- Sichern Sie Ihre Familie durch eine Risiko-Lebensversicherung ab.
- Lassen Sie sich unbedingt als Miteigentümerin ins Grundbuch eintragen, wenn Sie die Immobilie mitfinanziert oder durch Ihre Arbeitsleistung den Erwerb erst möglich gemacht haben.
- Kaufen Sie eine Immobilie nicht mit der Überlegung, sie einfach wieder verkaufen zu können, wenn Sie sich übernommen haben. Diese Rechnung geht in der Regel nicht auf, es sei denn, es handelt sich um eine hochwertige Immobilie in bester Lage.
- Die Lage muss auf jeden Fall stimmen! Denken Sie auch an später: Mit zunehmendem Alter werden die Nähe zu Theater, Kino, Museen, zu Ärzten, die Anbindung an den öffentlichen Nahverkehr, Einkaufsmöglichkeiten usw. wichtiger.
- Ein Immobilienkauf animiert positiv zu jahrzehntelanger Spardisziplin, die Wertpapier- oder Versicherungssparer oft nicht aufbringen.
- Nicht zu vergessen: Eine angemessene, selbst genutzte Wohnung/Haus ist Hartz-IV-sicher. Wenn erwachsene Kinder zum Unterhalt für pflegebedürftige Eltern herangezogen werden sollen, lassen Sozialämter Immobilien der Kinder innerhalb einer bestimmten Größenordnung unangetastet.

Lebensversicherungen

Unter diesem Überbegriff werden recht unterschiedliche Produkte zusammengefasst.

Risiko-Lebensversicherung

Sie ist keine Geldanlage. Das heißt, die Versicherungssumme wird ausschließlich im Todesfall an die Hinterbliebenen ausbezahlt. Die Beiträge fließen nicht zurück, solange der Ernstfall nicht eintritt. Die Laufzeit kann beliebig bestimmt werden. Weil die Risiko-Lebensversicherung keinen Sparanteil enthält, fällt die Prämie niedrig aus. Sie sollte immer dann abgeschlossen werden, wenn durch einen Todesfall finanzielle Schwierigkeiten entstehen können. Sie eignet sich also besonders zur Absicherung, wenn Ihre Kinder noch klein sind oder wenn Schulden, zum Beispiel aus einem Immobilienkauf, drücken.

Kapital-Lebensversicherung

Die Kapital-Lebensversicherung, auch Lebensversicherung auf den Todes- und Erlebensfall genannt, ist wohl die bekannteste und weitverbreitetste Anlageform. Der Beitrag für die Kapital-Lebensversicherung wird aufgeteilt in den Beitrag für eine Risiko-Lebensversicherung und einen Sparanteil, der von der Versicherungsgesellschaft gewinnbringend angelegt wird.
Nach Beendigung der Laufzeit wird das Guthaben in einer Summe ausgezahlt. Die Zinsen, die während dieser Laufzeit anfallen, müssen nicht versteuert werden. Allerdings greift der Fiskus neuerdings bei der Auszahlung am Vertragsende zu: Die angefallenen Zinsen müssen dann versteuert werden. Wenn die Versicherung zwölf Jahre gelaufen ist und Sie mindestens 60 Jahre alt sind, müssen Sie nur die Hälfte der Zinsen versteuern. Diese steuerliche Regelung gilt seit 1. 1. 2005. Wer vorher eine Kapital-Lebensversicherung abgeschlossen hat, kann die Auszahlung noch steuerfrei in Empfang nehmen.

Aktien, Fonds & Co.

Achtung: Wenn in Ihre Lebensversicherung eine Unfalltod-Zusatzversicherung (UZV) eingeschlossen ist, dann erhalten Ihre Erben bei Tod durch Unfall (wenn der Tod innerhalb eines Jahres nach dem Unfall eintritt) die doppelte Versicherungssumme.

Ich halte diese Zusatzversicherung in den meisten Fällen für unnötig. Warum soll ausgerechnet bei Tod durch Unfall eine höhere Versicherungssumme ausgezahlt werden? Abgesehen davon ist, statistisch gesehen, der Tod durch eine schwerwiegende Erkrankung wesentlich wahrscheinlicher. Entscheidend für die Absicherung der Hinterbliebenen ist meiner Meinung nach nicht die Todesart, sondern der tatsächliche finanzielle Bedarf der Hinterbliebenen im Todesfall. Im Übrigen schmälert der Einschluss einer UZV die Leistung Ihrer Kapital-Lebensversicherung deutlich. Ich rate deshalb dazu, diese Zusatzversicherung zu kündigen.

? *Nachgefragt:*
Lebensversicherung verkaufen?

Ich stecke finanziell total in der Klemme. Und daran wird sich so schnell nichts ändern. Deshalb muss ich wohl oder übel meine Kapital-Lebensversicherung auflösen. Irgendwo habe ich gelesen, dass ich sie auch verkaufen kann, statt zu kündigen. Wissen Sie mehr darüber?

Der Verkauf einer Lebensversicherung ist für Sie die günstigere Alternative. Denn:

– Sie bekommen mehr Geld. Professionelle Aufkäufer zahlen zwischen 3 und 5 % mehr, als Sie bei einer Kündigung von Ihrer Versicherung bekommen würden.

– Bei einem Verkauf vor Ablauf von zwölf Jahren müssen Sie, anders als bei einer Kündigung, keine Kapitalertragssteuer bezahlen.

– Je nach Versicherungsvertrag kann sogar ein Teil des Todesfallschutzes erhalten bleiben.

Institutionelle Käufer von Versicherungspolicen verlangen einige Grundvoraussetzungen: Der aktuelle Rückkaufswert sollte nicht unter 5000 Euro liegen. Die Versicherungsgesellschaft muss eine sehr gute Bonität haben, und die Restlaufzeit darf maximal 15 Jahre betragen. Fondspolicen und Direktversicherungen werden nicht angenommen.

Die private Rentenversicherung

»Heutzutage sind sie insonderheit in Engelland unter Privat-Personen sehr gewöhnlich«, ist unter dem Stichwort »Leibrente« in einer Enzyklopädie aus dem Jahr 1796 zu lesen.

Tatsächlich gibt es Rentenversicherungen schon länger: In Kleinasien fanden sich bei Ausgrabungsarbeiten Hinweise darauf, dass eine Form der Leibrente schon 205 v. Chr. existierte. In Europa kamen die ersten Leibrenten im Jahr 1228 in Frankreich auf.

Bis heute ist sie einer der wichtigsten Bausteine für die Altersvorsorge. Sie ist die einzige Geldanlage, die eine lebenslange Rente bietet, unabhängig davon, wie alt Sie werden und wie sich die Kapitalmärkte in Zukunft entwickeln.

Sie haben eine garantierte Mindestverzinsung und sind per Gesetz an den erwirtschafteten Überschüssen der Versicherungsgesellschaft beteiligt.

? *Nachgefragt: Was ist ein Rentenfonds,*
was eine Rentenversicherung?

Was ist eigentlich der Unterschied zwischen einem Rentenfonds und einer Rentenversicherung? Ist beides für die Altersvorsorge geeignet und steuerlich gleich günstig?

Der Begriff »Rente« führt bei diesen Anlageformen in die Irre, denn gemeint ist jeweils etwas anderes: Die »Rentenversicherung« ist tatsächlich für die Altersvor-

Aktien, Fonds & Co.

sorge gedacht. Denn nach Ablauf der Anlagezeit können Sie daraus eine lebenslange Rente beziehen. Ein »Rentenfonds« dagegen hat mit regelmäßiger Zahlung im Alter nichts zu tun. Der Name bedeutet lediglich, dass dieser Fonds in Rentenpapiere investiert – also in festverzinsliche Wertpapiere wie Pfandbriefe, Schuldverschreibungen, Bundesanleihen und -obligationen usw.

Auch steuerlich haben die beiden Anlageformen nichts gemeinsam: Zinszahlungen in einer Rentenversicherung sind während der gesamten Laufzeit steuerfrei. Wählen Sie am Ende der Laufzeit die Kapitalzahlung, müssen die angefallenen Zinsen zur Hälfte versteuert werden, wenn eine Laufzeit von zwölf Jahren eingehalten wird und Sie bei der Auszahlung über 60 sind. Wollen Sie früher an Ihr Geld rankommen, müssen die Zinsen voll versteuert werden. Wählen Sie die Rente, so ist diese steuerlich begünstigt. Sie wird nur mit dem sogenannten Ertragsanteil versteuert. Dieser ist gering. Er richtet sich nach dem Alter, in dem Ihre Rentenzahlung beginnt, und bleibt dann während der ganzen Rentenbezugszeit gleich.

Wenn Sie zum Beispiel 65 Jahre alt sind und aus einer privaten Rentenversicherung eine monatliche Rente von 500 Euro beziehen, dann beträgt der Ertragsanteil 18 %. Das bedeutet, nur 90 Euro müssen versteuert werden.

Zinsen aus einem Rentenfonds dagegen müssen versteuert werden – es sei denn, Sie bleiben unter dem Freibetrag für Zinseinkünfte (derzeit 750 Euro).

Rentenversicherung und Steuern

Für private Rentenversicherungen ist seit 2005 die Steuerbelastung erheblich gesenkt worden. Grundlage der Besteuerung ist der neue Ertragsanteil. Dabei handelt es sich um einen vom Gesetzgeber festgelegten Prozentsatz, der angibt, wie viel von der Rente besteuert wird. Seine Höhe richtet sich nach dem Lebensalter zu Rentenbeginn. Mit 65 Jahren beträgt der Ertragsanteil 18 %. Das bedeutet, dass die anderen 82 % der Privatrente steuerfrei bleiben. Und da es eine einkommenssteuerliche Freigrenze in Höhe von 7664 Euro gibt (2006), bleiben viele Renten praktisch steuerfrei.

Die Höhe des Ertragsanteils beträgt:			
mit 60 Jahren	22 %	mit 66 Jahren	18 %
mit 61 Jahren	22 %	mit 67 Jahren	17 %
mit 62 Jahren	21 %	mit 68 Jahren	16 %
mit 63 Jahren	20 %	mit 69 Jahren	15 %
mit 64 Jahren	19 %	mit 70 Jahren	15 %
mit 65 Jahren	18 %		

Vielleicht sagen Sie jetzt: Aber so eine Rentenversicherung ist doch ziemlich starr, damit kann ich mich nicht anfreunden, und die Rendite ist auch nicht besonders verlockend. Dann kann ich Ihnen antworten, dass das so nicht mehr stimmt. Es gibt mittlerweile eine ganze Reihe von Modellen der Rentenversicherung für jeden Geschmack und jede Risikoeinstellung. Die wichtigsten Varianten sind hier aufgeführt.

Rentenversicherungen

→ **für Sicherheitsbewusste**
Die klassische Rentenversicherung mit garantierter Verzinsung und Überschussbeteiligung.

→ **für alle, die etwas mehr haben möchten**
Die Rentenversicherung mit garantierter Verzinsung, bei der die Überschüsse in einem erstklassigen Aktienfonds angelegt werden.

→ **für Mutigere**
Die Fondspolice, über die Sie in mehrere Fonds mit unterschiedlichem Risiko investieren können. Fondspolicen gibt es ohne garantierte Verzinsung und mit Kapitalgarantie.

Aktien, Fonds & Co.

→ **für Renditebewusste**
Die britische Rentenversicherung auf Aktienbasis, aber mit
Sicherheitsnetz.

? *Nachgefragt:*
Britische Rentenversicherung

Ich (45) möchte 15 000 Euro in meine Altersvorsorge in-
vestieren. Eine britische Rentenversicherung garantiert mir
den Kapitalerhalt und eine Mindestverzinsung. In der Ver-
gangenheit kam eine beträchtliche Überschussbeteiligung
hinzu. Das gefällt mir. Nun lese ich aber in einer Verbrau-
cherzeitschrift, dass Versicherungen grundsätzlich hohe Kos-
ten verursachen. Und: Britische Gesellschaften würden zu
100 % in Aktien investieren. Es sei besser, direkt einen
Aktienfonds zu erwerben. Was meinen Sie?

Richtig ist, dass die Briten bis zu 90 % in Aktien investieren dürfen. In der Regel liegt der Aktienanteil aber
zwischen 60 und 80 %. Anders als bei Aktienfonds sind
Sie bei britischen Versicherungen aber nicht voll den
Schwankungen des Aktienmarkts ausgesetzt. In guten
Börsenzeiten wird ein Teil der Gewinne nicht ausgezahlt,
sondern angelegt, um damit in schlechteren Börsenzeiten die »Täler« aufzufüllen.
Der erwirtschaftete Überschuss wird jährlich gutge-
schrieben und ist damit – anders als bei Aktienfonds –
garantiert. Kosten fallen im Übrigen auch bei Aktienfonds an.

Bei allen Varianten der Rentenversicherung können Sie monatlich oder jährlich regelmäßige Beiträge einzahlen. Oder Sie setzen
eine einmalige Summe ein. Auch jährliche Zuzahlungen sind
möglich. Das heißt, Sie können den regelmäßigen Beitrag vor-

sichtig kalkulieren, aber mit jährlichen Zuzahlungen Ihre spätere Rente erhöhen.

Was geschieht im Todesfall?

Viele Anlegerinnen meinen, dass bei einer Rentenversicherung im Todesfall das Geld bei der Versicherungsgesellschaft verbleibt, dass also Erben leer ausgehen. Das ist aber so nicht richtig. Es gibt durchaus Möglichkeiten, die Erben partizipieren zu lassen.

Ein Modell: Sie vereinbaren eine **Rentengarantiezeit** – zum Beispiel von zehn Jahren –, sterben aber schon drei Jahre nach Rentenbeginn. Dann erhalten Ihre Erben sieben Jahre lang die weiteren Zahlungen (also bis die vereinbarten zehn Jahre abgelaufen sind), oder das Geld wird stattdessen in einer Summe überwiesen. Eine andere Möglichkeit: die **Beitragsrückgewähr**. Angenommen, Sie haben in Ihrer Versicherung ein Kapital von 50 000 Euro erreicht und beziehen bis zu Ihrem Tod noch drei Jahre Rente. In diesem Fall erhalten die Erben das, was nach den geleisteten Auszahlungen von den 50 000 Euro noch übrig ist.

In beiden Fällen gilt: Stirbt jemand vor Rentenbeginn, bekommen die Hinterbliebenen die eingezahlten Beiträge, meist auch noch die angesammelten Überschussanteile.

Was Sie aber bedenken sollten: Alles, was Sie jetzt für Ihre Erben tun, geht später zu Lasten Ihrer Rente. Denn die wäre entsprechend höher, wenn Sie weitere Zahlungen nach Ihrem Tod von vornherein ausschließen würden.

> **Auf den Punkt gebracht**
>
> - Ob eine Variante der klassischen Rentenversicherung, der Fondspolice oder der britischen Versicherung: An privaten Rentenversicherungen führt kein Weg vorbei, wenn Ihr Ziel die langfristige Vermögensbildung und Altersvorsorge ist. Die steuerlichen Vorteile und die hohe Sicherheit bei alteingesessenen großen Versicherungsgesellschaften bieten einen großen Vorteil gegenüber anderen Sparformen.

- Rentenversicherungen sollten deshalb die Basis jeder Vermögensplanung bilden. Allerdings kommt es, wie bei fast allen Geldanlagen, auch hier auf die richtige Gestaltung an.
- Wählen Sie einen Beitrag, den Sie sich nach menschlichem Ermessen auch in schwierigeren Zeiten leisten können. Sie können ja Zuzahlungen leisten, wenn Sie mehr Geld zur Verfügung haben.
- Zahlen Sie Ihren Beitrag jährlich, falls möglich. Die monatliche Zahlweise ist für die Versicherungsgesellschaft aufwendiger, deshalb verlangt sie dafür einen Zuschlag. Jährliche Zahlung wirkt sich also günstiger aus.
- Kündigen Sie Ihren Versicherungsvertrag nicht, wenn Sie einen finanziellen Engpass haben. Eine Kündigung bringt in der Regel Verlust. Sie ist deshalb der schlechteste Weg. Sie können stattdessen den Beitrag reduzieren, die Beitragszahlung zwei Jahre stunden lassen oder, wenn es gar nicht anders geht, den Vertrag beitragsfrei stellen.
- Außerdem bleibt Ihnen noch die Möglichkeit, den Versicherungsvertrag zu verkaufen.

Sparbriefe und Sparpläne bei Banken

Sparbriefe

Das sind meist hauseigene Papiere von Banken. Sie sind eine »wertpapierähnliche« Anlage, werden allerdings nicht an der Börse gehandelt.

Der Haken ist, dass Sie Sparbriefe während der Laufzeit nicht verkaufen können. In Zeiten hoher Zinsen ist dies kein Nachteil – Ihre Zinsen sind ja über die gesamte Laufzeit festgelegt. In einer Phase niedriger Zinsen aber, wie sie nun schon seit Jahren andauert, legen Sie sich unnötig fest. Wenn Sie ganz auf Nummer sicher gehen wollen, kaufen Sie besser Bundesschatzbriefe. Die können Sie nach einem Jahr jederzeit verkaufen. Sie bleiben damit flexibel und können auf andere Papiere umsteigen, falls die Zinsen – wie erwartet – wieder steigen.

Sparpläne

Eine Menge Fantasie entwickeln Banken, wenn sie ihre hauseigenen Produkte offerieren. Da gibt's dann Zinsplussparen, Bonussparen, Sprintsparen usw.

Häufig wird mit verlockenden Zinsen geworben, die suggerieren sollen, dass es sich um eine äußerst interessante Anlage handelt. Meist ist das allerdings nicht der Fall. In der Regel gibt es recht bescheidene Zinsen für das angesparte Geld. Die Verzinsung ist variabel, sie kann sich also jederzeit ändern – nach unten wie nach oben. Flexibel ist eine solche Anlage nicht. Wer vorzeitig kündigt, muss auf Bonus, Zinssteigerung oder Prämie verzichten. Ein weiterer großer Nachteil der Banksparpläne: Sie sind von Bank zu Bank so unterschiedlich, dass sie in der Regel nicht verglichen werden können. Hier helfen die regelmäßigen Veröffentlichungen von »Finanztest«, in denen die Angebote der Banken gegenübergestellt werden.

Die bessere Alternative sind Fondssparpläne. Sie sind flexibel, jederzeit verfügbar, und Sie können unter vielen interessanten Fonds wählen.

? *Nachgefragt: 15 Jahre Bonussparen –*
. *das wär's doch!*

Meine Bank hat mir einen Sparplan empfohlen, der mich richtig begeistert. Ich bekomme zwar nur 2 % Zinsen, dafür aber einen jährlichen Bonus, der nach 15 Jahren 50 % beträgt. Warum empfehlen Sie nicht mal so etwas?

Was auf den ersten Blick so toll aussieht, ist in vielen Fällen Augenwischerei. Denn: Den Bonus gibt es immer nur auf das jeweils im aktuellen Jahr neu eingezahlte Geld. Ein Beispiel: Wenn Sie monatlich 50 Euro einzah-

Aktien, Fonds & Co.

len, dann beträgt Ihr Guthaben mit 2 % Zinsen nach 15 Jahren 10 488,46 Euro. Den Bonus erhalten Sie aber nicht auf dieses Gesamtguthaben, sondern nur auf die jährlich eingezahlten 600 Euro. Insgesamt ergibt sich da über eine längere Laufzeit nur eine sehr magere Rendite. Lukrativere Alternativen sind Euro-Rentenfonds oder auch ein Bausparvertrag, den Sie nur zum Sparen nutzen. Wenn Sie kein Darlehen beanspruchen und sieben Jahre warten können, gibt's immer noch bis zu 4 % Zinsen. Bei langer Anlagezeit empfehlenswert sind aber auch Rentenversicherungen, die bei guten Gesellschaften circa 4,5 % Rendite bringen.

Tagesgeld

Tagesgeldkonten sind relativ gut verzinst, risikolos, und das Geld ist jederzeit verfügbar. Das kommt Frauen mit ihrer Scheu vor längerer Festlegung sehr entgegen.

Ideal sind Tagesgeldkonten zum Geldparken, wenn Sie in absehbarer Zeit einen Kredit tilgen, ein Auto kaufen oder eine andere größere Anschaffung tätigen wollen.

Als längerfristige Anlage, mit der Sie Ihr Geld vermehren wollen, ist Tagesgeld nicht geeignet.

Außerdem: Auch hier gilt es aufzupassen. Es gibt auch bei einer so harmlosen Anlage durchaus Situationen, bei denen Gefahr drohen kann.

? *Nachgefragt:*
Festgeld auf holländischer Bank

Ich habe ein besonderes Angebot bei einer holländischen Bank entdeckt. Wenn ich da mein Geld sechs Jahre anlege, bringt mir das fast 5 % Zinsen. Der Haken: Dieses Konto ist nicht durch den niederländischen Einlagensicherungsfonds gedeckt. Es heißt, dass bei einer Pleite der Bank dieses Konto nur nachrangig bedient wird. Was heißt denn das nun wieder?

»Nachrangig« bedeutet, dass im Fall einer Pleite erst alle anderen Gläubiger der Bank ihr Geld erhalten. Sie und alle anderen, die auf diesem speziellen Konto Geld liegen haben, gehen also das Risiko ein, dass im Zweifelsfall nicht genügend Geld vorhanden ist, um auch Ihre Ansprüche zu befriedigen. Wie so oft, hat also auch hier das vermeintliche Schnäppchen einen Haken.

Mit Macht drängen ausländische Banken auf den deutschen Markt. Gut verzinste Tagesgeldkonten sind der »Türöffner«, um Kunden zu gewinnen.
Dagegen ist nichts einzuwenden. Aufpassen müssen Sie trotzdem. Banken, die eine Zulassung innerhalb der EU haben, bieten aufgrund einer EU-Richtlinie eine Mindestsicherung bis 20 000 Euro je Kunde. Die Einlagen sind aber nur zu 90 % abgesichert. Wenn Sie also 20 000 Euro anlegen, gibt es im Ernstfall nur 18 000 Euro zurück. Die generelle Höchstgrenze für eine Rückzahlung liegt bei 20 000 Euro. Sie sollten also nicht mehr als 22 000 Euro bei einer ausländischen Bank anlegen.

Zertifikate

Bestimmt hat Ihnen Ihre Bank auch schon eine Anlage angeboten mit interessant klingendem Namen wie Rainbow-, Discountoder Bonus- und Garantiezertifikat. Banken drängen mit diesen Papieren geradezu massiv auf den Markt.
Circa 100 Milliarden Euro sollen derzeit in Deutschland in Zertifikaten investiert sein. Sehr viele von ihnen haben eine so komplizierte Konstruktion, dass Normalanlegerinnen sie nicht durchschauen können.

Aktien, Fonds & Co.

? Nachgefragt:
Was unterscheidet Zertifikate von Fonds?

Ich lese immer wieder, dass Zertifikate so eine gute Geld-anlage sind und viel weniger kosten als Fonds. Aber so ganz verstehe ich nicht, was Zertifikate eigentlich sind und worin sie sich von Fonds unterscheiden.

Über einen Aktienfonds haben Sie Anteil an einem real existierenden Aktienvermögen. Zertifikate dagegen be-ziehen sich in der Regel nicht auf einen realen Wert. Mit einem Zertifikat beteiligen Sie sich vielmehr ausschließ-lich an der Entwicklung eines Basiswerts, zum Beispiel eines Aktien- oder Rohstoffindexes. Das Zertifikat ist letztlich die Spekulation darauf, dass sich dieser Basis-wert so verändert, dass damit ein Gewinn erzielt wird.

Befürworter von Zertifikaten (allen voran natürlich Ban-ken) preisen sie als kostengünstige Alternative zu Fonds. Unabhängige Fachleute kritisieren die oft undurchsichti-ge Konstruktion.

Ein Problem bei Zertifikaten ist ja, dass es für diese An-lageform keine einheitlichen Standards gibt. Jede Bank kann ihre Zertifikate nach eigenem Gutdünken gestalten. Anlegerinnen können meist weder nachvollziehen, wie die Preise entstehen, noch, wie die Kurschancen abzu-schätzen sind. Ebenso undurchsichtig sind in der Regel auch die Kosten.

Fonds dagegen sind wesentlich transparenter. Die Kos-tenstruktur ist klar und deutlich ausgewiesen. Anle-gerinnen können sich über die jeweiligen Fonds im Internet informieren. Aus den Prospekten ist erkennbar, worin ein Fonds investiert, nach welchen Prinzipien er gemanagt wird, was er kostet. Im Jahresbericht steht ge-nau, welche Aktien oder Rentenpapiere sich im Fonds-portfolio befinden.

Ein schwerwiegender Unterschied zwischen Zertifikaten und Fonds liegt schließlich in der Sicherheit der Anlage.

Fonds werden staatlich überwacht und sind rechtlich Sondervermögen. Sie sind deshalb geschützt. Selbst wenn die Fondsgesellschaft pleiteginge, wäre das Geld der Anlegerinnen vor dem Zugriff der Gläubiger sicher.

Zertifikate hingegen sind rechtlich gesehen Schuldverschreibungen wie Anleihen, Pfandbriefe und Obligationen. Geht der Emittent, also die Bank, die das Zertifikat auf den Markt bringt, in Konkurs, kann der Totalverlust des eingesetzten Geldes drohen. Dieses Risiko ist natürlich bei großen Banken vergleichsweise gering.

Aktien, Fonds & Co.

Lassen Sie sich beim Sparen helfen!

➤ *Da gibt's was umsonst –*
und nur wenige wollen es haben

Da gibt es schon mal was umsonst, und fast keiner will es! Das gibt's doch nicht im Land der Schnäppchenjäger? Leider doch! Seit mehr als 30 Jahren fördert der Staat die private Vermögensbildung durch Zuschüsse. Mehr als 23 Millionen Menschen in Deutschland können vermögenswirksame Leistungen in Anspruch nehmen. Und viele wissen es nicht einmal oder interessieren sich nicht dafür und verschenken somit bares Geld.

Vermögenswirksame Leistungen

Ob und in welcher Höhe Ihr Arbeitgeber Ihnen zusätzlich zum Gehalt vermögenswirksame Leistungen zahlt, steht im Tarifvertrag oder in einer Betriebsvereinbarung. Es gibt dabei erhebliche Unterschiede. Mitarbeiterinnen im öffentlichen Dienst bekommen zurzeit 6,65 Euro monatlich, manche Unternehmen zahlen den Höchstbetrag von 40 Euro. Dazwischen ist im Prinzip alles möglich. Die Höhe wird meist tarifvertraglich geregelt.
Falls Ihr Arbeitgeber vermögenswirksame Leistungen bezahlt, haben Sie schon während Ihrer Ausbildung Anspruch darauf, allerdings noch nicht in der Probezeit. Fragen Sie in Ihrem Personalbüro nach.
Für die Anlage der Zuwendung haben Sie mehrere Wahlmöglichkeiten: Allgemein bekannt sind Banksparpläne (geringe Verzinsung bei variablen Zinsen; sie können also jederzeit geändert werden) und Bausparverträge (einzelne Bausparkassen garantieren noch bis zu 4 % Zinsen). Höhere Chancen – und höhere Risiken –

haben Sie mit speziellen Aktienfonds, wie sie fast jede große Fondsgesellschaft anbietet. Gefördert vom Staat mit der Arbeitnehmersparzulage werden Aktienfonds und Bausparverträge.

So geht's

Sie schließen bei einer Bank/Sparkasse oder bei unabhängigen Finanzdienstleistern einen vermögenswirksamen Sparplan ab. Eine Kopie des Vertrags legen Sie Ihrem Arbeitgeber vor. Der überweist dann Monat für Monat den Sparbetrag.

Allerdings sind Sie bei Aktienfonds oft erst ab 40 Euro pro Monat dabei, bei Bausparverträgen ist das häufig auch schon ab 15 Euro möglich.

Zahlt Ihr Arbeitgeber weniger als die Mindestrate für die gewünschte Anlage, können Sie die monatliche Sparrate mit Ihrem eigenen Geld erhöhen.

Sechs Jahre lang zahlen Sie in den Sparvertrag ein. Ein Jahr »ruht« er. Nach insgesamt sieben Jahren können Sie schließlich über Ihr Geld verfügen.

Staatliche Sparförderung

Arbeitnehmersparzulage

Bei vermögenswirksamen Leistungen gibt es zwei Förderbereiche, die Sie auch doppelt nutzen können. Die Anlage in Aktienfonds wird dabei am höchsten gefördert. Die Arbeitnehmersparzulage erhalten Sie allerdings nur, wenn Sie folgende Einkommensgrenzen nicht überschreiten:

Ledige	17 900 Euro pro Jahr
Verheiratete	35 800 Euro pro Jahr

Beim vermögenswirksamen Sparen mit Aktienfonds erhalten Sie eine Arbeitnehmersparzulage in Höhe von 18 % auf eine jährliche Einzahlung von 400 Euro. Das sind pro Jahr 72 Euro für Ledige (für Ehepaare gilt das Doppelte).

Lassen Sie sich beim Sparen helfen!

Wenn Sie vermögenswirksam bausparen, gibt es eine Arbeitnehmersparzulage in Höhe von 9 % auf eine jährliche Einzahlung bis zu 470 Euro pro Jahr. Das sind 43 Euro pro Jahr.
Wenn Sie beide Möglichkeiten kombinieren wollen, also die Gesamtförderung ausschöpfen möchten, können Sie natürlich die vermögenswirksamen Sparbeiträge auch aus eigener Tasche aufstocken. Sie müssten dann Ihren Arbeitgeber bitten, den fehlenden Betrag von Ihrem Gehalt in vermögenswirksame Leistungen umzuwandeln und auf die geförderten Sparverträge einzuzahlen.
Die staatlichen Zulagen erhalten Sie auch, wenn Ihr Arbeitgeber gar nichts dazuzahlt und Sie alle Sparbeiträge aus eigener Tasche aufbringen.

Wohnungsbauprämie

Eine weitere Möglichkeit, staatliche Zuschüsse zu erhalten, bietet das Sparen nach dem Wohnungsbauprämiengesetz.

Hierfür gelten folgende Einkommensgrenzen:

Ledige	25 600 Euro pro Jahr
Verheiratete	51 200 Euro pro Jahr

Maßgeblich ist das zu versteuernde Einkommen im Sparjahr. Das Bruttoeinkommen kann also durchaus über den oben genannten Grenzen liegen.
Überweisen Sie pro Jahr 512 Euro (Ehepaare das Doppelte) in einen Bausparvertrag, gibt es vom Staat die Wohnungsbauprämie in Höhe von 8,8 % der jährlichen Einzahlungen – höchstens aber 45,06 Euro (Ehepaare 90,11 Euro).
Die Wohnungsbauprämie kommt für alle Personen ab 16 Jahre infrage, die unter die geforderten Einkommensgrenzen fallen – also auch schon für Schülerinnen und Studentinnen. Wird kein Darlehen in Anspruch genommen, erhalten Sie von einigen Gesellschaften die Abschlussgebühr zurück.

So kommen Sie an die staatliche Förderung

Die *Arbeitnehmersparzulage* beantragen Sie jedes Jahr mit der Lohnsteuererklärung bei Ihrem Finanzamt. Hierfür erhalten Sie von der Fondsgesellschaft eine entsprechende Bescheinigung, die Sie der jährlichen Steuererklärung beifügen müssen.

Die *Wohnungsbauprämie* beantragen Sie über Ihre Bausparkasse.

Für beide Sparformen gilt: Die Zulagen zahlt das Finanzamt erst am Ende der siebenjährigen Sperrfrist in den Sparvertrag ein. Danach können Sie über die angesparte Summe frei verfügen.

Riester-Rente

Mit staatlichen Zulagen gefördert werden eigens dafür zertifizierte Rentenversicherungen, Bank- und Fondssparpläne. Derzeit beträgt der staatliche Zuschuss jährlich 114 Euro pro Person und 138 Euro pro Kind. Von 2008 an sind es 154 Euro Grundzulage pro Person und 185 Euro Kinderzulage jährlich.

Besonders interessant ist die Riester-Rente für Familien mit Kindern. Besserverdienende profitieren vom Sonderausgabenabzug. Riester-Sparerinnen können derzeit bis zu 1575 Euro jährlich, ab 2008 bis zu 2100 Euro jährlich steuerlich absetzen. Das Finanzamt prüft, was für die Steuerzahler günstiger ist: Zulage oder Sonderausgabenabzug, und erstattet gegebenenfalls die Differenz.

So kommen Sie an die staatliche Förderung

Sie können das Versicherungsunternehmen beauftragen, jedes Jahr die staatliche Zulage automatisch für Sie zu beantragen, zum Beispiel bei Vertragsabschluss. Sie müssen also nicht mehr jährlich einen Zulagenantrag ausfüllen. Veränderungen etwa des Familienstandes, der Anzahl der Kinder oder eine Änderung Ihres beruflichen Status müssen Sie der Versicherungsgesellschaft jedoch anzeigen, damit die Zulagen in voller Höhe beantragt werden können.

Das »Wunder« Zinseszins

Albert Einstein nannte den Zinseszinseffekt die »größte mathematische Entdeckung aller Zeiten«. Und die Wirkung ist ja auch wirklich unglaublich. Aber kann man mit dem Zinseszins tatsächlich ohne Arbeit reich werden?

? **Nachgefragt:**
Eine Million in 60 Jahren?

In den nächsten Wochen kommt mein erstes Kind auf die Welt. Es ist sicher etwas spleenig, aber ich möchte gern, dass meine Tochter mit 60 Jahren eine Million Euro auf dem Konto hat. Ich habe da an einen Aktienfonds-Sparplan gedacht. Was halten Sie davon, und wie viel müsste ich dafür einsetzen?

Ich finde es gar nicht spleenig, sondern großartig, dass Sie Ihr Kind zur Millionärin machen wollen, auch wenn natürlich in 60 Jahren das Geld nicht mehr die heutige Kaufkraft hat. Ein Aktienfonds ist für Ihren Plan hervorragend geeignet.

Wenn Ihre Eltern vor 60 Jahren begonnen hätten, 50 Euro monatlich, beispielsweise in einem Aktienfonds, anzulegen, hätte sich das auf rund 1 220 000 Euro summiert. Vorausgesetzt, der Fonds hätte eine jährliche Durchschnittsrendite von 9 % erbracht. Das war mit guten Aktienfonds über lange Zeiträume zu erreichen.

Dieser »Nachgefragt«-Text in »Brigitte« hat viele Leserinnen veranlasst, mir zu schreiben. Keine konnte es glauben. Fast alle dachten, dass hier ein Rechenfehler vorliegen muss, weil die Fragerin ja nur 36 000 Euro selbst einzahlt (50 Euro × 12 Monate = 600 Euro/Jahr; 600 Euro × 60 Jahre = 36 000 Euro).

122 *Lassen Sie sich beim Sparen helfen!*

Klingt wie Zauberei, stimmt aber!

Die Zinsen erhöhen den eingezahlten Betrag und werden im nächsten Jahr mitverzinst.

Im obigen Beispiel heißt das: Aus den im ersten Jahr eingezahlten 600 Euro werden bei 9 % Rendite 629,25 Euro, die wiederum 9 % Rendite bringen und so weiter. Anfangs vermehrt sich das Geld nur langsam. Je länger aber die Laufzeit und je höher die Rendite, desto gravierender wirkt sich der Zinseszinseffekt aus.

Voraussetzung ist allerdings, dass Gewinne nicht entnommen werden, sondern über die gesamte Laufzeit im Fonds verbleiben. So schaffen Sie Kapital, ohne einen Finger dafür rühren zu müssen!

Regelmäßiges Sparen

Angenommen, Sie legen jeden Monat 150 Euro an, dann wächst Ihr Vermögen einschließlich Zinsen und Zinseszinsen wie folgt bei einem Zinssatz von:

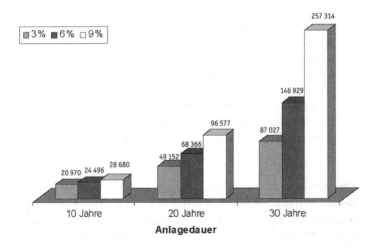

Lassen Sie sich beim Sparen helfen!

Steuerersparnis

Der Freibetrag für Zinseinkünfte beträgt seit 1. 1. 2007 nur noch 750 Euro pro Person. Es ist deshalb wichtig und notwendig, steuerliche Überlegungen bei der Geldanlage zu berücksichtigen. Wie wichtig dies ist, zeigt Ihnen die folgende Rechnung.

Stellen Sie sich vor, Sie haben 30 000 Euro zu 4 % angelegt. Ihr Zinsfreibetrag von 750 Euro ist schon ausgeschöpft. Ihr Steuersatz beträgt 30 %:

4 % Nominalzins aus 30 000 Euro	=	1200 Euro
− davon 30 % Einkommensteuer	=	360 Euro
= 2,8 % Nettorendite nominal	=	840 Euro
− Inflationsrate (2 % von 30 000 Euro)	=	600 Euro
= 0,8 % Nettorendite	=	240 Euro

Sie sehen also, dass von den 4 % Bruttorendite durch den Steuerabzug und die Inflationsrate (geschätzt) letztendlich nur noch 0,8 % Nettorendite oder wie in unserem Beispiel 240 Euro, übrig bleiben.

Mit der Inflationsrate, die augenblicklich niedrig ist, müssen wir leben. Die steuerliche Gestaltung Ihrer Vermögensanlage jedoch haben Sie selbst in der Hand.

So vermeiden Sie Steuern

Die Erträge von Kapital-Lebensversicherungen und Rentenversicherungen sind während der gesamten Laufzeit steuerfrei. Ist die Versicherung mindestens zwölf Jahre gelaufen und Sie sind über 60, müssen Sie bei der Kapitalauszahlung nur die Hälfte der Zinsen versteuern. Wählen Sie die Rente, so ist diese steuerlich begünstigt. Sie wird nur mit dem sogenannten Ertragsanteil versteuert. Dieser Ertragsanteil ist gering. Er richtet sich nach dem Alter, in dem Ihre Rentenzahlung beginnt, und bleibt dann während der ganzen Rentenbezugszeit gleich.

Wenn Sie zum Beispiel 65 Jahre alt sind und aus einer privaten Rentenversicherung eine monatliche Rente von 500 Euro beziehen, dann beträgt der Ertragsanteil 18 %. Das bedeutet, nur 90 Euro müssen versteuert werden.

Steuerlich günstig sind auch manche Dachfonds, Genussscheinfonds, offene Immobilienfonds. Die Fondsgesellschaften sind hier sehr kreativ.

Kursgewinne sind bislang noch steuerfrei. Dies soll sich 2009 allerdings ändern.

Bei geschlossenen Fonds (Immobilienfonds, Schiffsbeteiligungen etc.) sind die Ausschüttungen – je nach Fondsart – ganz oder teilweise steuerfrei.

So verlagern Sie Zinserträge ins Rentenalter

Zinserträge müssen grundsätzlich in dem Jahr versteuert werden, in dem sie zufließen. Bei Zerobonds und Bundesschatzbriefen Typ B zum Beispiel fallen Zinszahlungen nicht während der Laufzeit an, sondern erst am Schluss, bei Fälligkeit. Staffeln Sie die Laufzeit Ihrer Rentenpapiere und planen Sie so, dass Sie bei Fälligkeit der Papiere schon im Ruhestand sind. Sie haben dann kein so hohes steuerpflichtiges Einkommen mehr, zahlen also weniger Steuern.

So sparen Sie Steuern

Es gibt Geldanlagen, die Ihr zu versteuerndes Einkommen reduzieren. Das können Sie mit allen Modellen der betrieblichen Altersvorsorge, mit der Rürup-Rente, bei höherem Einkommen auch mit der Riester-Rente.

Die beste Möglichkeit allerdings, Steuern zu sparen, bieten immer noch Immobilien. Allerdings muss es eine sanierungsbedürftige, denkmalgeschützte oder eine Immobilie in einem »förmlich festgelegten Sanierungsgebiet« oder »städtebaulichen Entwicklungsbereich« sein. Wenn Sie diese Immobilie selbst beziehen, können Sie zehn Jahre lang 9 % der begünstigten Herstellungskosten steuerlich abschreiben.

Lassen Sie sich beim Sparen helfen!

Vermieten Sie die Immobilie, gilt neben der linearen Abschreibung von 2 bis 2,5 % für den Altbauanteil bei Objekten, bei denen der Bauantrag nach dem 31. 12. 2003 gestellt wurde, folgende Abschreibungsregel:

8 Jahre × 9 %
4 Jahre × 7 %

Die begünstigten Herstellungskosten können also in zwölf Jahren zu 100 % abgeschrieben werden. Begünstigt sind beim Baudenkmal die denkmalschutzrelevanten Baukosten.

Bei Gebäuden in einem »förmlich festgelegten Sanierungsgebiet« oder »städtebaulichen Entwicklungsbereich« gilt die erhöhte Abschreibung für die Modernisierungs- und Instandsetzungskosten.

Steuerersparnis durch Schenkung an die Kinder?

Es klingt so einfach – und wirft doch manchmal eine Reihe von Problemen auf. Sie haben den Freibetrag für Zinseinkünfte längst ausgeschöpft und überlegen deshalb, einen Teil Ihres Kapitals auf Ihre Kinder zu übertragen. Denn Kinder haben von Geburt an eigene Freibeträge.

Aber so einfach ist das Ganze leider nicht: Wenn Sie Geld auf Ihre Kinder übertragen, handelt es sich um eine Schenkung. Das Geld gehört den Kindern, und diese können, wenn sie volljährig sind, damit tun und lassen, was sie wollen. Sie sollten es sich also gut überlegen, ob Sie Ihr Geld aus der Hand geben. Niemand kann wissen, wie sich die Beziehung zu den Kindern langfristig entwickelt.

Ein weiteres Problem ist, dass die Finanzbehörden verständlicherweise Scheinübertragungen zum Zweck der Steuerumgehung nicht akzeptieren. Das Finanzamt erkennt nur tatsächliche Vermögensübertragungen an, die den Kindern auch wirtschaftliche Vorteile bringen.

Achtung: Volljährige Kinder dürfen derzeit nur 7680 Euro Einkünfte und Bezüge im Jahr erreichen. Erzielen sie durch Zinsen aus dem übertragenen Vermögen höhere Einnahmen, verlieren die Eltern unter anderem den Anspruch auf Kindergeld, Kinder- und Ausbildungsfreibeträge.

Vorsicht ist zudem geboten, wenn Ihr Kind bei Ihnen in der gesetzlichen Krankenversicherung mitversichert ist. Kostenlos ist die Mitversicherung nur dann, wenn das Kind im Jahr nicht mehr als 4200 Euro Einnahmen hat plus 750 Euro Sparerfreibetrag und 51 Euro Werbungskostenpauschale. Insgesamt also 5001 Euro. Diese Summe darf Ihr Kind steuerfrei an Zinsen oder Dividenden einnehmen, ohne die kostenlose Mitversicherung zu verlieren.

Sie sehen also, dass die Übertragung auf Kinder keine problemlose Steuersparlösung darstellt. Anzuraten ist sie in jedem Fall uneingeschränkt nur dann, wenn ein großes Vermögen vor dem Ableben verteilt werden soll, um die Schenkungsfreibeträge zu nutzen.

In allen anderen Fällen empfehle ich eher, die vorhandenen Geldanlagen steuerlich zu optimieren. Wie Sie sehen, gibt es immer noch eine Reihe solider Möglichkeiten, Geld gut und steuerlich günstig anzulegen. Lassen Sie sich dabei beraten!

Bewährte Anlagestrategien

➤ *Mit fünf Tugenden zum Erfolg!*

Manche Erfahrungswerte haben bei Geldanlagen schon seit Generationen Gültigkeit. Um erfolgreich zu sein, sollten Sie sich an diese fünf »Anlage-Tugenden« halten:

Weitsicht

Investieren Sie Ihr Geld in verschiedene Geldanlagen mit unterschiedlichen Anlagezielen und unterschiedlich hohem Risiko. Eine gute und sinnvolle Streuung erhöht Ihre Chancen und vermindert Ihr Risiko.

Aber: Ein Sammelsurium verschiedenster Geldanlagen ist damit nicht gemeint. Streuung bedeutet vielmehr eine wohlüberlegte Anlage mit System und nicht Verzettelung und Chaos.

Gelassenheit

Werden Sie sich über Ihr Anlageziel und den dazu passenden Weg klar und verfolgen Sie ihn konsequent. Überprüfen Sie Ihre Ziele und Ihren Weg immer dann, wenn sich Ihre Lebensumstände ändern. Aber jagen Sie nicht irgendwelchen Trends hinterher und schichten Sie nicht ständig um. Behalten Sie eine ruhige Hand und stehen Sie auch schlechte Zeiten gelassen durch.

Geduld

Nicht das schnelle Geld kann beim Aufbau Ihres Vermögens das Ziel sein, sondern der solide, kontinuierlich gewachsene und stabile Anlageerfolg. Bei den meisten Geldanlagen, die zum Beispiel zur Altersvorsorge gut geeignet sind, benötigen Sie Zeit und Geduld, um erfolgreich zu sein.

Zuversicht

> »Fasst frischen Mut;
> so lang ist keine Nacht,
> dass endlich nicht der helle Morgen lacht.«
>
> WILLIAM SHAKESPEARE, *Macbeth*

Geraten Sie nicht in Panik, wenn sich die Marktlage bei einer Ihrer Geldanlagen ändert. Zinsen, Aktienkurse oder Immobilienpreise unterliegen über Jahre hinweg immer mehr oder minder starken Schwankungen.

Wenn Ihre Geldanlagen zu Ihrem Anlageziel passen, wenn sie solide und von namhaften Anbietern sind und wenn die Art der Anlagen langfristig gute Aussichten bietet, dann gibt es keinen Grund, sich vorzeitig von ihnen zu trennen.

Mut

»Mögen tät ich schon wollen, aber dürfen hab ich mich nicht getraut«, sagte schon Karl Valentin. Und das passt sehr gut auf die Einstellung vieler Frauen zum Risiko.

Frauen bevorzugen tendenziell möglichst sichere Geldanlagen. Das ist zwar durchaus verständlich, verringert aber die Chancen, ein Vermögen zu schaffen. Auf Nummer sicher sollten Sie vielmehr dann gehen, wenn Ihnen nicht mehr viel Zeit bis zum Ruhestand bleibt oder wenn Sie sich schon im Ruhestand befinden.

Bewährte Anlagestrategien

Wenn Sie jedoch mehr als zehn Jahre Anlagezeit vor sich haben, können Sie ein kalkulierbares Risiko eingehen, um höhere Gewinne zu erzielen. Kalkulierbares Risiko heißt: Sie sollten in klassische Aktienfonds, Dachfonds oder Mischfonds investieren.

Risiko bedeutet dann nicht, dass Sie riskieren, Ihr gesamtes Geld zu verlieren. Das ist bei solchen Fonds gar nicht möglich. Risiko heißt hier vielmehr, dass Sie mit mehr oder minder starken Kursschwankungen rechnen müssen und dass es Ihnen möglich sein muss, unter Umständen auch mehrjährige Durststrecken auszusitzen.

Der Lohn der Angst: Deutlich höhere Renditen als bei Sparbuch & Co. Denn Fonds mit Aktien brachten in der Vergangenheit bei langer Anlagedauer Renditen zwischen 8 und 10 %.

Ihre Altersvorsorge – schöne Aussichten?

➤ *Wichtig und gar nicht so schwer*

> Wer heute den Kopf in den Sand steckt,
> knirscht morgen mit den Zähnen.

Eine derzeit 35-jährige Frau hat eine Lebenserwartung von 96,5 Jahren. Ein heute geborenes Mädchen kann 103 Jahre alt werden.

Wenn die jetzt 35-jährige Frau mit 65 in Rente geht, hat sie fast 32 Jahre Ruhestand vor sich, die finanziert werden müssen – von gesetzlicher Rente und Erspartem. Das Mädchen hätte schon 38 Rentenjahre vor sich.

Unbekümmert gehen immer noch drei von vier Frauen davon aus, dass sie im Alter von der staatlichen Rente leben können. Eine gravierende Fehleinschätzung! Frauen sind im Schnitt nur 26 Jahre lang berufstätig, Männer dagegen 37 Jahre. Das ist einer der Gründe, warum Frauenrenten deutlich niedriger sind als Männerrenten. Die durchschnittliche gesetzliche Altersrente von Frauen beträgt derzeit 483 (in Ostdeutschland 665), die von Männern 982 (in Ostdeutschland 1037) Euro.

Die Gründe für das niedrige Einkommensniveau von Frauen im Rentenalter sind vielfältig. Sie haben ihre Ursprünge unter anderem in geringeren Löhnen und Gehältern, in Kinderpausen und Teilzeitbeschäftigungen. Aber auch die mangelnde Bereitschaft vieler Frauen, sich mit ihrer Altersvorsorge auseinanderzusetzen, spielt dabei eine große Rolle.

Zum Beispiel investieren berufstätige Frauen in Deutschland gut ein Drittel weniger in ihre private Altersvorsorge als Männer. Das ergab eine repräsentative Allensbach-Umfrage.

Im Vergleich zum Vorjahr planen zudem weniger Frauen, künftig mehr Geld für das Alter zurückzulegen. Und mehr Frauen als Männer spekulieren auf Erbschaften!

Ich rate Ihnen dringend:

→ Verdrängen Sie das Problem der Altersabsicherung nicht länger. Irgendwann holen die Probleme Sie ein.

→ Fangen Sie so früh wie möglich mit der Vermögensbildung an; nur so können Zins und Zinseszins für Sie arbeiten.

→ Nutzen Sie vor allem die staatliche Förderung – als Angestellte über die Riester-Rente, als Selbstständige oder Freiberuflerin über die Rürup-Rente.

→ Lassen Sie sich unbedingt von unabhängigen Finanzdienstleistern beraten. Der Dschungel der Möglichkeiten ist für Laien nicht mehr durchschaubar. Aber die Bausteine müssen zu Ihnen und Ihrer Situation passen.

Als der Reichstag unter Reichskanzler Bismarck im Juni 1889 das »Gesetz, betreffend die Invaliditäts- und Altersversicherung« erließ, ahnte noch niemand, welche Probleme 100 Jahre später auftreten sollten. Die Bedingungen waren damals – natürlich nur für die Rentenversicherung! – ideal: Rente gab's ab 70, die durchschnittliche Lebenserwartung lag allerdings nur bei 47 Jahren! Das 65. Lebensjahr erreichte kaum jemand. Das heißt, dass nur wenige überhaupt in den Genuss einer Rente kamen.

Und heute – Sie wissen es: Rente gibt es ab 65, und die Lebenserwartung liegt bei über 80 Jahren! Altersvorsorge ist also das zentrale Thema geworden. Vorbei die Zeiten, als Sozialminister Blüm uns beruhigen konnte: »Die Rente ist sicher.« Ganz klar ist, *dass* Sie eine staatliche Rente erhalten, wenn Sie lange genug eingezahlt haben.

Rentenansprüche aufgrund von eingezahlten Beiträgen kann Ihnen im Nachhinein niemand mehr strittig machen. Lediglich die Anrechnung sogenannter beitragsfreier Versicherungsjahre (wie Schulausbildung, Arbeitslosigkeit) kann sich ändern. Im Einzelfall entscheidend ist immer diejenige Regelung, die beim Renteneintritt gilt.

Sicher ist also nur, dass Sie etwas tun müssen, wenn Sie im Ruhestand sorgenfrei leben möchten.

Das neue Alterseinkünftegesetz

Bisher basierte Altersvorsorge in Deutschland auf dem Drei-Säulen-Prinzip: gesetzliche Rentenversicherung, betriebliche Altersvorsorge und private Altersvorsorge.

Mit dem Alterseinkünftegesetz (AltEinkG) wurde am 1. 1. 2005 stattdessen das Drei-Schichten-Modell eingeführt, das gravierende Neuerungen vor allem in der steuerlichen Behandlung der verschiedenen Bausteine aufweist.

Schicht 1   *Basisversorgung*
gesetzliche Rentenversicherung und berufsständische Versorgungseinrichtung, Rürup-Rente

Schicht 2   *Kapitalgedeckte Zusatzversorung*
betriebliche Altersvorsorge (zum Beispiel Direktversicherung, Pensionskasse, Pensionsfonds) und
Riester-Rente

Schicht 3   *Kapitalanlagen zur privaten Vorsorge*
zum Beispiel private Rentenversicherungen mit
Kapitalwahlrecht, Fondssparpläne

Das neue Alterseinkünftegesetz leitet einen Übergang zur sogenannten nachgelagerten Besteuerung ein. Die Beiträge zu Schicht 1 werden nach und nach steuerlich freigestellt, die Rentenleistungen hingegen schrittweise steuerpflichtig.

Der Grundgedanke ist, durch steuerliche Erleichterungen während der Berufstätigkeit mehr Spielraum für private und betrieb-

Ihre Altersvorsorge – schöne Aussichten?

liche Altersvorsorge zu schaffen. Dafür aber gibt es in Schicht 1 und 2 einige doch recht erhebliche Einschränkungen.

Und so sieht das Drei-Schichten-Modell im Einzelnen aus:

Schicht 1: Gesetzliche Rente und Rürup-Rente

Gesetzliche Rente

Sie wissen es sicher, es vergeht ja kaum ein Tag, an dem nicht in den Nachrichten oder in Talkshows darüber geredet wird. Trotzdem erwähne ich es der Vollständigkeit halber.

Die gesetzliche Rentenversicherung basiert auf dem sogenannten Generationenvertrag. Das heißt, wer heute im Arbeitsleben steht, sorgt mit seinen Beitragszahlungen für die heutige Rentnergeneration. Das Geld, das Sie einzahlen, wird also nicht für Sie angelegt, wie dies zum Beispiel bei Lebensversicherungen der Fall ist. Es wird vielmehr an die heutigen Rentnerinnen und Rentner weitergegeben, sozusagen »umgelegt«. Daher die Bezeichnung Umlageverfahren.

Der Generationenvertrag wirft enorme Probleme auf: Kommen heute 100 Arbeitende für etwa 48 Rentner auf, so müssen diese im Jahr 2030 voraussichtlich für etwa 100 Rentner zahlen! Das Fundament der staatlichen Rentenversicherung erweist sich also als immer weniger tragfähig. Zu wenige Erwerbstätige müssen für zu viele Rentner arbeiten.

Geburtenrückgang, steigende Lebenserwartung, hohe Arbeitslosigkeit und vorzeitiger Ruhestand haben die Finanzgrundlage der gesetzlichen Rentenversicherung erschüttert. Die gesetzliche Rente wird also künftig nur noch eine Basisversorgung bieten. Rentner müssen einen Teil ihres Geldbedarfs aus anderen Quellen beziehen.

? *Nachgefragt:*
Frecher Betrugsversuch

Neulich bekam ich einen Anruf, angeblich von einem Mitarbeiter der Deutschen Rentenversicherung Bund, der früheren BfA. Der Mann wollte mich zu Hause besuchen, um meine Renteninformationen zu berichtigen. Mir kommt das sehr komisch vor. Oder irre ich mich da?

Ihr Misstrauen ist völlig berechtigt. Anrufe dieser Art kommen grundsätzlich nie von Angestellten der Deutschen Rentenversicherung Bund. Vermutlich handelte es sich um einen Trickbetrüger, der Ihnen eine Zusatzversicherung aufschwatzen oder Ihre häusliche Situation ausspionieren wollte. Am besten, Sie beenden ein solches Gespräch sofort. Und: Geben Sie Auskünfte über persönliche Daten oder Ihre finanzielle Situation auf keinen Fall weiter.

Vorsicht geboten ist auch bei anderen Betrügern: Bei Versicherten, die vorzeitig in Rente gehen, wollen sie eine Ausgleichszahlung ergaunern – mit dem Versprechen, im Gegenzug das volle Altersgeld zu erhalten. Aber auf diesem Weg gibt es absolut keine Möglichkeit, Rentenabschläge auszugleichen. Und Ihr Geld bleibt mit Sicherheit auf Nimmerwiedersehen verschwunden, sobald es erst mal auf dem Konto des Betrügers gelandet ist.

Seriöse Informationen erhalten Sie ausschließlich direkt bei der Deutschen Rentenversicherung Bund, bei deren Beratungsstellen (Übersicht: www.deutsche-rentenversicherung.de) oder über die kostenlose Service-Hotline unter der Telefonnummer 08 00/3 33 19 19.

Rürup-Rente

Sie wird nach ihrem Erfinder, dem Rentenexperten Bert Rürup, benannt. Bei der privaten Rürup-Rente handelt es sich um eine interessante Leibrentenversicherung. Wegen ihrer hohen steuerlichen Förderung ist sie besonders für Selbstständige und Freiberuflerinnen interessant.

> **Gesetzlich vorgeschriebene Voraussetzungen für die Rürup-Rente:**
>
> ➡ Der Vertrag muss mindestens bis um 60. Lebensjahr laufen.
>
> ➡ Der Vertrag darf ausschließlich eine lebenslange Rente vorsehen. Es ist also keine Kapitalauszahlung möglich.
>
> ➡ Die Ansprüche aus einer Rürup-Rente sind grundsätzlich nicht vererbbar. Es kann aber zusätzlich eine Hinterbliebenenrente für den Ehepartner oder für Kinder vereinbart werden.
>
> ➡ Die Ansprüche aus einer Rürup-Rente dürfen nicht übertragen, beliehen, veräußert oder kapitalisiert werden.

Aber nicht nur die hohe steuerliche Förderung macht die Rürup-Rente für Selbstständige und Freiberuflerinnen so interessant, sondern auch die Tatsache, dass das darin angesparte Kapital vor einem Konkurs geschützt ist.
Und die Rürup-Rente ist, wie die Riester-Rente auch, Hartz-IV-sicher. Selbst bei Ansprüchen des Sozialamts an Sie, wenn ein Elternteil oder beide pflegebedürftig sind, bleibt die Rürup-Rente ungeschoren. Ebenso wie die Riester-Rente.
Eine so hohe steuerliche Förderung gab es noch nie:
Gemeinsam mit den Beiträgen zur gesetzlichen Rentenversicherung können die Beiträge zur privaten Rürup-Rente im Rahmen der Altersvorsorgeaufwendungen schrittweise – bis zu maximal 20 000 Euro im Jahr bei Ledigen – als Sonderausgaben vom zu versteuernden Einkommen abgezogen werden. Bei Ehepaaren verdoppelt sich dieser Betrag auf maximal 40 000 Euro im Jahr.
Im Jahr 2007 können 64 % der geleisteten Altersvorsorgebeiträge zur Rürup-Rente sowie zur gesetzlichen Rentenversicherung steuerlich geltend gemacht werden.

Ihre Altersvorsorge – schöne Aussichten?

In den nachfolgenden Jahren steigt der Anteil jährlich um zwei Prozentpunkte, sodass im Jahr 2025 100 % der Beiträge (maximal 20 000 Euro) steuerlich abgesetzt werden können.

Das Besondere: Die Rürup-Rente kann mit einer Berufsunfähigkeitsrente kombiniert werden. In diesem Fall kann auch die Berufsunfähigkeitsrente innerhalb bestimmter Grenzen steuerlich geltend gemacht werden.

Besteuerung der späteren Rente

Jahr des Rentenbeginns	Besteuerungs- anteil in %	Jahr des Rentenbeginns	Besteuerungs- anteil in %
2007	54	2024	84
2008	56	2025	85
2009	58	2026	86
2010	60	2027	87
2011	62	2028	88
2012	64	2029	89
2013	66	2030	90
2014	68	2031	91
2015	70	2032	92
2016	72	2033	93
2017	74	2034	94
2018	76	2035	95
2019	78	2036	96
2020	80	2037	97
2021	81	2038	98
2022	82	2039	99
2023	83	2040	100

Schicht 2: Betriebliche Altersvorsorge und Riester-Rente

Betriebliche Altersvorsorge

Seit 2002 haben alle Arbeitnehmer ein Recht auf Entgeltumwandlung. Das heißt, sie können verlangen, dass ein Teil ihres Gehalts nicht ausgezahlt wird, sondern direkt in eine betriebliche Altersvorsorge fließt.

Ihre Altersvorsorge – schöne Aussichten?

Es gibt fünf Möglichkeiten (sogenannte Durchführungswege) der betrieblichen Altersvorsorge (BAV). Welchen Weg Ihr Arbeitgeber wählt, bleibt ihm überlassen.

Die fünf Formen der betrieblichen Altersvorsorge

		Einzahlung	Auszahlung
Typ	Beitragshöhe	Besteuerung	Besteuerung
Direktversicherung	1. 2007 bei Anlage von 3 % des Bruttoeinkommens (max. 1575 €) Riester-Förderung: Höchstzulage 114 € pro Erwachsenen, 138 € pro Kind. Ab 2008 bei Anlage von 4 % des Bruttoeinkommens (max. 2100 €) Riester-Förderung: Höchstzulage 154 €, Kinderzulage 185 €.	1. 2007 bis 3 % des Bruttoeinkommens (max. 1575 €) Sonderausgabenabzug. Ab 2008 bis 4 % (max. 2100 €).	1. Steuerpflichtig als sonstige Einkünfte.
	2. Bis 4 % der Beitragsbemessungsgrenze in der Rentenversicherung (West, gilt auch für die neuen Bundesländer) + 1800 €.	2. Einzahlungen bis zu dieser Obergrenze steuerfrei.	2. Steuerpflichtig als sonstige Einkünfte.
Pensionskasse	1. 2007 bei Anlage von 3 % des Bruttoeinkommens (max. 1575 €) Riester-Förderung: Höchstzulage 114 € pro Erwachsenen, 138 € pro Kind. Ab 2008 bei Anlage von 4 % des Bruttoeinkommens (max. 2100 €) Riester-Förderung: Höchstzulage 154 €, Kinderzulage 185 €.	1. 2007 bis 3 % des Bruttoeinkommens (max. 1575 €) Sonderausgabenabzug. Ab 2008 bis 4 % (max. 2100 €).	1. Steuerpflichtig als sonstige Einkünfte.

		Einzahlung	Auszahlung
Typ	Beitragshöhe	Besteuerung	Besteuerung
	2. Bis 4 % der Beitragsbemessungsgrenze in der Rentenversicherung (West, gilt auch für die neuen Bundesländer) + 1800 €.	2. Einzahlungen bis zu dieser Obergrenze steuerfrei.	2. Steuerpflichtig als sonstige Einkünfte.
Pensionsfonds	1. 2007 bei Anlage von 3 % des Bruttoeinkommens (max. 1575 €) Riester-Förderung: Höchstzulage 114 € pro Erwachsenen, 138 € pro Kind. Ab 2008 bei Anlage von 4 % des Bruttoeinkommens (max. 2100 €) Riester-Förderung: Höchstzulage 154 €, Kinderzulage 185 €.	1. 2007 bis 3 % des Bruttoeinkommens (max. 1575 €) Sonderausgabenabzug. Ab 2008 bis 4 % (max. 2100 €).	1. Steuerpflichtig als sonstige Einkünfte.
	2. Bis 4 % der Beitragsbemessungsgrenze in der Rentenversicherung (West, gilt auch für die neuen Bundesländer) + 1800 €.	2. Einzahlungen bis zu dieser Obergrenze steuerfrei.	2. Steuerpflichtig als sonstige Einkünfte.
Unterstützungskasse	Unbegrenzt.	Weitgehend unbegrenzt steuerfrei.	Abzüglich des Versorgungsfreibetrags und des Arbeitnehmerpauschbetrags steuerpflichtig.
Direktzusage	Unbegrenzt.	Unbegrenzt steuerfrei.	Abzüglich des Versorgungsfreibetrags und des Arbeitnehmerpauschbetrags steuerpflichtig.

Ihre Altersvorsorge – schöne Aussichten?

Bei allen fünf Modellen gibt es drei Möglichkeiten:
a) Entgeltumwandlung, das heißt, Sie zahlen den Beitrag selbst.
b) Betriebsrente, die der Arbeitgeber bezahlt.
c) oder eine Kombination aus a) und b).

Neu ist auch, dass Sie das Recht haben, den Wert Ihrer betrieblichen Versorgung auf Ihren neuen Arbeitgeber zu übertragen, wenn Sie aus dem Betrieb ausscheiden. Dies gilt aber nur für Verträge, die ab dem 1. 1. 2005 abgeschlossen wurden.

? **Nachgefragt:**
Direktversicherung

Muss ein neuer Arbeitgeber eine bereits laufende Direktversicherung übernehmen?

Dazu ist er dann nicht verpflichtet, wenn er selbst eine betriebliche Altersvorsorge anbietet. In diesem Fall kann die Direktversicherung privat weitergezahlt und/oder über den Arbeitgeber ein neuer Vertrag abgeschlossen werden. Bietet der Arbeitsgeber keine betriebliche Altersvorsorge an, muss er die bestehende Direktversicherung übernehmen. Denn: Seit 2002 besteht ein Rechtsanspruch auf eine Form der betrieblichen Altersvorsorge.

Viele Angestellte beschäftigt die Frage, was aus der Betriebsrente wird, wenn der Arbeitgeber pleitegeht.
Aber: Die Rente ist geschützt, wenn ein sogenannter unverfallbarer Anspruch vorliegt. Das gilt generell bei jeder Entgeltumwandlung. Zahlt der Arbeitgeber die Beiträge zur Altersvorsorge dagegen aus eigener Tasche, verfällt der Anspruch nicht, sobald Mitarbeiter das 30. Lebensjahr erreicht haben und die Zusage seit mindestens fünf Jahren besteht.
Wichtig: Für alle Mitglieder der gesetzlichen Krankenversicherung ist die Attraktivität der betrieblichen Altersvorsorge seit 2004

stark gesunken. Sie müssen nämlich als Rentner auf die Betriebsrente oder zehn Jahre lang auf $1/120$ der einmaligen Kapitalleistung den vollen Beitragssatz für die Kranken- und Pflegeversicherung bezahlen. Privat Krankenversicherte sind davon nicht betroffen.

Riester-Rente

Die Riester-Rente wurde eingeführt, um die Lücke zu schließen, die durch den geringeren Anstieg der gesetzlichen Renten entsteht. Sie ist, entgegen weitverbreiteter Meinung, kein Ersatz für die private Altersvorsorge.

Die staatliche Förderung macht die Riester-Rente attraktiv. Besonders interessant ist sie für Geringverdiener, Alleinerziehende und Paare mit Kindern sowie für junge Berufstätige.

Auch geringfügig Beschäftigte können unter bestimmten Umständen eine Riester-Rente abschließen: Die Regel bei geringfügigen Beschäftigungsverhältnissen ist, dass der Arbeitgeber pauschal Sozialversicherung und Steuer abführt. Wenn dies so ist, besteht kein Anspruch auf staatliche Förderung. Sie können aber auf die Versicherungsfreiheit bei der Deutschen Rentenversicherung Bund verzichten und über Ihren Arbeitgeber die Versicherungspflicht beantragen. Dann müssen Sie selbst 18 Euro monatlich an die gesetzliche Rentenversicherung abführen und können eine Riester-Rente abschließen.

Aber auch Besserverdiener profitieren, weil sie ihre Beiträge vom zu versteuernden Einkommen abziehen können. Die Zulagen werden dabei aber gegengerechnet.

Achtung! Sie können Ihre Riester-Rente auch im Ausland beziehen, wenn Sie im Ruhestand dort wohnen. Aber Sie müssen dann die staatlichen Zulagen zurückzahlen, die Sie über Jahre hinweg erhalten haben. Dabei spielt es keine Rolle, ob Sie dann in einem EU-Staat leben oder nicht. Der Hintergrund ist, dass Ihnen der Staat zwar jetzt die Zulagen schenkt, sich einen Teil davon aber später wieder zurückholt. Eine Riester-Rente muss in Deutschland nämlich voll versteuert werden. Im Ausland hätte der deutsche Fiskus jedoch keine Möglichkeit, diese Steuer einzuziehen.

Ihre Altersvorsorge – schöne Aussichten?

Es wird allerdings darüber diskutiert, sodass sich hier noch Änderungen ergeben können.

→ Wer wird gefördert?

Alle, die kraft Gesetzes oder freiwillig Pflichtbeiträge in die gesetzliche Rentenversicherung einzahlen, und deren Ehepartner sowie Beamte und deren Ehepartner.

❓ Nachgefragt:
Riester-Rente in der Elternzeit?

Als alleinstehende Mutter habe ich noch ein Jahr Elternzeit vor mir. Kann ich trotzdem eine Riester-Rente abschließen?

Ja, und für Sie wäre das auch noch sehr lohnend. Während der Elternzeit müssen Sie nur einen jährlichen Sockelbeitrag von 60 Euro einzahlen, bekommen aber für sich und Ihr Kind pro Jahr 252 Euro staatliche Förderung. Wenn Sie wieder berufstätig sind, liegt Ihr Beitrag zunächst bei 3 % und ab 2008 bei 4 % Ihres sozialversicherungspflichtigen Einkommens.

→ Wie hoch ist die jährliche Zulage?

2007   114 Euro Grundzulage plus 138 Euro Zulage pro Kind
ab 2008   154 Euro Grundzulage plus 185 Euro Zulage pro Kind

→ Wie viel kann von der Steuer abgesetzt werden?

2007   1575 Euro im Jahr
ab 2008   2100 Euro im Jahr

→ Was muss ich für die Förderung mindestens einzahlen?

3 % des Vorjahreseinkommens, mindestens aber 60 Euro im Jahr. Der Eigenbeitrag liegt bei 3 % in 2007 bzw. bei 4 % ab dem Jahr 2008. Ehepartner, die selbst nicht förderfähig sind (zum Beispiel Freiberufler, Hausfrau), können einen eigenen Riester-Vertrag ab-

schließen. Sie müssen keinen Beitrag bezahlen, erhalten aber die volle Grundzulage und unter Umständen die Kinderzulage. Voraussetzung ist allerdings, dass der Partner Riester-berechtigt ist und einen Riester-Vertrag hat.

→ **Wie hoch ist der Anteil der Förderung an der Sparleistung?**

Je nach Einkommen und Familienstand erreicht der Anteil circa 30 bis über 90 %. Faustregel: Je mehr Kinder und je geringer das Einkommen, umso größer ist der Anteil der staatlichen Förderung.

→ **Welche Anlagen werden gefördert?**

Gefördert werden nur solche Produkte, die ein Zertifikat erhalten haben und damit dem Altersvorsorgeverträge-Zertifizierungsgesetz (AltZertG) entsprechen. Das sind Rentenversicherungen, Fonds- und Banksparpläne. Diese müssen bestimmte Auflagen erfüllen, wie die Garantie einer lebenslangen Rentenzahlung und den Erhalt des eingezahlten Kapitals bis zum Eintritt ins Rentenalter.

Mit Beginn der Rentenzahlung ist eine Teilauszahlung von bis zu 30 % des angesparten Kapitals möglich. Der Rest des Kapitals wird als lebenslange Rente ausgezahlt. Wenn Sie statt einer monatlichen lieber eine jährliche Rente haben möchten, so ist auch das möglich. Kleinstrenten können Sie sich einmalig auszahlen lassen.

→ **Wichtig:** Das Vermögen, das Sie sich mit einer Riester-Rente aufbauen, ist Hartz-IV-sicher. Die spätere Riester-Rente muss voll versteuert werden.

Ihre Altersvorsorge – schöne Aussichten?

? *Nachgefragt:*
Geld weg im Todesfall?

Ich habe einen Riester-Fondssparplan und habe gehört, dass im Todesfall das ganze Geld weg ist, also niemand etwas bekommt. Stimmt das denn?

Nein, das stimmt nicht. Es ist so: Wenn Sie vor Beginn Ihres Ruhestandes sterben, dann kann der Betrag, der sich bis dahin angesammelt hat, auf einen Riester-Vertrag Ihres Ehemannes übertragen werden. Sie können den Riester-Vertrag auch einer anderen Person vererben, dann wird das Fondsvermögen abzüglich der staatlichen Zulagen und der Steuerersparnis ausgezahlt.

Für den Todesfall im Ruhestand gelten die gleichen Regelungen, und zwar, bis das 85. Lebensjahr vollendet ist. Sterben Sie mit 86 oder später, gehen die Erben leer aus. Aber bis dahin dürfte das angesparte Geld ja ohnehin schon aufgebraucht sein.

Schicht 3: Private Absicherung

Drei Grundbausteine – mit vielen Varianten – sind für die private Altersvorsorge geeignet:

→ Investmentfonds, bei längerer Laufzeit bevorzugt mit Aktien
→ private Rentenversicherungen in der klassischen Variante, als Fondspolice oder auch in Form einer britischen Versicherung.
→ eine selbst genutzte oder vermietete Immobilie.

Grabenkriege – in den Medien ausgetragen – sind darüber entbrannt, ob Aktienfonds oder Rentenversicherungen der bessere Weg zur Absicherung im Alter sind. Das ist verständlich. Jeder Anbieter, ob Versicherungs- oder Fondsgesellschaft, möchte von dem riesigen Kuchen »Altersvorsorge« profitieren.

Ja, aber was ist denn nun tatsächlich besser? Ein »Besser« gibt es hier meiner Meinung nach nicht, eher »besser geeignet«. Ideal wäre es natürlich, wenn Sie die finanziellen Möglichkeiten hätten, wenigstens in zwei Bausteine zu investieren.

Private Rentenversicherung

Sie ist Ihr sicheres Standbein. Keine andere Geldanlage garantiert Ihnen eine lebenslange Rente, ganz gleich, wie alt Sie werden. Eine Rentenversicherung ist risikolos, überschaubar und dazu noch steuerlich begünstigt.

Sie haben eine garantierte Mindestverzinsung und sind per Gesetz an den Überschüssen der Versicherungsgesellschaft beteiligt. Diese können allerdings, je nach Kapitalmarktsituation, höher oder niedriger als prognostiziert ausfallen.

Während der gesamten Laufzeit der Rentenversicherung muss keine Steuer auf die anfallenden Zinsen gezahlt werden. Ein nicht zu unterschätzender Vorteil angesichts der Halbierung des Zinsfreibetrages ab dem 1. 1. 2007. Zudem wird die spätere Rente nur minimal besteuert.

Rentenversicherungen gibt es mittlerweile in den verschiedensten Varianten. Sie können sich das klassische Modell aussuchen oder über eine Fondspolice in verschiedene interessante Fonds mit unterschiedlichen Risikostufen investieren. Oder Sie wählen eine britische Versicherung auf Aktienbasis, ein lukratives Modell zum Ansparen besonders für junge Leute.

Bei jeder Variante können Sie einmalig oder monatlich einzahlen und neuerdings auch während der Laufzeit Zuzahlungen leisten.

Fonds mit Aktien

Wenn Sie ein Standbein haben, dann brauchen Sie noch ein Spielbein, einen Renditeturbo. Fonds mit Aktien haben in der Vergangenheit – und nur diese können wir betrachten – sehr gute Renditen erzielt trotz immer wieder auftretender starker Schwankungen. Schwankungen müssen Sie dann beunruhigen, wenn die Anlagezeit nur wenige Jahre beträgt. Viele Untersuchungen haben gezeigt – und die Rückschau auf vergangene Jahrzehnte bestätigt dies –, dass Schwankungen an Bedeutung verlieren, je weiter Ihr Anlagehorizont ist.

Ihre Altersvorsorge – schöne Aussichten?

Wenn Sie allerdings keine Nerven dafür haben, ständig ängstlich die Kurse verfolgen und bei jedem Börsenknick nicht schlafen können, dann sind reine Aktienfonds sicher nicht die richtige Wahl. Gemischte Fonds, die es mit unterschiedlich hohen bzw. niedrigen Aktienanteilen gibt, sind dann mit Sicherheit besser für Sie. Oder Zielfonds, bei denen der Aktienanteil über die Jahre kontinuierlich sinkt, bis am Schluss nur noch in sichere Papiere investiert ist.

Immobilien

Ein wenig aus dem Rahmen fallen Immobilien für die Altersvorsorge. Ganz einfach, weil nicht alle das nötige Eigenkapital haben, wenn das Ganze nicht zur Belastung werden soll. Und die Rechnung muss stimmen!

Eine selbst genutzte Immobilie sollte bis zum Ruhestand entschuldet sein. Sonst gehen Sie mit einer Belastung ins Rentenalter und zahlen statt Miete Zinsen an die Bank. Sie haben also keinen Vorteil gegenüber einer Mietwohnung. Auch bei einer vermieteten Immobilie müssen die Schulden bis zum Rentenalter getilgt sein. Nur dann bringt Ihnen die Miete eine nennenswerte Zusatzrente. Prüfen Sie auch Ihre finanzielle Situation im Rentenalter. Wenn Ihr gesamtes Kapital in der Immobilie steckt und Sie zu wenig Rente bekommen, kann's kritisch werden.

Wenn aber alles stimmt, dann erhöht die selbst genutzte Immobilie zweifellos die Lebensqualität im Alter. Und wenn Sie schuldenfrei sind, sparen Sie einen erheblichen Teil Ihres Einkommens – die Miete.

Haben Sie eine vermietete Immobilie, kommen Sie über die Mieteinnahme in den Genuss einer stabilen Zweitrente.

❓ Nachgefragt:
Wie viel für die Altersvorsorge zurücklegen?

Immer wieder lese ich (27), dass Altersvorsorge total wichtig ist. Aber wie viel muss ich eigentlich sparen, um im Alter zurechtzukommen?

Das ist nicht so leicht zu beantworten, aber es gibt zumindest eine grobe Empfehlung: In Ihrem Alter – zwischen 20 und 30 – müssten Sie rund 5 % Ihres Nettoeinkommens sparen. Mit 40 sollten es dann schon 10 % sein. Ich halte im Prinzip zwar wenig von solch pauschalen Angaben, weil sie weder die individuellen Verhältnisse (Familienstand, Einkommen, vorhandene Geldanlagen) noch die besondere Situation von Frauen berücksichtigen.

Sie sehen aber schon, dass Ihre Altersvorsorge immer teurer wird, je später Sie einsteigen. Deshalb mein dringender Rat: Auch wenn Sie derzeit keine 5 % Ihres Bruttoeinkommens aufbringen können, fangen Sie trotzdem an – mit der Summe, die Ihnen jetzt möglich erscheint.

Und stimmen Sie die Bausteine Ihrer Altersvorsorge aufeinander ab: betriebliche Altersvorsorge, Riester-Rente oder private Rentenversicherung, Investmentfonds und andere Wertpapiere. Überprüfen Sie dann alle paar Jahre, wo Sie stehen und was Sie noch tun können, um Ihr Ziel, einen sorglosen Ruhestand, zu erreichen.

Wie Sie garantiert nicht reich werden!

➤ *Von Hürden, Stolpersteinen und Fallstricken*

Ich kann nichts sparen – ich habe Schulden!

Im Jahr 2005 gab es 136 300 Insolvenzfälle, der bisherige Höhepunkt! Und nach Angaben des Statistischen Bundesamtes nahmen 2006 private Insolvenzen im Vergleich zum Vorjahr um 50 % zu.

Aber das ist nur die Spitze des Eisbergs! Der Schuldenreport 2006, der von mehreren Sozialverbänden und dem Bundesverband der Verbraucherzentralen herausgegeben wird, meldet circa 3,13 Millionen überschuldete Haushalte – das sind rund sechs Millionen Menschen.

Gründe dafür sind oft unerwartete Ereignisse wie Arbeitslosigkeit oder Scheidung. Aber auch unüberlegter und nicht erlernter Umgang mit Geld und unwirtschaftliche Haushaltsführung können schnell in die Schuldenfalle führen.

So sind laut Armuts- und Reichtumsbericht der Bundesregierung 850 000 junge Leute verschuldet oder haben ein Schuldenproblem. 20 % der Überschuldeten sind unter 20 Jahre, ein Drittel der Schulden werden bereits vor dem 20. Lebensjahr gemacht.

Häufig verleitet der sorglose Umgang mit dem Handy, teure Kleidung oder auch die erste Wohnungseinrichtung dazu, Schulden über Schulden anzuhäufen. Dass Miete, Strom und Benzin plötzlich selbst bezahlt werden müssen, dringt erst nach einem tiefroten Konto ins Gedächtnis. So beginnen häufig Schuldnerkarrieren!

Die häufigsten Schuldenfallen

Kreditkarten

Wenn Sie mit Kreditkarten bezahlen, verlieren Sie schnell den Überblick. Die Beträge werden ja meist erst nach einigen Tagen oder Wochen abgebucht. Sie laufen also Gefahr, zu viel auszugeben. Bei vielen Karten verfügen Sie über einen Kreditrahmen für Ihre Einkäufe. Das klingt zunächst praktisch. Aber gerade hier ist höchste Vorsicht geboten. Denn für diesen Kredit werden in der Regel noch höhere Gebühren verlangt als für einen Dispokredit.

Dispokredit

Nutzen Sie einen Dispokredit nur, wenn Sie kurzfristig und einmalig Ihr Konto für eine bestimmte Ausgabe überziehen müssen. Finanzieren Sie auf keinen Fall Ihren Lebensunterhalt darüber. Sie zahlen ja sehr hohe Zinsen für diesen Kredit, deshalb bleibt Ihnen immer weniger von Ihrem Geld übrig. Wenn Sie einen Dispokredit über 2000 Euro mit sich herumschleppen und 12 % Zinsen dafür bezahlen, kostet Sie dieser Kredit in fünf Jahren 1200 Euro Zinsen!

Versandhauskäufe

Die Übersicht über Ihre Finanzen verlieren Sie schnell, wenn Sie immer wieder bei Versandhäusern bestellen und den Rechnungsbetrag in Raten vom Kundenkonto bezahlen. Haben Sie mehrere solcher Ratenverträge, kann es schnell passieren, dass Sie Ihren Verpflichtungen nicht mehr nachkommen können.

Handygebühren

Junge Leute sind hier besonders gefährdet. Hohe Grund- und Tarifgebühren führen oft in den ersten Monaten der Nutzung zu hohen Rechnungssummen. Viele Jugendliche unterschätzen die Anzahl der von ihnen geführten Telefonate oder der verschickten SMS. Dazu kommt, dass die Handyanbieter zeitversetzt abrechnen, sodass der Überblick verloren geht.

Wie Sie garantiert nicht reich werden!

Auto auf Kredit

Was ein Auto wirklich kostet, ist den wenigsten Nutzern klar. Dabei geht es ja nicht nur um Benzin und Öl, um Kfz-Versicherung und -Steuer. Viele kaufen ein Auto auf Kredit, also schlagen die monatlichen Kreditraten zu Buche. Und bei Gebrauchtwagen sind es oft unvorhergesehene Reparaturkosten, die nicht gedeckt sind.

Außerdem läuft der Kredit oft länger, als das Auto hält. Die Laufzeit des Kredits passt also nicht zur Lebensdauer der Anschaffung, die damit finanziert wird. Wer nicht in die Schuldenfalle geraten will, muss hier aufpassen. Ein Computer sollte beispielsweise nach einem Jahr abbezahlt sein, ein Auto nach drei bis vier Jahren. So haben Sie einen zeitlichen Puffer, den Sie nutzen sollten, um gleich nach der letzten Kreditrate mit dem Ansparen für eine neue Anschaffung zu beginnen. Dann bräuchten Sie beim nächsten Kauf einen geringeren Kredit und könnten sich finanziell etwas erholen.

❓ Nachgefragt: Ausweglose Lage!

Ich bin Sekretärin, 35 Jahre alt und durch eigenes Verschulden in eine schlimme Situation geraten. Ich habe in den letzten Jahren das Geld mit vollen Händen ausgegeben. Als der Schuldenberg immer größer wurde, versuchte ich es in der Spielbank, aber das ist natürlich total danebengegangen. Nun bekomme ich von meiner Bank kein Geld mehr, meine Verwandten und Freunde habe ich auch schon bis an die Schmerzgrenze in Anspruch genommen, sie sind nicht mehr bereit, mir weiterzuhelfen. Mein Gehalt reicht nicht, um den Zahlungsverpflichtungen nachzukommen und den Lebensunterhalt zu bestreiten. Ich bin verzweifelt, was soll ich bloß tun?

Seit 1999 gibt es das sogenannte Verbraucher-Insolvenzverfahren. Es soll Privatleuten, die in eine Schuldenfalle geraten sind, helfen, aus dieser Situation wieder herauszukommen. Zur Beantragung und Durchführung des Insolvenzverfahrens ist professionelle Hilfe und Begleitung erforderlich. Lassen Sie sich also unverzüglich einen Termin in der nächstgelegenen Schuldnerberatungsstelle geben. Qualifizierte Schuldnerberatung bieten unentgeltlich unter anderem städtische Einrichtungen und die großen Wohlfahrtsverbände wie Caritas oder Arbeiterwohlfahrt an.

Wenn Sie der Schuldenfalle entkommen wollen, dann

→ zahlen Sie ab sofort nur noch bar, damit Sie den Überblick behalten;

→ führen Sie ein Haushaltsbuch, um herauszufinden, wohin Ihr Geld verschwindet;

→ tilgen Sie so schnell wie möglich Ihren Dispokredit! Sie zahlen horrende Zinsen dafür;

→ sparen Sie sich so schnell wie möglich ein kleines Polster an, auf das Sie notfalls zurückgreifen können, um nicht wieder einen Dispokredit beanspruchen zu müssen;

→ gehen Sie sofort zu einer Schuldnerberatungsstelle, wenn Sie verschuldet sind und keinen Ausweg mehr sehen;

→ nehmen Sie *niemals* Kontakt mit privaten Kreditverleihern auf. Das sind Betrüger, über die Sie kurz oder lang noch tiefer in den Schuldensumpf geraten.

Betrüger und unsolide Berater

Eine »besondere« Frau war sie mit Sicherheit, aber mit ihrer enormen kriminellen Energie natürlich kein nachahmenswertes Beispiel: Adele Spitzeder.

Wie Sie garantiert nicht reich werden!

1868 kam sie aus Berlin nach München. Nachdem sie als Schauspielerin nur wenig erfolgreich war, hatte sie eine grandiose Idee: Sie gründete eine Bank oder jedenfalls so etwas Ähnliches. Wer ihr Geld leihe, bekomme hohe Zinsen, verkündete sie. Und in der Tat, 96 % Zinsen im Jahr zahlte sie jedem, der bei ihr Geld hinterlegte. Das sprach sich herum, und bald konnte sich die Spitzeder vor Zulauf nicht mehr retten. Schon vor Sonnenaufgang standen Menschenschlangen vor ihrer Tür, um ihr Geld loszuwerden. Sogar mit Heuwagen und Schubkarren schleppten die Leute Geld herbei. Viele Bauern und Dienstmädchen waren darunter.

Von einem geregelten Bankbetrieb konnte allerdings nicht die Rede sein. Von Buchhaltung hatte die Spitzeder keine Ahnung. Dafür gab sie das Geld mit beiden Händen aus. Sie umgab sich mit schönen jungen Mädchen, hielt livrierte Diener, kutschierte vierspännig durch München und residierte in einem Palais in der Münchner Innenstadt. Bis die Seifenblase platzte: Als 40 Gläubiger ihr Geld zurückhaben wollten, war die Spitzeder bankrott und wanderte für drei Jahre ins Zuchthaus.

»Das war vor über 100 Jahren«, sagen Sie nun vermutlich. »So etwas gibt es doch heute nicht mehr.« Leider doch! Raffgier und Wunderglaube halten sich hartnäckig über die Jahrhunderte.

? Nachgefragt:
● Alles großer Schwindel?

Ich habe meine gesamten Ersparnisse über eine Firma in der Schweiz angelegt. Das Angebot klang toll: Der Vertrag sollte zwei Jahre laufen und mir 20 % Zinsen bringen. Bisher sind aber keine eingegangen, obwohl die Zeit fast um ist. Eine Quittung über mein eingezahltes Geld habe ich auch nicht bekommen, und wenn ich in der Schweiz anrufe, geht nie jemand ans Telefon. Was soll jetzt werden?

Mir stehen die Haare zu Berge, wenn ich höre, dass Sie einer unbekannten Firma offenbar Ihr gesamtes Erspartes überlassen haben. Sie sind einem Betrüger aufgeses-

sen! Es gibt keine Anlage, die zwei Jahre läuft und 20 %
bringt, feste jährliche Zahlungen also. 20 % sind zwar
möglich – zum Beispiel bei erstklassigen Aktienfonds –,
doch solche Kurssteigerungen, die unter günstigen Umständen eintreten können, sind keinesfalls im Voraus zu
garantieren. Sie sollten sich umgehend an die Verbraucherzentrale Nordrhein-Westfalen wenden, die sich auf
Anlagebetrug spezialisiert hat. Vielleicht kann man
Ihnen dort weiterhelfen.

Anlegerschützer bezeichnen diese Art von Geschäften als »GoW-
Modell« (»GoW« = Geld ohne Wiederkehr).
Interessant ist, dass häufig Frauen, die bei dem Vorschlag, doch in
einen erstklassigen Fonds mit Aktien zu investieren, bildlich gesprochen, drei Kreuze schlagen, aber ohne Überlegung bereit
sind, einem Gauner Geld anzuvertrauen.

Mir kann das nicht passieren!

Wie kann man denn auf so was reinfallen, denken Sie? Das müssen ja furchtbar dumme Leute sein. Da muss ich Sie enttäuschen:
Die klassische Klientel von Betrügern, speziell bei Geldanlagen,
ist akademisch gebildet, intelligent und erfolgreich. Rechtsan-
wälte, Ärzte, Steuerberater, Geschäftsleute, Angestellte, Hausfrauen, Großverdiener, Kleinverdiener, und, und, und. Es gibt
kaum einen Berufsstand oder eine Einkommensgruppe, die nicht
verführbar ist.
Auf 300 Millionen Euro beziffert sich laut einer Studie des
Bundeskriminalamts der private Schaden, der jährlich durch An-
lagebetrüger in Deutschland angerichtet wird. Der tatsächliche
Schaden ist jedoch vermutlich noch weitaus größer. Nicht alle
Betrogenen zeigen ihren Schaden an, entweder weil sie sich ob
ihrer Dummheit schämen oder weil das dort eingesetzte Geld
Schwarzgeld ist und sie sich also mit einer Anzeige selbst ans
Messer liefern würden.

Wie Sie garantiert nicht reich werden!

Schneeballsysteme

Bei sehr vielen Betrugsfällen handelt es sich um sogenannte Schneeballsysteme, die folgendermaßen funktionieren:

Aus den jeweils neu von Anlegern eingezahlten Geldern werden eine Zeit lang die Zinsen für die ersten Anleger gezahlt. Das soll den Erstinvestoren die »Bestätigung« geben, dass das System funktioniert. Auf diese Weise sollen sie dazu gebracht werden, weiteres Geld zu investieren und anderen von der tollen Gewinnchance zu erzählen.

Da die angeblichen Gewinne ja nicht wirklich erwirtschaftet werden, funktioniert das Ganze nur, solange laufend frisches Geld nachkommt. Bleibt dieser Nachschub aus, bricht das System zusammen.

Eher an esoterisch ausgerichtete Anleger richtet sich eine andere betrügerische Masche, die sogenannten Herz- und Schenkkreise, die in veränderter Form immer wiederkehren, mal als Kettenbrief, mal als Pyramidenspiel. Immer aber handelt es sich um ein Schneeballsystem, wie oben beschrieben.

> **?** *Nachgefragt: Was halten Sie von*
> **.** *Herz- und Schenkkreisen?*

Von mehreren Freundinnen werde ich bedrängt, an einem sogenannten Herz- oder Schenkkreis teilzunehmen. Ich müsste 5000 Euro als Geschenk einbringen und neue Teilnehmer werben, die wiederum jeweils 5000 Euro verschenken. Dafür hätte ich die Chance, nach einiger Zeit selbst 40 000 Euro geschenkt zu bekommen. Ständig höre ich Sprüche wie »Geld ist Energie, die fließen muss« oder »Geld schenken heißt loslassen«. Mir kommt das alles sehr seltsam vor. Was halten Sie davon?

Der einzige Spruch, der mir dazu einfällt, ist »Gier frisst Hirn«. Mit dem esoterischen Vokabular wird verbrämt, dass es allen Beteiligten nur darum geht: Wie schaffe ich es, mit wenig Geld schnell und ohne Arbeit reich zu werden? Gier setzt offenbar gesunden Menschenverstand, Logik und wirtschaftliche Grundprinzipien außer Kraft. Natürlich funktioniert das nicht. Das Geld arbeitet ja nicht, es kann somit auch keinen Gewinn erwirtschaften. Vielmehr wird ausschließlich neu eingezahltes Geld verteilt. Finden sich keine neuen Mitspieler mehr, dann endet das Ganze. Fazit: Einige wenige sahnen ab, aber viele verlieren ihr Geld dabei.

Das folgende Beispiel klingt noch absurder. Vermutlich denken Sie, dass auf so einen blühenden Unsinn doch niemand hereinfallen kann. Aber besonders Selbstständige und Freiberuflerinnen werden überschwemmt mit derartigen E-Mails. Leider durchaus mit Erfolg.

? *Nachgefragt:*
• *Hochinteressante E-Mail?*

Kürzlich habe ich (42, selbstständig) eine merkwürdige E-Mail bekommen. Da schreibt ein ägyptischer Kaufmann, dass er an Speiseröhrenkrebs leidet und nicht mehr lange leben wird. Nun möchte er 18 Millionen US-Dollar, die er auf einem Cashkonto im Ausland hat, karitativen Organisationen zukommen lassen. Weil er in seinem Land schon oft betrogen wurde, sucht er Deutsche, die ihm dabei helfen. Dafür würde man 15 % der Summe bekommen, also 2,7 Millionen Dollar! Haben Sie das schon mal gehört? Bestimmt alles Quatsch, oder?

Was Sie beschreiben, praktiziert die sogenannte Nigeria-Connection, eine internationale Betrügerbande, seit vielen Jahren in allen möglichen Variationen. Immer geht es darum, Millionenbeträge, die angeblich auf Auslandskonten lagern, gegen Zahlung einer hohen Provision freizubekommen.

Wie Sie garantiert nicht reich werden!

Wenn Sie auf eine solche E-Mail reagieren, erhalten Sie in Kürze die nächste: Es gibt Schwierigkeiten bei der Durchführung der Transaktion, Sie werden deshalb dringend gebeten, eine gewisse Summe vorzustrecken, die der »Kaufmann« angeblich für Überweisungen, Anwaltskosten, Steuern oder auch für Schmiergelder braucht. Das können durchaus 1000 Dollar sein. Wer die bezahlt, sieht das Geld natürlich nie wieder.

Was bringt intelligente, tüchtige, oft akademisch gebildete Menschen dazu, einem Gauner ihr Geld zu überlassen?
Nun, ein Betrüger wäre natürlich nicht erfolgreich, wenn er gleich als solcher zu erkennen wäre. Speziell Kapitalanlage-Betrüger sind in der Regel eloquent, haben gute Manieren und sind psychologisch hervorragend geschult. Mit Psychotricks sollen Anleger eingelullt, Einwände vom Tisch gewischt und die schnelle Unterschrift unter den Vertrag erreicht werden.

Ihre Warnlampen müssen rot aufblinken:

→ wenn der erste Kontakt mit Ihnen per Telefon zustande kam, wenn also Unbekannte Ihnen telefonisch Geldanlagen anbieten und Sie zu einem Termin in Ihrem Wohnzimmer überreden wollen. Seriöse Finanzdienstleister rufen keine unbekannten Leute an.

→ wenn der Anrufer nicht aufgibt und immer wieder anruft, können Sie mit Strafanzeige drohen. Telefonwerbung ist nach § 1 des Gesetzes gegen unlauteren Wettbewerb verboten.

→ wenn Ihnen hohe Gewinne bei absoluter Sicherheit versprochen werden. So etwas gibt es nicht! Alle hohen Renditen sind mit höheren Risiken verbunden. Das ist quasi ein »Naturgesetz« bei Geldanlagen. Je höher die versprochene Rendite, desto größer ist die Wahrscheinlichkeit des Totalverlusts. Lassen Sie sich auch nicht davon überzeugen, dass eventuell Freunde oder Bekannte diese hohen »Gewinne«

schon erhalten hätten. Betrügerische Unternehmen zahlen diese »Gewinne« nicht aus erwirtschafteten Erträgen, sondern aus neu eingezahlten Geldern!

→ wenn Sie Ihr Geld in bar oder mit Scheck dem Berater persönlich übergeben oder auf dessen Konto überweisen sollen. Finanzdienstleister vermitteln Geldanlagen, nehmen aber selbst keine Kundengelder entgegen. Dies tun nur professionelle Vermögensverwalter, die aber eine Zulassung des Bundesaufsichtsamts für das Kreditwesen vorweisen müssen.

→ wenn der Firmensitz oder die Geschäftsadresse in Liechtenstein, Panama, auf den Bahamas oder in anderen exotischen Ländern liegt. Betrügerische Unternehmen siedeln sich gern in solchen Ländern an, natürlich auch, um Nachforschungen und gerichtlichen Auseinandersetzungen aus dem Weg gehen zu können.

→ wenn Sie zum Abschluss gedrängt werden. Gerade für einen Betrüger ist es wichtig, das Geschäft schnell abzuschließen, weil er ja Entdeckung fürchten muss.

Es gibt nur wenige Geldanlagen, bei denen Sie sofort zugreifen müssen. Speziell bei langfristigen Anlagen spielt der Einstiegszeitpunkt keine so große Rolle. Viel wichtiger ist hier, dass die Geldanlage zur Lebenssituation passt und die Laufzeit auf die jeweiligen Bedürfnisse abgestimmt ist.

Wenn Sie auf einen Betrüger hereingefallen sind oder Zweifel haben, dann sollten Sie bei der Polizei Anzeige erstatten. Sinnvoll ist es allerdings, dies dem betrügerischen Anlagevermittler nicht mitzuteilen oder ihm damit zu drohen. Er könnte sonst wichtige Beweismittel vernichten oder gar flüchten.

Wenn Sie über bestimmte Angebote Klarheit haben möchten, dann können Sie sich an eine der folgenden Adressen wenden:

Verbraucher-Zentrale Nordrhein-Westfalen
Mintropstraße 27
40215 Düsseldorf

Wie Sie garantiert nicht reich werden!

Deutsche Schutzvereinigung für Wertpapierbesitz e.V.
Heilsbachstraße 20
53123 Bonn

Bundesanstalt für Finanzdienstleistungsaufsicht
Lurgiallee 12
60439 Frankfurt am Main

So ein Rat kann teuer werden

Nicht nur Betrüger vernichten Geld. Auch an sich seriöse Geldanlagen können zu Verlusten führen, wenn diese Geldanlagen
nicht zur Lebenssituation und zur Persönlichkeit der Anlegerinnen passen.

? *Nachgefragt:*
Unglaublicher Vorschlag!

*Im Zuge unserer Scheidung mussten wir unser Haus ver-
kaufen. Deshalb habe ich jetzt 250 000 Euro zur Verfügung, von denen ich mir am liebsten eine Eigentumswohnung kaufen würde. Ich bin 50 Jahre alt, werde
demnächst arbeitslos, und meine Wohnung wurde mir
auch gekündigt.*
*Nun hat mir ein Finanzberater folgenden Vorschlag ge-
macht: Ich kaufe eine Wohnung, zahle aber nur die Hälfte meines Geldes aus dem Eigenkapital. Den Rest leihe ich
mir bei meiner Bank. Von den anderen 125 000 Euro
zahle ich monatlich 860 Euro in zwei fondsgebundene
Rentenversicherungen ein. Die bringen mir 10 % Rendite.
In 15 Jahren, wenn die Versicherungen fällig werden, zahle ich mit dem Geld dann alle Schulden zurück. Ich habe
die Verträge schon unterschrieben, aber ein mulmiges Gefühl bleibt. Noch könnte ich ja zurücktreten ...*

Ich finde diesen Vorschlag empörend. Ganz offensichtlich denkt der Finanzberater dabei nur an seine Provi-

sion. Für Sie gibt es meiner Meinung nach nur zwei Wege: Entweder suchen Sie sich eine Mietwohnung, legen Ihr Kapital gut an, und zwar so, dass Sie daraus regelmäßige Ausschüttungen bekommen. Oder Sie kaufen eine Wohnung im Rahmen Ihrer Möglichkeiten, also auf jeden Fall ohne Kredit, sodass Sie künftig mietfrei wohnen können. Eine selbst genutzte Immobilie zählt zum sogenannten Schonvermögen, das selbst bei Bezug von Arbeitslosengeld II nicht aufgelöst werden muss. Auf gar keinen Fall brauchen Sie in Ihrer schwierigen Situation die teuren Fondspolicen. Seriöse Experten versprechen derzeit keine Rendite von 10 %. Sie sollten von diesen beiden Verträgen also sofort zurücktreten!

Typische Vorschläge unseriöser Berater

Aktienfonds auf Kredit

Uta W. besitzt 30 000 Euro und möchte diese in einen Aktienfonds investieren. Ein Anlageberater machte ihr den Vorschlag, dazu noch 30 000 Euro Kredit aufzunehmen, um insgesamt 60 000 Euro einsetzen zu können. Seine Argumente: Kreditzinsen sind immer noch niedrig. Und der Aktienfonds, den er empfiehlt, bringt durchschnittlich pro Jahr 14 % Rendite, sagt er! Uta W. ist verunsichert. Wenn das alles stimmt, müsste das ja ein Supergeschäft sein.

Aber: Aktien und Aktienfonds sollten nicht auf Kredit gekauft werden, weil sich dadurch die Risiken deutlich erhöhen. Eine solche Investition ist hochspekulativ, da weder die Entwicklung der Aktienkurse noch die Entwicklung der Kreditzinsen bekannt sind. Durchschnittsrenditen von 14 % pro Jahr bei Aktienfonds gab es in der Vergangenheit durchaus. Es gibt aber keinerlei Gewissheit, dass sie auch in Zukunft derartige Ergebnisse bringen. Wagen können Sie also so ein Geschäft nur, wenn Sie über genügend Geld verfügen und den eventuellen Verlust des Geldes verschmerzen könnten.

Wie Sie garantiert nicht reich werden!

Kündigung der Rentenversicherung

Hannelore E. hat sich nach einem Telefongespräch auf einen Beratungstermin eingelassen, obwohl sie momentan gar kein Geld zum Anlegen übrig hat. Der »Finanzberater« meinte, man könne die bestehenden Anlagen optimieren. Das hörte sich für sie gut an. Die »Optimierung« sah dann allerdings so aus, dass Hannelore E. ihre erst seit einem Jahr bestehende Rentenversicherung kündigte und eine fondsgebundene Lebensversicherung abschloss.

Das ist ein alter Trick von zweifelhaften »Finanzberatern«: Sie empfehlen die Kündigung von Versicherungen, damit Geld zur Neuanlage frei wird. Das ist verantwortungslos, und zwar aus folgendem Grund: Bei Kapital-Lebens- und Rentenversicherungen werden alle anfallenden Kosten gleich am Anfang des Sparvertrags abgerechnet (anders als bei Fondssparplänen, bei denen Monat für Monat Gebühren abgezogen werden). Die Versicherungen rechnen sich also nur dann, wenn eine längere Laufzeit eingehalten wird. Kündigen Sie eine Versicherung schon nach einem Jahr, erhalten Sie kaum das eingezahlte Geld zurück. Steigen Sie dann in eine andere Lebensversicherung neu ein, fallen dort wieder die üblichen Kosten an. Von »Optimierung« kann also keine Rede sein.

Riskante Produktkombinationen

Regine S. hat auf ihrer Eigentumswohnung noch etwa 30 000 Euro Restschulden. Ein Anlageberater schlug ihr vor, bei einer Schweizer Bank ein sehr zinsgünstiges Darlehen mit variablen Zinsen in Schweizer Franken aufzunehmen. Das Darlehen soll sie aber nicht zur Tilgung ihrer Schulden verwenden, sondern vielmehr in einen Garantiefonds und in den Kauf von Containern investieren. Nach fünf Jahren soll dann das Darlehen mit den Erträgen aus dem Garantiefonds und der Containeranlage getilgt werden.

Bei diesem Vorschlag liegen mehrere nicht zu unterschätzende Unwägbarkeiten vor: Der Zinssatz des Schweizer-Franken-Darlehens kann sich ändern, der Kurs des Franken ist nicht vorhersehbar. Der Garantiefonds bringt im schlimmsten Fall nichts – es wird ja in der Regel nur der Kapitalerhalt garantiert. Der Kauf von Containern ist zwar durchaus eine interessante Art der Anlage – eine Durchschnittsrendite von 6 bis 7 % ist dabei zu erzielen –, aber auch nicht ganz ohne Risiko. Der Erfolg hängt unter anderem von der Entwicklung des Containermarkts und von der des Dollars ab.

Die Konstruktion ist also unsinnig und dient ausschließlich der Provisionsoptimierung des sogenannten Beraters. Wenn Regine S. das Darlehen nicht sofort tilgen kann, sollte sie das Geld lieber in lukrative Mischfonds mit geringem Aktienanteil investieren und später damit die Schulden zurückzahlen.

Daran erkennen Sie unseriöse Berater

➜ Wenn Ihnen im Bekanntenkreis unbedingt jemand etwas verkaufen will. Es handelt sich in der Regel um unerfahrene Mitarbeiter von Finanzvertrieben, die auf den Bekanntenkreis »angesetzt« wurden. Hier ist die Hemmschwelle für die Finanzverkäufer niedrig und die Bereitwilligkeit der Leute, etwas abzuschließen, groß.

➜ Wenn Ihnen geraten wird, bestehende Kapital-Lebens- oder Rentenversicherungen aufzulösen. Dies ist ein beliebter Trick, um wieder Geld zur Neuanlage freizubekommen.

➜ Wenn Ihnen ausschließlich ein Anlagevorschlag gemacht wird.

➜ Wenn Sie zum Abschluss gedrängt werden.

Sieben vermeidbare »Sünden«

Ein Kapitel über »Hürden, Stolpersteine und Fallstricke« wäre nicht vollständig, wenn ich nicht auch auf andere, und zwar hausgemachte Gründe zu sprechen käme, die Sie am Reichwerden hindern.

Wie Sie garantiert nicht reich werden!

Gier

Bereits im 17. Jahrhundert gab es einen Crash in Holland. Damals war es der Handel mit Tulpenzwiebeln, der schnellen Reichtum versprach. Die Zwiebeln kamen aus Asien und waren äußerst selten und hochbegehrt. Tausende investierten ihr gesamtes Vermögen in Tulpenzwiebeln. Ihr Wert und ihr Preis standen bald in keinem reellen Verhältnis mehr zueinander. Für seltene Arten wurden bis zu 50 000 Euro (auf heutige Geldbeträge umgerechnet) bezahlt. Immer mehr Menschen sprangen auf diesen Zug auf, bis die ersten wieder ausstiegen, um sich ihre Gewinne zu sichern. Eine Panik entstand, die Spekulationsblase platzte wie ein Luftballon. Zurück blieben zerstörte Existenzen und gewaltige Schuldenberge.

Erinnert Sie das an das Jahr 2000 – an den größten Börsenhype der letzten Jahrzehnte? Sparbücher wurden geplündert, Lebensversicherungen aufgelöst und alles in Aktien angelegt, von Leuten, die bis dahin noch nicht einmal genau wussten, was eine Aktie überhaupt ist. Beratung war nicht wichtig, warnende Ratschläge wurden in den Wind geschlagen. Wichtig war nur, dabei zu sein bei der größten Gewinnchance des Lebens auf dem Neuen Markt und mit Technologieaktien!

Und das alles in einem Land, in dem es bis dato kaum eine Aktienkultur gab und in dem die Angst vor dem Risiko das Anlegerverhalten beherrschte und bis heute beherrscht.

Börsenaltmeister André Kostolany hat es auf den Punkt gebracht: »Ich kann Ihnen nicht sagen, wie Sie schnell reich werden. Ich kann Ihnen aber sagen, wie Sie schnell arm werden. Indem Sie versuchen, schnell reich zu werden.«

Panik

Sie vernichtet nach meiner Erfahrung mehr Geld als mancher Kurseinbruch an der Börse. Angst und Panik sind nun mal schlechte Ratgeber.

? *Nachgefragt:*
Panikverkäufe!

Ich glaube, dass ich mich mit meinen Geldanlagen ziemlich dumm verhalten habe: Erst investierte ich auf dem Höhepunkt der Aktieneuphorie viel Geld in einen Aktienfonds. Als die Kurse dann abstürzten, habe ich den Fonds in Panik verkauft und in einen Rentenfonds investiert. Nun ist der Aktienfonds um 26 % gestiegen, und ich sitze auf meinem Rentenfonds, der nur 3 % abwirft. Soll ich wieder wechseln?

Sie sollten sich bei der Geldanlage vor allem nicht ausschließlich von Gefühlen leiten lassen. Euphorie und Panik sind immer schlechte Ratgeber. Den Verlust müssen Sie jetzt wohl tragen. Bevor Sie eine weitere Anlage tätigen, sollten Sie sich allerdings gründlich überlegen, welche Ziele Sie mit Ihren Geldanlagen mittel- und längerfristig erreichen wollen. Erst wenn klar ist, wozu Sie Geld anlegen möchten, wird der Anlagehorizont deutlich und damit auch die dafür geeigneten Geldanlagen. Wenn Sie sich damit überfordert fühlen, was angesichts der Fülle von Möglichkeiten verständlich ist, wäre es sinnvoll, die Hilfe einer erfahrenen unabhängigen Finanzberaterin oder eines Finanzberaters in Anspruch zu nehmen.

Selbstüberschätzung

In diesem Fallstrick verfangen sich mehr Männer als Frauen. Auch Sie haben sicher einen Kollegen wie Dieter P. Er liest Börsenzeitschriften, surft auf den einschlägigen Seiten im Internet und fühlt sich als Experte mit entsprechendem Durchblick, der mit Fachausdrücken nur so um sich wirft: Covered-Short-Call, Bull-Put-Spread, Naked Warrant usw.
Als die Börse gerade wieder sehr gut läuft, kauft Dieter P. Aktien auf Kredit »wegen der Hebelwirkung«. Leider nehmen die Bör-

Wie Sie garantiert nicht reich werden!   **163**

senkurse eine andere Entwicklung. Nun will die Bank Geld von ihm sehen, weil der Kredit nicht mehr durch den Wert seines Aktiendepots gedeckt ist. Er soll also die Differenz ausgleichen. Das Geld hat er nicht, deshalb verkauft die Bank seine Aktien zu einem Schleuderpreis, und Dieter P. stottert noch viele Jahre seinen Kredit ab.

Unwissenheit

> »Wer nichts weiß, muss alles glauben.«
> MARIE VON EBNER-ESCHENBACH

Jennifer O. hat keine Ahnung von Geldanlagen. Sie ist gerade geschieden und hat aus dem Verkauf des gemeinsamen Hauses 100 000 Euro erhalten. Frau O. weiß noch nicht, wie ihr künftiges Leben aussehen wird, denkt aber an eine Umschulung. Erst einmal ist sie davon überfordert, diese große Summe anzulegen. Sie wünscht sich allerdings, in ein oder zwei Jahren eine Immobilie damit zu finanzieren. Von einem Anlageberater wird ihr empfohlen, das Geld in einen Aktienfonds zu investieren. Die tollen Zahlen überzeugen Frau O., und sie unterschreibt.

Für einen so kurzen Zeitraum sind Aktienfonds mit Sicherheit nicht geeignet. Wie sich die Aktienkurse entwickeln, kann niemand vorhersehen. Deshalb muss bei einer solchen Investition ein längerer Anlagezeitraum eingeplant werden können. Wenn Frau O. Pech hat, macht sie in ein, zwei Jahren einen Verlust oder muss ihren Wohnungskauf erst einmal aufschieben.

Ungeduld

> »Ungeduld hat häufig Schuld.«
> WILHELM BUSCH

Wie recht Wilhelm Busch doch hat! Zur erfolgreichen Geldanlage braucht es nun mal Zeit, Geduld und manchmal auch starke Nerven!

Der Deutsche Aktienindex (DAX) büßte zwischen März 2000 und März 2003 über 70 % an Wert ein. Wer also im März 2000 gekauft hatte und 2003 in Panik ausgestiegen ist, musste schwere Verluste hinnehmen. Wer aber beispielsweise vom Dezember 1995 bis Dezember 2005, also zehn Jahre lang, in deutsche Aktienfonds investiert hatte, konnte sich über eine durchschnittliche jährliche Rendite von 8,3 % freuen.

Behalten Sie also eine ruhige Hand, schichten Sie nicht ständig um und stehen Sie auch schlechte Börsenzeiten mit Geduld und Nerven durch. Auch hier ist Börsenaltmeister Kostolany für einen treffenden Spruch gut: »Vermögen verdient man an der Börse mit Sitzfleisch.«

Pessimismus

»Die Zeiten sind so unsicher, da kann ich doch mein Geld nicht längerfristig anlegen.« Wer wenig weiß, neigt eher zu Pessimismus und sieht schwarz. Das ist beim Geldanlegen fatal: Denn wer die Welt pessimistisch sieht, immer nur Schlechtes erwartet, lässt im Zweifelsfall das Geld lieber auf einem Tagesgeldkonto, als es gut anzulegen und damit zu vermehren.

Die Erfahrung hat aber gezeigt: Durch einen Kursrutsch an der Börse, so unangenehm er sein mag, bricht nicht auch gleich das Weltwirtschaftssystem zusammen. Seit Kriegsende hat es international und national mehrere oft schwerwiegende Krisen gegeben. Das Gedächtnis ist kurz, sie sind zum Glück wieder vergessen. Trotz aller Krisen ist der DAX in den letzten 40 Jahren von 500 Punkten (1965) auf 6100 Punkte (2006) gestiegen.

Wie Sie garantiert nicht reich werden!

»Heiße Tipps« von Freunden und Bekannten

Geradezu eine Pest ist das! Da will eine Frau Geld anlegen, weil sie geerbt hat. 50 Jahre ist sie alt, risikoscheu, mit zu kleiner Rente. Und schon schwingen sich die selbst ernannten Anlageprofis im Bekanntenkreis auf und erteilen Ratschläge: »Du musst in den Templeton investieren, das ist ein toller Fonds!« Vermutlich kennt die Ratgebende keinen anderen. »Kauf die XY-Aktie, mit der geht die Post ab.« – »Nimm ja keine Rentenversicherung, das bringt nichts.« Dabei ist vermutlich gerade das die Anlage, die zu dieser Frau am besten passt. Mach dies, tu jenes nicht …

»Heiße Tipps« aus dem Bekanntenkreis haben schon viele Anlegerinnen viel Geld gekostet. Wer mit einem Viertel- oder Halbwissen im Geldanlagebereich andere in bestimmte Anlagen drängt, handelt verantwortungslos. Denn das hat ja meist weitreichende Folgen. Häufig leben ja die Tippgeber in völlig anderen Verhältnissen als diejenigen, denen sie ihre Ratschläge aufdrängen. Was also für Ihre Freundin richtig ist, muss zu Ihnen nicht passen. Machen Sie sich klar, dass die meisten Menschen lieber über ihre Gewinne reden als über ihre Verluste.

Was brauche ich wann und was muss ich beachten?

➤ *Ein Leitfaden durch verschiedene Lebensphasen*

Eine junge Frau in den ersten Berufsjahren braucht noch keine Immobilie. Zu einer Frau in der Familienpause passt kein geschlossener Immobilienfonds. Und zu einer Rentnerin keine Berufsunfähigkeitsversicherung.

Im folgenden Kapitel geht es darum, welche Anlagen und Absicherungen in welcher Lebensphase am besten für Sie geeignet sind. Es gibt ja Geldanlagen, die immer passen, und manche, die in bestimmten Lebensphasen sinnvoller sind als andere.

Für Erwachsene in allen Lebensphasen gilt: Die existenzielle Absicherung mit Haftpflichtversicherung, Krankenversicherung und Berufsunfähigkeitsversicherung hat Vorrang. Unbedingt nötig ist zudem eine liquide Reserve, also Geld, das im Notfall schnell zur Verfügung steht. Gut verzinste Tagesgeldkonten sind dafür bestens geeignet. Die Reserve verhindert, dass Sie einen teuren Dispokredit in Anspruch nehmen müssen, wenn einmal unvorhergesehene Ausgaben auf Sie zukommen.

Für kleine Kinder

Sie brauchen ganz besonderen Schutz, natürlich auch in finanzieller Hinsicht.

Richtig versichern

Trennen Sie die Spreu vom Weizen, das heißt, prüfen Sie, welche Versicherungen wirklich nötig sind. Häufig sind kleinere Gefahren, wie der Diebstahl eines Fahrrads, eher im Bewusstsein als die existenzbedrohenden Risiken.

Krankenversichert ist Ihr Kind automatisch mit Ihnen, wenn Sie gesetzlich krankenversichert sind. Sind Sie privat versichert, brauchen Sie eine zusätzliche private Krankenversicherung für Ihr Kind. Damit der Versicherungsschutz lückenlos ist, muss der Antrag innerhalb von zwei Monaten nach der Geburt gestellt werden.

Sie haben hoffentlich eine **Privathaftpflichtversicherung**? Wenn ja, können Sie Ihr Kind bis zum Ende der Ausbildung mitversichern. Sie müssen Ihre Police nur in eine Familienhaftpflichtversicherung umstellen lassen.

Ein absolutes Muss ist eine **Unfallversicherung** für Kinder.

Die gesetzliche Unfallversicherung deckt nur den Weg zum Kindergarten, zur Schule oder zur Universität ab. Alles, was Ihrem Kind in der Freizeit passieren könnte, muss privat abgesichert werden.

Und Kinder sind in besonderem Maß unfallgefährdet, weil sie oft unbedacht handeln und Risiken noch nicht richtig einschätzen können. Ein Unfall im Kindesalter kann unter Umständen gravierende Folgen haben.

Verunglückt ein Kind und erleidet es unter Umständen bleibende Schäden, kommen auf die Familie zu den psychischen Belastungen auch noch hohe materielle Verpflichtungen hinzu – im schlimmsten Fall lebenslang.

Über eine Unfallrente in Verbindung mit einer einmaligen Kapitalauszahlung erhält Ihr Kind eine lebenslange Rente, wenn es mindestens zu 50 % Invalide ist. Idealerweise schließen Sie eine Kinder-Invaliditätsversicherung ab, bei der Unfall und Krankheit gleichermaßen abgesichert sind.

Auf eine sogenannte Prämienrückgewähr sollten Sie verzichten. Hier ist die Unfallversicherung an einen Sparplan gekoppelt, der wenig Rendite bringt und die Versicherungspolice unnötig verteuert.

Ab dem sechsten Lebensjahr ist eine **Schulunfähigkeitsversicherung** sehr zu empfehlen. Sie zahlt eine monatliche Rente, wenn das Kind durch Unfall oder Krankheit für längere Zeit nicht am Unterricht teilnehmen kann oder sogar lebenslang erwerbsgemindert ist. Bei guten Anbietern wird die Schulunfähigkeitsversicherung später ohne erneute Gesundheitsprüfung in eine Berufsunfähigkeitsversicherung umgewandelt.

Geld gut anlegen

Schon kleine Kinder haben meist ein Sparbuch, das Eltern oder Großeltern bei der Geburt angelegt haben und das mit gelegentlichen Geldgeschenken aufgefüllt wird. Ein Sparbuch aber muss nicht sein. Ab einem Euro gibt es wesentlich besser verzinste Tagesgeldkonten. Risikolose Bundesschatzbriefe, Rentenfonds, offene Immobilienfonds sind immer interessant, wenn ein paar Jahre Anlagezeit drin sind. In jedem Fall springt da mehr Rendite als auf dem Sparbuch heraus.

> **?** *Nachgefragt:*
> **●** *Wie spare ich am besten für mein Enkelkind?*
>
> *Ich möchte gern für mein Enkelkind (wenige Monate alt) 50 Euro pro Monat anlegen, damit ich in etwa 20 Jahren einen Beitrag zum Studium leisten kann. Wie mache ich das am besten, und mit welchen Kosten fürs Studium muss man rechnen?*

Für ein fünfjähriges Studium müssen Sie heute mit mindestens 50 000 Euro rechnen. Es ist deshalb vernünftig, so früh und gezielt wie möglich mit der Kapitalbildung zu beginnen. Sehr gut geeignet dafür ist Fondssparen. Wer in den vergangenen 20 Jahren monatlich 50 Euro in einen klassischen, weltweit anlegenden Aktienfonds investierte, konnte sich bei einer durchschnittlichen Rendite von 9 % pro Jahr über ein angesammeltes Kapital von rund 32 000 Euro freuen.

Ganz ohne Risiko sind solche Ergebnisse natürlich nicht zu erreichen: Sie müssen bei Aktienanlagen immer mit Kursschwankungen rechnen. Mit einer langen Laufzeit können Sie dieses Risiko jedoch deutlich mindern. Weniger risikoreich sind gemischte Fonds. Hier können Sie sich den Aktienanteil aussuchen – von 15 bis 70 % gibt es alles.

Hervorragend geeignet sind auch sogenannte Zielfonds, die es mit unterschiedlichen Laufzeiten gibt. Für Sie bzw. Ihr Enkelkind ist eine 20-jährige Laufzeit ideal. Da im Lauf der Jahre sukzessive in sichere Rentenpapiere umgeschichtet wird, gehen Sie wesentlich weniger Risiko ein als mit einem normalen Aktienfonds.

Früh übt sich der Umgang mit Geld

Angesichts erschreckender Untersuchungsergebnisse über die Unwissenheit der Bevölkerung in Gelddingen und angesichts der Verschuldung vieler Jugendlicher ist es absolut notwendig, so früh wie möglich den Umgang mit Geld zu erlernen.

Der erste Schritt dazu ist Taschengeld. Eltern sind zwar nicht verpflichtet, ihren Kindern Taschengeld zu zahlen, aber auch der Deutsche Kinderschutzbund empfiehlt, die Kinder von klein auf an eigenes Geld und den verantwortlichen Umgang damit zu gewöhnen. Empfohlen wird von Experten, Kindern ab fünf Jahren einen Euro pro Woche zu zahlen. Zwischen sechs und sieben sollte der Betrag bei zwei Euro, zwischen acht und neun bei drei Euro pro Woche liegen. Ab dem zehnten Lebensjahr sollte das Taschengeld dann monatlich ausgezahlt werden. 15 Euro für Zehn- und Elfjährige, 17 bis 18 Euro für 12- und 13-Jährige. Kinder zwischen 14 und 15 sollten 26 bis 30 Euro bekommen, und 35 Euro im Monat sind für das Alter von 16 bis 18 Jahren empfehlenswert. Nach der Volljährigkeit können es 50 Euro im Monat sein.

Das Taschengeld sollte immer pünktlich gezahlt werden. Hat es Ihr Kind schon kurz nach dem Empfang aufgebraucht, sollten Sie nicht gleich nachlegen. Dann ist halt einen halben Monat lang Ebbe in der Kasse. Gerade auch durch solche Erfahrungen lernen die Kinder den richtigen Umgang mit Geld.

Für große Kinder in Ausbildung/Studium

Über selbst verdientes Geld verfügen sie noch nicht. Aber junge Leute jobben doch häufig in den Ferien. Und die Verwandtschaft ist spendabel. Ich weiß, dass häufig auch bei jungen Leuten ein paar Tausend Euro auf einem Sparbuch schmoren. Weg damit – mit 1,5 % Zinsen ist kein Blumentopf zu gewinnen. Tagesgeldkonten bringen doppelt so hohe Zinsen, und das Geld ist zudem jederzeit verfügbar.

Richtig versichern

Krankenversichert waren junge Leute bisher über Ihre Eltern. Mit dem Beginn der Ausbildung sind sie eigenständig pflichtversichert in der gesetzlichen Kranken- und Pflegeversicherung. Und ab sofort zahlen sie auch in die gesetzliche Rentenversicherung ein.

Haftpflichtversichert sind sie noch über ihre Eltern, solange Sie in der ersten Ausbildung sind. Eine **Berufsunfähigkeitsversicherung** sollte so früh wie möglich abgeschlossen werden. Achten Sie darauf, dass die Versicherung eine sogenannte Nachversicherungsgarantie enthält. Sie kann dann später, zum Beispiel bei Heirat, Geburt eines Kindes, Karrieresprung, Immobilienerwerb etc. ohne erneute Gesundheitsprüfung aufgestockt werden.

Studenten und Studentinnen können bis 25 in der Familienkrankenversicherung der Eltern mitversichert sein (Wehr- und Zivildienst verlängern diesen Zeitraum). Ab 25 müssen sich Studenten und Studentinnen selbst versichern – entweder privat oder freiwillig in der gesetzlichen Krankenversicherung (Studententarif).

Ebenso sind sie durch die Haftpflicht- und Hausratpolice mitversichert.

Geld gut anlegen

Die Wohnungsbauprämie vom Staat gibt es schon ab 16. Auch für Schüler und Studenten.

Wer in Ausbildung ist, hat vielleicht schon Anspruch auf vermögenswirksame Leistungen. Fragen Sie Ihren Arbeitgeber.

? *Nachgefragt:*
Rentenversicherung für die Tochter

Ich habe eine 17-jährige Tochter und möchte gern eine Rentenversicherung für sie abschließen. 50 Euro könnte ich monatlich investieren, später soll meine Tochter den Beitrag selbst bezahlen. Sie hat bis zum 65. Lebensjahr ja noch 48 Jahre Zeit. Würde sich da etwas mit Aktien lohnen? Aber allzu viel Risiko will ich auch wieder nicht eingehen.

Bei einer so langen Laufzeit ist eine britische Lebensversicherung interessant. Britische Versicherungsgesellschaften dürfen, anders als deutsche, bis zu 90 % in Aktien investieren. In der Regel liegt die Aktienquote zwischen 60 und 80 %.

Das Risiko ist geringer als bei einem Aktienfonds-Sparplan. In guten Jahren wird nicht der gesamte Gewinn an die Versicherten weitergegeben, sondern es werden Rückstellungen gebildet. Diese Reserven nutzt man, um Flauten zu überbrücken. Auf diese Weise konnten britische Versicherungsgesellschaften in den vergangenen Jahrzehnten sehr gute und relativ konstante Renditen erwirtschaften.

Und wenn's problematisch wird?

Nicht immer bereiten heranwachsende Kinder ihren Eltern Freude, sei es, dass sie andere Vorstellungen von ihrem Lebensweg haben oder dass sie Partner wählen, die den Eltern nicht gefallen. In all diesen Fällen ist es wichtig, Vorsorge zu treffen und die Weichen richtig zu stellen.

Die meisten Eltern sorgen sich um die Zukunft ihrer Kinder und möchten einen Grundstock für deren Altersvorsorge legen. Sie möchten aber sichergehen, dass der Sohn/die Tochter nicht vorzeitig über das Geld verfügen kann.

172 *Was brauche ich wann und was muss ich beachten?*

Hier gibt es folgende Möglichkeiten:

Das **Und-Konto** ist ein gemeinsames Konto mehrerer Personen, bei dem die Kontoinhaber **nur gemeinsam** darüber verfügen können.

Sie können auch als **Einmalzahlung** eine größere Summe in eine **private Rentenversicherung** investieren und sie dort bis zum 65. Lebensjahr festlegen. Sie oder Ihr Partner müssten »Versicherungsnehmer« werden, Ihr Kind die »versicherte Person«. Bei dieser Konstruktion bekäme Ihr Sohn/Ihre Tochter ab 65 eine lebenslange Rente. An das Kapital kämen er oder sie nur beim Tod der Versicherungsnehmerin/des Versicherungsnehmers, wenn er oder sie als Erbe eingesetzt wird.

❓ Nachgefragt:
Wie lange müssen Eltern für ihre Kinder zahlen?

Unser Sohn hat ein Studium abgebrochen und ein anderes angefangen. Wir sehen allerdings noch nicht, dass er es tatsächlich zu Ende bringt. Er ist ziemlich labil, hat alle möglichen Flausen im Kopf. Wie lange sind wir als Eltern überhaupt verpflichtet, seine Ausbildung zu bezahlen?

Eine feste Altersgrenze gibt es nicht. Wenn wichtige Gründe für einen späten Studienbeginn vorliegen (zum Beispiel Wehr- oder Zivildienst, lange Wartezeit auf einen Studienplatz), können Kinder von den Eltern ausnahmsweise auch noch mit 30 Jahren Unterhalt für die Hochschulausbildung verlangen.

Ein Bummelstudium brauchen Sie jedoch nicht zu finanzieren. Wenn Sie kontrollieren möchten, ob und wie gut Ihr Sohn vorankommt, muss er Ihnen Scheine oder Zeugnisse über bestandene Zwischenprüfungen vorlegen. Und falls er in seinem Fachbereich die durchschnittliche Studienzeit überschreitet, dürfen Sie Ihre Zahlungen ebenfalls einstellen.

Was brauche ich wann und was muss ich beachten?

Sie müssen in der Regel auch nur eine einzige Ausbildung finanzieren. Zwar wird den jungen Leuten zugestanden, dass sie sich zu Beginn einer Lehre oder eines Studiums noch einmal umorientieren. Hat Ihr Sohn aber zum Beispiel erst nach dem dritten Semester gewechselt, müssten Sie für sein zweites Studium nicht mehr aufkommen.

In den ersten Berufsjahren

Der Staat fördert das Sparen gerade bei jungen Leuten, die noch nicht so viel verdienen. Zum Beispiel mit vermögenswirksamen Leistungen in einem Aktienfonds mit Arbeitnehmersparzulage. Oder Bausparen mit Arbeitnehmersparzulage. Oder auch Bausparen mit Wohnungsbauprämie. Interessant sind all diese Möglichkeiten.
Alle geförderten Sparverträge laufen sieben Jahre. Danach können Sie das Geld für Anschaffungen etc. verwenden oder es weiterhin anlegen und somit vermehren.

Richtig versichern

Haftpflichtversichern müssen Sie sich nun selbst. Schieben Sie den Abschluss einer Berufsunfähigkeitsversicherung nicht weiter hinaus. Erkranken Sie oder passiert Ihnen etwas, kann dies den Versicherungsabschluss erschweren oder gar verhindern. Zögern Sie also nicht länger!

Geld gut anlegen

Für Geld, das nicht ganz dem Zugriff entzogen sein soll, sind Fonds immer interessant – Rentenfonds, gemischte Fonds, Dachfonds – als mittelfristige Anlage. Aktienfonds, wenn der Anlagehorizont länger sein darf.
Das Rentenalter ist zwar für junge Leute noch endlos weit ent-

fernt. Dennoch sollten auch langfristige Anlagen schon eine Rolle spielen. Wenn Sie sich mit einem festen Sparvertrag zum langfristigen Sparen motivieren wollen, dann sind alle Formen der betrieblichen Altersvorsorge, der Riester-Rente und der privaten Rentenversicherung geeignet.

Nachgefragt:
Macht Kleinvieh auch Mist?

Ich bin 20, möchte gern langfristig sparen, habe aber in den nächsten Jahren nicht mehr als 30 Euro im Monat übrig, weil ich schon vermögenswirksam spare. Lohnt es sich denn auch, mit so einem Betrag etwas anzufangen?

Es lohnt sich auf jeden Fall. Wenn Sie bis zum Rentenalter monatlich 30 Euro in einen Aktienfonds investieren und damit eine durchschnittliche Jahresrendite von 9 % erzielen (wie es in den letzten 30 Jahren der Fall war), können Sie mit 65 über rund 198 000 Euro verfügen. Das Schöne daran: Sie können jederzeit Ihren Sparbeitrag aufstocken oder auch zusätzliche Einzahlungen leisten, um Ihr Kapital zu erhöhen. Außerdem kommen Sie jederzeit an Ihr Guthaben ran.

Denken Sie daran: In jungen Jahren, mit dem ersten nicht benötigten Geld, legen Sie den Grundstein für Ihren späteren Reichtum. Nicht durch riskante Spekulation, sondern durch eine Anlage mit System. Die Zeit arbeitet für Sie durch den Zinseszinseffekt.

Als Single

Im Beruf geht's voran, Ihr Gehalt ist in Ordnung, und Sie ärgern sich über die Steuern, die Sie zahlen müssen. Mit der Altersvorsorge sieht es noch nicht so rosig aus? Vielleicht haben Sie den Gedanken daran bisher erfolgreich verdrängt. Packen Sie's jetzt an!

? *Nachgefragt:*
Rentenschock!

Ich habe jetzt erst bewusst die Rentenberechnung der Deutschen Rentenversicherung Bund angeschaut und bin schockiert, wie wenig Rente ich mal bekomme, obwohl ich seit meinem 16. Lebensjahr einzahle. Leider habe ich bis jetzt kaum gespart. Aber jetzt muss ich sofort was tun. Was können Sie mir in meinem Alter (47) empfehlen? Ich habe an Bundesschatzbriefe gedacht.

Sie schreiben leider nicht, welche Summe Sie monatlich zurücklegen können. Ich würde an Ihrer Stelle mehrgleisig vorgehen. Schließen Sie eine Riester-Rente oder eine private Rentenversicherung ab. Und wenn dann noch Geld übrig ist, können Sie das regelmäßig oder unregelmäßig in einen klassischen, international anlegenden Aktienfonds investieren. Wenn Sie mit weniger Risiko glücklicher sind, dann sollte es ein gemischter Fonds oder ein Dachfonds mit unterschiedlichen Aktienanteilen sein. Es geht schließlich darum, in den verbleibenden 18 Jahren aus Ihrem Geld so viel wie möglich zu machen. Nichts gegen Bundesschatzbriefe. Aber damit und mit deren niedriger Verzinsung schaffen Sie das nicht mehr.

Ihr Depot ordnen

Sie haben inzwischen schon Ersparnisse, aber Chaos im Depot, und deshalb stimmt die Rendite nicht? Da dümpelt ein Prämiensparplan neben einigen Aktienfonds, Bundesschatzbriefen und einem Bonuszertifikat vor sich hin. Eine Rentenversicherung gibt es auch und natürlich Telekom-Aktien.

Dem Chaos begegnen Sie am besten mit Methode:

Sie bringen Ordnung in Ihr Depot, wenn Sie sich in einer stillen Stunde einmal überlegen, welche Ziele Sie kurz-, mittel- und langfristig erreichen wollen – ob es nun um eine eiserne Reserve geht, eine Anschaffung in den nächsten Jahren oder um Ihre Altersvorsorge.

Ordnen Sie dann Ihre bisherigen Anlagen diesen Zielen zu. Bundesschatzbriefe und Bonuszertifikate sind mittelfristige Anlagen, Aktienfonds und Rentenversicherung langfristige.

Trennen Sie sich von Anlagen, die zu keinem Ihrer Ziele passen, wie Telekom-Aktien. Oder von Anlagen, die zu wenig Rendite bringen, wie wahrscheinlich einige Ihrer Prämiensparverträge. Mit dem frei gewordenen Geld bauen Sie dann die Zielbereiche aus, die unterrepräsentiert sind, wie vermutlich Ihre Altersvorsorge.

Vermögen aufbauen

Bauen Sie jetzt den Bestand an Fonds aus und achten Sie auf eine gute Streuung. 30 bis 50 % Ihres Kapitals sollten in Aktienfonds angelegt sein (europäische, weltweit anlegende), vorausgesetzt, Sie halten Kursschwankungen tatsächlich aus. Internationale Rentenfonds und offene Immobilienfonds runden Ihr Depot ab.

Nachgefragt:
Faustformel für Aktienanteil

Fürs Wertpapierdepot gilt angeblich die Faustregel: »100 minus Lebensalter gleich maximaler Aktienanteil.« Stimmt das? Dann sollten bei mir (45) also 55 % Aktien im Depot liegen. Aber ehrlich: Damit habe ich sowieso nichts am Hut.

Müssen Sie auch nicht. Diese griffige Faustregel bringt nämlich nicht viel. Sie kann allenfalls ein Anhaltspunkt sein, aber keine konkrete Empfehlung. Entscheidend sind immer der persönliche Hintergrund, das Sparziel (zum Beispiel die Anlagedauer) und die Risikobereitschaft. Angenommen, Sie wollen in fünf, sechs Jahren eine Immobilie kaufen. Dann sollten Sie überhaupt nicht in Aktien investieren. Viel ratsamer sind dann schwankungsarme Anlagen wie Rentenfonds, offene Immobilienfonds oder Mischfonds. Denn so steht Ihnen das Geld zu dem Zeitpunkt zur Verfügung, zu dem Sie es auch brauchen.

Eine Auszeit mit Fonds finanzieren

Sie haben Geld gespart und sind nun auf regelmäßige Zahlungen angewiesen, weil Sie wegen einer Fortbildung für einige Zeit weniger arbeiten oder ein Sabbatjahr einlegen. Mit Fonds ist das kein Problem: Sie können nämlich bei den meisten einen sogenannten Auszahlplan vereinbaren. Der ist flexibel und sehr bequem. Geeignet sind dafür zum Beispiel Rentenfonds oder offene Immobilienfonds, weil sie – anders als Aktienfonds – keinen größeren Schwankungen unterliegen.

Wenn Sie sich zum Beispiel monatlich 300 Euro auszahlen lassen, verkauft die Fondsgesellschaft jeden Monat die Anzahl von Anteilen, die nötig ist, um auf den gewünschten Betrag zu kommen. Das übrige Kapital bleibt im Fonds und verzinst sich weiterhin. Ihre Entscheidung dürfen Sie jederzeit widerrufen oder die Auszahlsumme verändern, und Sie haben immer Zugriff auf Ihr Kapital.

Steuern sparen mit einer Immobilie?

Haben Sie Erspartes und einen einigermaßen sicheren Arbeitsplatz? Wie wäre es dann mit einer Eigentumswohnung? Bewohnen Sie die Wohnung selbst, sparen Sie – bei rechtzeitiger Entschuldung – im Rentenalter die Miete. Bei einer vermieteten Eigentumswohnung hilft Ihnen die Mieteinnahme, die Wohnung zu finanzieren. Und im Rentenalter bringt die Mieteinnahme eine sichere Zweitrente.

Steuern sparen können Sie beim Immobilienkauf mit denkmalgeschützten Immobilien und renovierungsbedürftigen Wohnungen in Sanierungsgebieten. Der Staat fördert also keine »normalen Immobilien« mehr, sondern vernünftigerweise erhaltenswerte, innerstädtische Bausubstanz. Diese Wohnungen haben den Vorteil, dass sie sich in urbanen Stadtvierteln befinden und gute Verkehrsanbindungen haben. Lassen Sie sich doch einmal ausrechnen, wie sich so ein Immobilienkauf für Sie darstellen würde. Wenn es für die selbst genutzte Wohnung nicht reicht, ist vielleicht eine Wohnung zur Vermietung drin. Möglicherweise ist dies ohnehin der bessere Weg, weil eine von Ihnen selbst bewohnte Immobilie unter Umständen Ihre berufliche Mobilität einschränkt.

In Partnerschaften

Frauen lieben das Risiko

Wie bitte? Es heißt doch immer und überall, Frauen seien risikoscheu. Das kann ja wohl nicht stimmen.

Das mit der Risikoscheu ist richtig – bei Geldanlagen, da sind Frauen wesentlich vorsichtiger als Männer. In ihrer Lebensplanung aber sind Frauen nur allzu gern bereit, Risiken einzugehen, bei denen jeder Mann sofort die Flucht ergreifen würde.

> **Wozu Frauen bereit sind:**
>
> → Frauen steigen wegen der gemeinsamen Kinder aus ihrem Beruf aus.
>
> → Frauen gehen geringfügige Beschäftigungen ein, mit denen weder ein Rentenanspruch erworben werden kann noch Vermögen aufzubauen ist.
>
> → Frauen kündigen ihre Altersvorsorge-Sparverträge, »weil ja kein Geld mehr da ist, wenn wir Kinder haben«.
>
> → Frauen arbeiten in der Firma ihres Partners häufig unentgeltlich.
>
> → Frauen besitzen, wenn sie Kinder erziehen, meist kein eigenes Konto. Das ist ja auch nicht nötig, meinen sie, weil sie ja auch über kein eigenes Geld verfügen.

Was brauche ich wann und was muss ich beachten?

→ Viele Frauen wissen auch heute nicht, was ihr Mann verdient, wie viel Geld eigentlich vorhanden ist.

→ Frauen bauen durch dieses Verhalten keinen eigenen Anspruch auf Ihre Altersvorsorge auf.

→ Frauen sichern sich in nicht ehelichen Partnerschaften nicht ab für den Fall der Trennung, obwohl sie im Trennungsfall nicht die gleichen Privilegien genießen wie verheiratete Frauen (Zugewinnausgleich, Versorgungsausgleich etc.).

→ Ebenso sichern sich Frauen in nicht ehelichen Partnerschaften nicht ab für den Fall des Todes ihres Partners, obwohl sie auch hier deutlich schlechter gestellt sind als verheiratete Frauen.

→ Frauen versäumen oft, sich bei einem Immobilienkauf als Miteigentümerin ins Grundbuch eintragen zu lassen, obwohl sie die Immobilie mitfinanziert oder durch ihre Arbeitsleistung den Kauf erst möglich gemacht haben.

Liebe muss also tatsächlich blind machen

Sie finden es unmöglich, am Anfang einer Beziehung schon an die Trennung zu denken und dafür Vorsorge zu treffen? Das verstehe ich nicht! Sie kaufen doch auch ein Auto mit Airbag, nicht weil sie mit einem Unfall rechnen, sondern weil Sie für den Fall des Falles abgesichert sein wollen. Sie sind krankenversichert, nicht weil Sie sicher sind, dass Sie demnächst schwer krank werden, sondern weil Sie für den Fall einer schweren Erkrankung vorgesorgt haben wollen.

In all diesen Fällen verhalten sich Frauen rational, in Beziehungen aber nicht. Natürlich ist es nicht besonders romantisch, schon zu Beginn an Trennung zu denken. Aber es ist vernünftig und notwendig. Denn in guten Zeiten ist es leichter, Vereinbarungen zu treffen, die in schlechten Zeiten mehr als hilfreich sind. Ist der Worst Case, der schlimmste Fall, erst einmal eingetreten, besteht erfahrungsgemäß kaum mehr eine Möglichkeit, in Übereinkunft mit dem Partner faire Regelungen zu treffen.

? Nachgefragt:
Vertrauen ist gut, Kontrolle ist besser!

Vor zehn Jahren habe ich 250 000 Euro geerbt. Mit Geld-anlagen kenne ich mich aber nicht aus; deshalb hat mein Mann für alles eine Vollmacht. Meine Freundin ist ent-setzt. Falls in unserer Ehe irgendwann mal etwas schief-laufen sollte, könnte er mit dem Geld ja wer weiß was anstellen. Vor lauter Schreck war ich bei einer Finanzbera-terin. Aber seitdem ist mein Mann beleidigt. Was sagen Sie dazu?

Frauen geben die Verantwortung für ihr Geld leider immer noch gern aus der Hand. Und Männer reagieren häufig gekränkt, wenn Frauen anfangen, ihre Dinge selbst zu regeln. Ohne gleich den Worst Case an die Wand zu malen, also den Trennungs- oder Scheidungs-fall: Ich finde es auch am besten, wenn Sie sich selbst um Ihr Geld kümmern. Über die Grundlagen einer guten Geldanlage informieren zum Beispiel Bücher, Volkshochschulen oder der Wirtschaftsteil einer großen Tageszeitung. Und zu einer Finanzberaterin oder einem Finanzberater könnten Sie ja auch gemeinsam mit Ih-rem Mann gehen.

Unabhängig von einer möglichen späteren Trennung sollte in jeder Beziehung offen über Geld gesprochen werden. Frauen ha-ben in diesem Punkt meiner Erfahrung nach noch zu sehr die Einstellung »Über Geld spricht man nicht« verinnerlicht. Män-ner belasten solche Skrupel weniger. Ich kenne mehrere Fälle, in denen einer schwangeren Frau von ihrem vermögenden Partner acht Tage vor der Hochzeit ein knallharter Ehevertrag zur Unter-schrift vorgelegt wurde.

Was brauche ich wann und was muss ich beachten?

? *Nachgefragt:*
○ *Ehevertrag ohne Risiko?*

Wir werden demnächst heiraten und Kinder haben. Mein Mann ist bereits einmal geschieden. Deshalb möchte er jetzt noch vor unserer Hochzeit einen Ehevertrag abschließen, um seine Zahlungsverpflichtungen im Fall einer Scheidung zu begrenzen. Ich möchte die Ehe daran nicht scheitern lassen, habe aber ein ungutes Gefühl, denn ich werde wohl wegen der Kinder meinen Beruf aufgeben müssen. Nun habe ich mehrfach gelesen, dass Eheverträge, die geschiedene Frauen benachteiligen, vor Gericht für ungültig erklärt wurden. Kann ich mich darauf verlassen und ruhig mit zum Notar gehen?

Nein! Im Prinzip gilt: Vertrag ist Vertrag, und an einen Vertrag ist man gebunden. Lediglich in Ausnahmefällen haben Gerichte bestimmte Vereinbarungen für unwirksam erklärt, nur ganz selten alle Bestimmungen eines Ehevertrags.

Gerade wenn Sie der Familie wegen auf eine Berufstätigkeit verzichten wollen, sollten Sie sich nicht auf irgendwelche Sonderregelungen einlassen. Falls Sie sich dennoch dazu entschließen: Bitten Sie Ihren zukünftigen Ehemann, Ihnen seine Vorstellungen über einen Ehevertrag schriftlich zu geben, und lassen Sie sich hierzu vor dem Notartermin sehr genau von einem Anwalt beraten.

Eheliche Partnerschaft

Im Grundgesetz genießen Ehe und Familie besonderen Schutz. Sind Sie verheiratet, sind die wichtigsten Dinge im Fall der Scheidung oder des Ablebens Ihres Partners gesetzlich geregelt, zum Beispiel der Zugewinnausgleich, Versorgungsausgleich, Unterhalt oder Erbrechte. Trotzdem gilt es aufzupassen.

Achtung Falle: Seine Schulden – meine Schulden?

Frau D. hat ein Problem. Ihr Mann ist zwar gut verdienender Arzt, aber er kauft eine Immobilie nach der anderen, zum Steuersparen, sagt er, und natürlich auf Kredit. Seine Ehefrau und Mutter seiner drei Kinder unterschreibt bei der Bank vertrauensvoll alles, was ihr vorgelegt wird.

Die Ehe geht schief, der ehedem gut verdienende Arzt kann seinen Verpflichtungen nicht mehr nachkommen, und Frau D. hat Angst, dass sie für die Schulden ihres Mannes haften muss.

Prinzipiell muss zwar jeder nur für die eigenen Schulden aufkommen – egal ob Eheleute Gütertrennung vereinbart haben oder nicht. Trotzdem halten sich Banken häufig an die Ehefrauen, wenn der Mann nicht mehr zahlen kann. Aber nicht, weil sie verheiratet sind, sondern weil die Frau den Kreditvertrag ihres Mannes mit unterschrieben hat. In der Regel verlangen das die Kreditinstitute, weil zwei Schuldner eine größere Sicherheit bieten.

Leider ist das auch bei Frau D. der Fall, deshalb haftet sie für die volle Darlehenssumme – und nicht etwa nur für die Hälfte. Das Gleiche gilt übrigens, wenn eine Frau für die Schulden Ihres Mannes gebürgt hat. Hätte sie nichts unterschrieben, müsste sie nichts zahlen.

? *Nachgefragt:*
Unterhalt bis ans Lebensende?

Mein Mann hätte gern noch ein zweites Kind (unsere Tochter ist jetzt fünf), möchte aber, dass ich dann meine Berufstätigkeit aufgebe. Als Beamter mit gesichertem Einkommen sei er ja im Fall der Scheidung sowieso verpflichtet, nicht nur für die Kinder, sondern auch für mich Unterhalt zu zahlen. Eventuell sogar bis an mein Lebensende. Kann ich mich wirklich darauf verlassen?

Nein, das können Sie nicht. Wird bei einer Scheidung zum Beispiel festgestellt, dass Sie das Scheitern der Ehe allein zu verantworten haben, kann zumindest Ihr eigener Unterhaltsanspruch ganz gestrichen oder auf ein Mindestmaß herabgesetzt werden. Es kommt dabei immer auf das Alter der Kinder an; denkbar ist nämlich eine Befristung für den Zeitraum, in dem die Kinder Ihre Betreuung unbedingt brauchen.

Ihr Unterhaltsanspruch kann aber auch entfallen, wenn Sie nach der Scheidung etwa drei Jahre in einer festen nicht ehelichen Gemeinschaft mit einem anderen Partner leben – unabhängig davon, ob Ihr neuer Lebensgefährte für Sie sorgen kann oder nicht.

Trifft nichts von alldem zu, bekommen Sie so lange Unterhalt, wie die Kinder betreut werden müssen – derzeit bis zum 15. oder 16. Lebensjahr. Wirkliche Sicherheit im Fall einer Scheidung haben Sie nur durch ein eigenes Einkommen.

Als Beamter hat Ihr Mann wegen der Kinder Anspruch auf Teilzeitbeschäftigung, die er jederzeit wieder zu einer Ganztagestätigkeit ausweiten kann. Vielleicht wäre es zumindest vorübergehend eine Lösung, wenn Sie beide einem Teilzeitjob nachgingen.

Nicht eheliche Lebensgemeinschaft

Leben Sie mit Ihrem Partner in einer nicht ehelichen Lebensgemeinschaft, wird alles noch komplizierter und für Sie in der Regel nicht zum Vorteil. Unsere Gesetze bevorzugen Ehe und Familie. Deshalb gibt es für Verheiratete eine Reihe von Vorteilen. Besonders Frauen, die wegen gemeinsamer Kinder ihren Beruf ganz oder teilweise aufgeben, sollten sich eine Heirat überlegen.

Nur ein paar Beispiele: Sind Sie verheiratet, profitiert Ihr Mann (noch) vom Ehegattensplitting. Das bedeutet, er hat jeden Monat mehr auf dem Gehaltskonto. Ist Ihr Partner vermögend, kann er Ihnen alle zehn Jahre bis zu 307 000 Euro steuerfrei schenken (nicht Verheiratete: 5200 Euro). Im Fall seines Ablebens können Sie dieselbe Summe steuerfrei erben. Kommt es zur Scheidung, partizipieren Sie über den Zugewinnausgleich an den während der Ehe gewachsenen Vermögenswerten, natürlich nur, wenn vertraglich nichts anderes vereinbart ist. Außerdem haben Sie über den Versorgungsausgleich Anteil an der gesetzlichen Rente Ihres Partners.

Nicht Verheiratete müssen sich selbst krankenversichern, da sie nicht beim Partner mitversichert werden können. Eine Unterhaltspflicht zwischen unverheirateten Partnern besteht nicht automatisch. In der Praxis bedeutet das, dass nicht erwerbstätige Partner von heute auf morgen mittellos dastehen können.

Wenn Sie trotz dieser Nachteile nicht heiraten wollen, sollten Sie unbedingt die für Sie wichtigen Dinge, vor allem Ihre Absicherung für alle Lebenslagen, vertraglich regeln, zum Beispiel in einem schriftlichen Partnerschaftsvertrag. Lassen Sie sich dazu unbedingt juristisch beraten! Da Sie also nicht die gleichen steuerlichen Vorteile haben wie eine verheiratete Frau, müssen Sie bei bestimmten vertraglichen Regelungen aufpassen:

? Nachgefragt:
Erbschaftssteuer vermeidbar?

Mein Lebensgefährte möchte eine hohe Risiko-Lebensversicherung für mich abschließen. Nun habe ich gehört, dass ich die eventuelle Auszahlung nicht steuerfrei bekommen würde, weil wir nicht verheiratet sind. Das heißt, ich hätte im Notfall wesentlich weniger zur Verfügung, als wir dachten. Stimmt das, und wenn ja, was können wir tun?

Einkommensteuer müssten Sie zwar nicht bezahlen, aber Erbschaftssteuer wird fällig. Die hohen Freibeträge bei Schenkung und Erbschaft werden ausschließlich Ehepartnern (307 000 Euro) und Kindern (205 000 Euro) gewährt. Für alle anderen gilt lediglich ein vergleichsweise geringer Freibetrag von 5200 Euro.

Aber auch für nicht Verheiratete gibt es eine Lösung, wenn Sie den Versicherungsvertrag entsprechend gestalten: Ihr Lebensgefährte ist die versicherte Person, das heißt, der Vertrag basiert auf seinen Daten. Sie selbst aber müssen Versicherungsnehmerin, also Vertragsinhaberin, werden. Und Sie müssen dann auch die laufenden Beiträge bezahlen. Bei dieser Vertragskonstellation fließt Ihnen die Auszahlung steuerfrei zu. Am besten aber sprechen Sie vor Vertragsabschluss noch einmal mit Ihrem Steuerberater darüber.

Gleichgeschlechtliche Partnerschaft

Die rechtliche Situation homosexueller Paare hat sich seit 2001 durch das Gesetz der eingetragenen Lebenspartnerschaft wesentlich verbessert. Steuerlich kommt es allerdings zu keiner Gleichstellung mit ehelichen Partnerschaften.

Rechte und Pflichten in gleichgeschlechtlichen Partnerschaften:

→ auf Wunsch gemeinsamer Familienname (Lebenspartnerschaftsname)
→ Verpflichtung zur gemeinsamen Lebensführung
→ Verpflichtung zum gegenseitigen Unterhalt
→ Kleines Sorgerecht bei Kindern des Partners/der Partnerin
→ Unterhaltpflicht
→ Erbrecht: Partner werden bei den Pflichtteilen wie Ehegatten behandelt. Achtung: Dies gilt nicht für die Erbschaftssteuer!
→ Witwen-/Witwerrente

? *Nachgefragt:*
In welchem Fall erbt meine Lebensgefährtin?

Ich lebe schon lange mit meiner Freundin zusammen. Wir überlegen nun, ob wir unsere Lebenspartnerschaft offiziell eintragen lassen. Ich bin vermögend und möchte gern wissen, ob meine Partnerin Vorteile durch diese eingetragene Lebenspartnerschaft hat, wenn ich ihr was vererbe. Meinen Eltern, die erbberechtigt wären, möchte ich nichts zukommen lassen, weil sie unserer Partnerschaft gegenüber sehr abwehrend sind und mit meiner Freundin nichts zu tun haben wollen. Außerdem sind sie selbst vermögend und brauchen das Geld nicht.

Nach Ihrem gemeinsamen Gang zum Standesamt (oder in Bayern zum Notar) hat Ihre Lebenspartnerin ein gesetzliches Erbrecht. Danach erbt sie, wenn Sie kein Testament verfassen und am gesetzlichen Güterstand der Zugewinngemeinschaft nichts ändern, $\frac{3}{4}$ Ihres Vermögens, und Ihre Eltern bekommen zusammen $\frac{1}{4}$.

Wenn Sie Ihre Lebenspartnerin in einem Testament als Alleinerbin einsetzen und damit Ihre Eltern enterben, bekommen diese nur ihren Pflichtteil von $\frac{1}{8}$, und Ihre Partnerin erbt $\frac{7}{8}$.

Sie können Ihre Freundin auch jetzt schon als Alleinerbin in einem Testament einsetzen. Dann würden Ihre Eltern aber einen Pflichtteil von $\frac{1}{2}$ des Nachlasses bekommen und Ihre Freundin ebenfalls nur $\frac{1}{2}$.

Möglicherweise aber lassen sich Ihre Eltern auf eine notarielle Pflichtteilsverzichtserklärung ein, wenn Sie wiederum sicherstellen, dass das Vermögen im Fall des Ablebens Ihrer Freundin an die Familie zurückfällt. Um hier keine Fehler zu machen, sollten Sie sich unbedingt juristisch beraten lassen.

Versorgungsausgleich

Wird eine eingetragene Lebenspartnerschaft aufgelöst, kommt es wie bei einer Scheidung zu einem sogenannten Versorgungsausgleich. Haben Sie beispielsweise in der Zeit Ihrer Partnerschaft weniger Ansprüche erworben als Ihre Partnerin, erhalten Sie einen Ausgleich von deren Rentenkonto. Außerdem können durch den Versorgungsausgleich gegebenenfalls Wartezeitmonate übertragen werden.

Falls Ihre Partnerin ein Kind hat, das Sie jetzt miterziehen, kann dies auch bei Ihrer Rente mit angerechnet werden. Und im Todesfall haben Sie gegenseitig Anspruch auf Hinterbliebenenrente, sofern die entsprechenden Voraussetzungen vorliegen.

Zugewinnausgleich

Lebenspartner leben – wie Ehepartner – im Güterstand der Zugewinngemeinschaft, wenn sie nichts anderes vereinbaren.

Richtig versichern

Bei Haftpflicht-, Hausrat- und Rechtsschutzversicherung ist es egal, wer wen mitversichert. Ob die beiden verheiratet sind oder nicht oder eine gleichgeschlechtliche Partnerschaft eingegangen sind, spielt keine Rolle.

In der Familienpause

Auch wenn Sie glücklich über Ihr Baby oder die Kinder sind und sich auf die Elternzeit freuen: Plötzlich ohne eigenes Einkommen dazustehen, das ist nicht so leicht zu verkraften.

? *Nachgefragt:*
Anspruch auf Haushalts- und Taschengeld?

Mein Mann ist leider sehr knauserig. Mit dem Geld, das er mir gibt, komme ich kaum aus, obwohl ich sparsam wirtschafte. Nun wüsste ich gern, ob ich ein bestimmtes Haushaltsgeld verlangen kann. Und habe ich als Mutter von zwei Kindern und Hausfrau auch Anspruch auf irgendein Taschengeld?

Ihnen steht ein angemessenes Haushaltsgeld zu, und zwar monatlich im Voraus. So bestimmt es das Bürgerliche Gesetzbuch. Nach einer Faustregel soll es ein Drittel vom Nettoeinkommen des Partners betragen. Zusätzlich hat der nicht erwerbstätige Partner Anspruch auf frei verfügbares Taschengeld in Höhe von 5 bis 7 % des Nettoeinkommens. Falls Sie Probleme haben, Ihre Ansprüche durchzusetzen: Partner ohne Einkommen können einen Berechtigungsschein zur kostenlosen Rechtsberatung beim Amtsgericht bekommen. Weitere Infos: www.hausfrauenbund.de oder www.dhg-vffm.de

Wesentlich besser und zeitgemäßer aber finde ich die folgende Lösung, die einige mir bekannte Paare schon länger praktizieren: Das Familieneinkommen wird halbiert, und jeder der beiden Partner bekommt eine Hälfte auf ein eigenes Konto. Davon bezahlen beide die gemeinsamen Haushalts- und Lebenshaltungskosten. Den verbleibenden Betrag können beide nach Belieben verwenden, ohne Rechenschaft ablegen zu müssen – zur Vermögensbildung, für Kleidung usw. Ich halte dies für eine partnerschaftliche Regelung. Sie erspart der oder dem nicht Erwerbstätigen das Bitten um Geld bzw. das unwürdige Gefühl, kein Geld zu besitzen.

Sparpläne kündigen?

Sie erwarten ein Kind und werden für einige Zeit beruflich pausieren. Und deshalb möchten Sie nun Ihre Rentenversicherung stilllegen oder den Fondssparplan einstellen? Sie befinden sich dabei zwar in allerbester Gesellschaft, denn so gut wie jede Frau in Ihrer Situation macht das so. Aber ich rate Ihnen dennoch dringend davon ab.

Wenn Sie sich in den nächsten Jahren dem gemeinsamen Kind widmen, liegt vielleicht die schönste Zeit Ihres Lebens vor Ihnen. Sie nehmen dadurch aber auch – im Gegensatz zu Ihrem Partner – erhebliche berufliche und wirtschaftliche Nachteile in Kauf. Das sollten Sie ganz nüchtern sehen. Deshalb sollte Ihre Rentenversicherung, wenn irgend möglich, aus dem Familieneinkommen weiterbezahlt werden, um wenigstens ansatzweise einen Ausgleich für Sie zu schaffen.

Oder Ihr Partner fährt seine Sparpläne und Versicherungen zurück. Das wäre fair, denn er arbeitet ja weiter, verdient Geld, zahlt – im Gegensatz zu Ihnen – in die gesetzliche Rente ein und hat oft noch eine betriebliche Altersvorsorge. Seine Nachteile sind durch die familiären Veränderungen deutlich geringer als die Ihren.

Richtig versichern

Unbedingt notwendig ist eine Risiko-Lebensversicherung, und zwar für beide Elternteile. Denn stirbt der Haupternährer, braucht die Familie Geld, um erst einmal eine bestimmte Zeit zu überbrücken. Stirbt die Betreuerin/der Betreuer des Kindes, muss die bzw. der Überlebende Geld investieren, um die Versorgung des Kindes sicherzustellen. Empfohlen wird für jeden eine Versicherungssumme in der Höhe von drei bis fünf Jahresbruttogehältern.

Auch Hausfrauen oder -männer können sich gegen Berufsunfähigkeit (BU) absichern – je nach Anbieter bis zu einer monatlichen Rente von 1500 Euro. Eine BU-Versicherung ist eine der wichtigsten Risikoversicherungen überhaupt. Allerdings sollten Sie sich genau erkundigen, wann die Versicherungsgesellschaft bei einer Hausfrau eine Berufsunfähigkeit anerkennt. Denn diese Tätigkeit ist nicht so eindeutig definiert wie die einer Krankenschwester oder Bürokauffrau.

Als Selbstständige/Freiberuflerin

Existenzgründerinnen

Hier gibt es viele Mutmacherinnen: Frauen, die sich trotz widriger Lebensumstände mit einer tollen Idee und großem Engagement selbstständig machten und damit großen Erfolg erzielten. Einige Namen, die jeder kennt:

Margarete Steiff

1848, im Alter von 18 Monaten, erkrankte sie an Kinderlähmung. In deren Folge blieb ihr linker Fuß vollständig und ihr rechter teilweise gelähmt. Und sie konnte auf Dauer ihren rechten Arm kaum bewegen. Sie lernte nähen und machte sich als 30-Jährige mit einem Filzkonfektionsgeschäft selbstständig. Mehr zum Spaß bastelte sie Weihnachten 1879 kleine Stofftiere, die sie mit Schafwolle ausstopfte. Das Spielzeug fand großen Anklang bei Kindern und ermutigte sie, alle möglichen Tiere herzustellen. So begann der weltweite Siegeszug der Steiff-Tiere mit dem Knopf im Ohr.

Beate Uhse

1919 wurde sie geboren. Ihre Karriere als Sexartikelversenderin begann, als Frauen aus der Nachbarschaft sie nach Möglichkeiten der Empfängnisverhütung fragten. Ihr kleines, nur zweiseitiges Heft zu dieser Thematik wurde auf Anhieb ein Erfolg. Schon 1951 gründete sie ein »Versandhaus für Ehe, Sexualliteratur und für hygienische Artikel« – im prüden Nachkriegsdeutschland ungeheuerlich! 1962 eröffnete sie den ersten Sex-Shop der Welt. Heute betreibt das Unternehmen 60 Läden in Deutschland und zahlreiche Niederlassungen in vielen europäischen Ländern.

Melitta Bentz

Jeder kennt den Melitta-Kaffeefilter! Erfunden hat ihn Melitta Bentz, geboren 1873 in Dresden. 34 Jahre war sie alt, Hausfrau und Mutter zweier Kinder, als sie den genialen Einfall dafür hatte. Schon lange ärgerte sie sich über den Kaffeesatz, der in den üblichen Metall- oder Keramiksieben die Löcher verstopfte. Sie schlug probeweise Löcher in einen Messingtopf und legte ein Löschblatt aus einem Schulheft ihres Sohnes darauf. Der erste Kaffeefilter, der Kaffee ohne Kaffeesatz lieferte, war erfunden! 1937 erhielt die Filtertüte die heute übliche Form. Der Name Melitta steht mittlerweile für eine international tätige Unternehmensgruppe.

Das waren nur drei Beispiele für außergewöhnliche Frauen und Vorbilder. Natürlich führt nicht jede gute Idee zwangsläufig zu

Was brauche ich wann und was muss ich beachten?

einem weltumspannenden Unternehmen. Wenn's auch ein paar Nummern kleiner sein darf, gibt es noch viele ermutigende Beispiele mehr: Jedes vierte Unternehmen wird mittlerweile von einer Frau gegründet. Frauen betreiben eine Firmengründung zwar vorsichtiger und seltener als Männer, gehen ihr Vorhaben aber realistischer an und vermeiden zu große Risiken. Sie sind deshalb im Schnitt erfolgreicher bei der Existenzgründung als Männer.

Selbstständige arbeiten selbst und ständig! Wie wahr! Viel freie Zeit wird es nicht geben. Dennoch birgt Selbstständigkeit Chancen. Für viele Frauen ist sie eine gute Möglichkeit, die Arbeitslosigkeit zu überwinden. Und vielen fällt es in der Selbstständigkeit oder freiberuflichen Tätigkeit leichter, Kinderwunsch und Arbeit zu vereinbaren. Immer aber sind eine gute Idee, großes Engagement und Leidenschaft, eine Portion Sturheit und Durchhaltevermögen nötig. Und es braucht eine sorgfältige Planung und gute Absicherung.

? Nachgefragt: Wie bekomme ich einen Existenzgründungskredit?

Ich habe eine tolle Geschäftsidee und möchte mich damit selbstständig machen. Dazu brauche ich einen Bankkredit, weil ich kaum Eigenkapital habe. Wie kann ich mich auf das Bankgespräch vorbereiten?

Wichtig ist, vorher ein Existenzgründungsseminar zu besuchen. Sie erfahren dort, wie ein Geschäftskonzept ausgearbeitet wird, was eine Rentabilitätsrechnung ist oder wie Sie eine Liquiditätsrechnung aufstellen. Sie sollten im Bankgespräch außerdem einen Investitionsplan vorlegen und Ihre künftigen laufenden Ausgaben (Miet-, Material- und Personalkosten) einschätzen. Damit beweisen Sie Bodenständigkeit und Realismus.

Eine Marktanalyse ist immer hilfreich. Sie müssen ja wissen, wen Sie ansprechen wollen und ob es überhaupt einen Bedarf für Ihre Geschäftsidee gibt. Sehr gut ist außerdem, wenn ein Steuerberater, Verbands- oder IHK-Vertreter der Bank auf Anfrage bestätigen könnte, dass Ihre Geschäftsidee chancenreich ist.

Fragen nach Ihrer Kreditwürdigkeit und Ihren Sicherheiten stellt der Bankberater sowieso. Vielleicht gibt es in Ihrer Familie jemanden, der Sie hier unterstützen kann? Wenn Sie dann noch Ihr Geschäftsmodell überzeugend und mit Begeisterung präsentieren, haben Sie gute Chancen auf einen Kredit von Ihrer Bank.

Alles wird jetzt anders! Wenn Sie bisher angestellt waren, hat Ihr Arbeitgeber nicht nur die Beiträge zur gesetzlichen Renten- und Krankenversicherung automatisch für Sie abgeführt, sondern auch 50 % der Beiträge bezahlt. Sie hatten Anspruch auf Lohnfortzahlung im Krankheitsfall und auf Arbeitslosengeld. Das ändert sich mit Ihrer Selbstständigkeit!

Gesetzliche Rentenversicherung – freiwillig weiterzahlen?
Viele Existenzgründerinnen fragen sich, ob es sich für sie lohnt, weiter freiwillig in die gesetzliche Rentenversicherung einzuzahlen. Im Allgemeinen lohnt sich das nur, wenn damit Ansprüche auf eine Berufsunfähigkeits- oder Erwerbsunfähigkeitsrente aufrechterhalten werden können. Dies ist aber nur dann der Fall, wenn bereits vor dem 1. 1. 1984 mindestens 60 Monate Beiträge zur gesetzlichen Rentenversicherung entrichtet wurden und wenn die Zeit nach dem 1. 1. 1984 lückenlos mit rentenrechtlich relevanten Zeiten belegt ist.

Für Ihre Altersvorsorge ist eine freiwillige Weiterzahlung des Mindestbeitrags uninteressant. Ein Beispiel: Wenn Sie ein Jahr lang den monatlichen Mindestbeitrag von 78 Euro entrichten, bringt das ab 65 eine monatliche Zusatzrente von 4,28 Euro. Fragen Sie aber vorsichtshalber noch einmal bei der zuständigen Stelle der Deutschen Rentenversicherung Bund nach, ob dies für Sie auch zutrifft.

Was brauche ich wann und was muss ich beachten?

Als Selbstständige/Freiberuflerin gesetzlich rentenversichert?

Bestimmte Berufsgruppen unterliegen auch in der Selbstständigkeit der Versicherungspflicht in der gesetzlichen Rentenversicherung. Hierzu gehören unter anderem selbstständige Lehrerinnen und Erzieherinnen, freiberufliche Hebammen oder Selbstständige mit nur einem Auftraggeber, selbstständige Pflegerinnen, Physiotherapeutinnen, Ergotherapeutinnen, aber nur dann, wenn sie keine versicherungspflichtigen Arbeitnehmer oder Auszubildende beschäftigen. Genaueres erfahren Sie bei der Deutschen Rentenversicherung Bund.

Selbstständige Künstlerinnen und Publizistinnen sind ebenfalls pflichtversichert. Ihre Beiträge werden über die Künstlersozialkasse eingezahlt. Der Vorteil für diese Berufsgruppe: Sie muss nur den halben Beitrag zur Renten- und Krankenversicherung entrichten. Die andere Hälfte übernimmt die Künstlersozialkasse. Dabei ist die Berufsbezeichnung »Künstler und Publizisten« ziemlich weit gefasst. Auch Discjockeys und Komponistinnen, Schriftstellerinnen, Grafikerinnen und Opernsängerinnen können sich in der Künstlersozialkasse versichern.

Einige Berufsgruppen, wie zum Beispiel Anwälte, Architekten, Ärzte, Apotheker, Psychotherapeuten, haben eigene berufsständische Versorgungswerke, in denen sie meist pflichtversichert sind. Die Altersrenten aus den Versorgungswerken hängen, anders als bei der gesetzlichen Rentenversicherung, ausschließlich vom eingezahlten Beitrag ab. Wer also viel verdient und viel einzahlt, hat Anspruch auf eine hohe Rente.

Die wichtigsten Versicherungen für Selbstständige/Freiberuflerinnen

Überlegen Sie:
→ Was **muss** versichert werden?
→ Was **soll** versichert werden?
→ Was **kann** versichert werden?

Die Risiken von Selbstständigen sind sehr vielfältig. Je nach Art der Tätigkeit können einzelne Versicherungen daher recht unterschiedliche Bedeutung haben.

Grundsätzlich gilt: Selbstständige brauchen einen maßgeschneiderten Versicherungsschutz. Für jedes Unternehmen und jede Freiberuflerin muss eine individuelle Lösung gesucht werden. Lassen Sie sich deshalb unbedingt von einer qualifizierten, unabhängigen Versicherungsmaklerin, einem qualifizierten, unabhängigen Versicherungsmakler beraten!

Haftpflichtversicherung

Für alle Selbstständigen ist eine Berufs-, Betriebs- oder Büro-Haftpflichtversicherung unerlässlich. Denn als Firmeninhaberin haften Sie für alle Schäden, die durch Sie selbst oder Ihre Mitarbeiterinnen oder Mitarbeiter Dritten gegenüber durch grob fahrlässiges Verhalten entstanden sind.

Dabei wird zwischen Personen-, Sach- und Vermögensschäden unterschieden. Für Selbstständige in beratenden Berufen wird eine Vermögensschaden-Haftpflichtversicherung, die rein immaterielle Schäden, etwa durch Fehlberatung, Terminversäumnis etc. absichert, empfohlen.

Versicherung Ihrer Geschäftsausstattung

In welcher Form Sie Ihre Büro- bzw. Geschäftsausstattung (Einrichtung und gegebenenfalls Ware) versichern, sollten Sie im Gespräch mit einer Versicherungsmaklerin, einem Versicherungsmakler klären. So haben Sie die Möglichkeit zu entscheiden, ob Sie lediglich die üblichen Gefahren wie Feuer, Einbruchdiebstahl inklusive Vandalismus, Leitungswasser- und Sturmschäden sowie die Betriebsunterbrechung aufgrund eines solchen Schadens absichern oder ob Sie für Ihre technische Ausstattung (elektronische Geräte, Maschinen) eine separate technische Versicherung abschließen.

Was brauche ich wann und was muss ich beachten?

Rechtsschutzversicherung

Sie können eine Firmen-Rechtsschutzversicherung inklusive einer Privat-Rechtsschutzversicherung abschließen. Für den betrieblichen Teil erstreckt sich der Versicherungsschutz u. a. auf sämtliche Firmenfahrzeuge, gewerblich gemietete Räume und nicht zuletzt auch auf Rechtsstreitigkeiten mit Mitarbeitern oder dem Finanzamt. Leider ist aber das, worauf es den meisten Selbstständigen ankommt, nicht versichert und auch nicht versicherbar. Gemeint ist der sogenannte Vertragsrechtsschutz im beruflichen/betrieblichen Bereich. Streitigkeiten mit Kunden und/oder Lieferanten sind vom Versicherungsschutz ausgeschlossen.

Krankenversicherung

Selbstständige sind seltener krank. Das ist statistisch belegt. Trotzdem müssen sie natürlich für den Ernstfall abgesichert sein. Sie haben die Wahl zwischen einem privaten und einem freiwilligen gesetzlichen Krankenversicherungsschutz. Freiwillig gesetzlich krankenversichern können Sie sich allerdings nur dann, wenn Sie vor dem Beginn der Selbstständigkeit bereits gesetzlich krankenversichert waren.

Für Existenzgründerinnen gibt es bei vielen Versicherungsgesellschaften sogenannte Options- oder Basistarife mit niedrigeren Beiträgen in der privaten Krankenversicherung. Die Leistungen entsprechen in etwa denen der gesetzlichen Krankenkasse. Meist haben Sie in einem bestimmten Zeitraum die Möglichkeit, ohne erneute Gesundheitsprüfung in einen leistungsstärkeren Tarif zu wechseln.

Eine weitere Möglichkeit, die Kosten erst einmal niedrig zu halten, ist die Selbstbeteiligung. Wer die Kosten für medizinische Leistungen bis zu einer Summe von 300 oder 600 Euro jährlich selbst bezahlt, reduziert seinen Monatsbeitrag deutlich.

Wenn Sie eine private Krankenversicherung abschließen, so ist dies eine Entscheidung fürs Leben. Eine Rückkehr in die gesetzliche Krankenversicherung ist nur möglich, wenn Sie wieder ein Angestelltenverhältnis aufnehmen und noch nicht 55 Jahre alt sind. Wenn Sie sich nicht sicher sind, sollten Sie ein, zwei Jahre abwarten und schauen, wie sich Ihre Geschäftstätigkeit entwickelt, bevor Sie sich endgültig entscheiden.

Verantwortungslos oder schlau? Eher erschreckend: Nach Angaben des Statistischen Bundesamts waren Ende 2003 circa 32 000 Selbstständige nicht krankenversichert! Und diese Zahl nimmt zu.

? Nachgefragt:
Nicht krankenversichern, selbst sparen?

In meinem Bekanntenkreis sind mehrere selbstständige Frauen Mitglied in einem Verein geworden, in dem keiner mehr einer Krankenkasse angehört. Der Verein sieht sich als Gegenbewegung zur Krankenkasse, und das soll ungefähr so funktionieren:

Jedes Mitglied legt seinen Beitrag selbst fest. 60 % davon kommen auf ein persönliches Gesundheitskonto, aus dem dann die persönlichen Gesundheitskosten bestritten werden. Die restlichen 40 %, mindestens 50 Euro monatlich pro Person, wandern in sogenannte Nothilfefonds. Wer aus dem Nothilfefonds im Fall einer schwereren Krankheit Geld bekommt, entscheidet die Gruppe gemeinsam. Ein Anrecht darauf gibt es nicht. Was halten Sie davon?

Wie naiv – um es einmal milde auszudrücken – müssen Leute sein, um auf so eine absurde Idee zu kommen! Da fallen mir gleich reihenweise Gründe ein, die dagegen sprechen. Zum Ersten: Möchten Sie abhängig sein vom Urteil anderer Mitglieder, ob Sie im Krankheitsfall Geld bekommen oder nicht? Und was ist, wenn beispielsweise mehrere Leute schwer krank werden? Wer bekommt dann Geld? Die jüngsten, die ältesten? Die sympathischsten?

Zum Zweiten: Offensichtlich haben diese Leute keine Ahnung, was eine schwere Krankheit oder ein Unfall mit längerem Krankenhausaufenthalt oder Rehabilitation kostet.

Was brauche ich wann und was muss ich beachten? **197**

Zum Dritten: Ihre Bekannten stellen sich gegen eine der zentralen Errungenschaften des Sozialstaats: die vom Solidaritätsprinzip getragene Krankenversicherung. Solidaritätssysteme sind ja gerade deshalb entwickelt worden, damit der Einzelne nicht abhängig ist zum Beispiel von Familienangehörigen und deren Gnade und Willkür. Auch wenn hier einiges reformbedürftig ist, das demokratische Grundprinzip an sich ist in Ordnung: Wer wenig verdient, zahlt wenig ein, hat aber dennoch *Anspruch* auf dieselbe Leistung wie diejenigen, die aufgrund höherer Einkommen mehr zahlen.

Dieses Grundprinzip kann von einer kleinen Organisation nicht erfüllt werden. Es bedarf schon einer großen Gemeinschaft, um auch große Risiken absichern zu können.

Krankentagegeldversicherung

Die Krankentagegeldversicherung fängt Verdienstausfälle auf und ist deshalb für Existenzgründerinnen unverzichtbar. Wenn Sie als Selbstständige erkranken, entfällt für Sie in der Regel auch jegliches Einkommen. Schwierig wird es vor allem dann, wenn Sie für längere Zeit außer Gefecht gesetzt sind. Deshalb ist diese Versicherung sehr wichtig. Das Tagegeld erhalten Sie bei Arbeitsunfähigkeit in vereinbarter Höhe, ganz gleich ob Sie zu Hause oder im Krankenhaus behandelt werden.

Wenn Sie Angst haben, dass Ihnen die Beiträge über den Kopf wachsen, sollten Sie eine sogenannte Karenzzeit vereinbaren. Das heißt, die Krankentagegeldversicherung zahlt beispielsweise erst ab der vierten Woche.

Berufsunfähigkeits-/Dread-Disease-/ Grundfähigkeitsversicherung

Mit einer Berufsunfähigkeitsversicherung sichern Sie Ihre Arbeitskraft ab. Deshalb ist diese Risikoversicherung für Selbstständige lebensnotwendig.

Sinnvoll ist es, die Berufsunfähigkeitsversicherung separat abzuschließen, also *nicht* mit einer Rentenversicherung zu kombinieren. Denn bei einer Kombination beider Versicherungen schränken Sie sich in Ihren Möglichkeiten ein, zum Beispiel wenn Sie bei einem längeren finanziellen Engpass die Beitragszahlungen aussetzen. Sie gefährden dann Ihren Versicherungsschutz durch die Berufsunfähigkeitsversicherung, weil diese später eventuell wieder neu in Kraft gesetzt werden muss, und zwar mit einer erneuten Gesundheitsprüfung. Haben Sie in der Zwischenzeit beispielsweise eine Psychotherapie begonnen, sind Sie für mehrere Jahre nicht mehr versicherbar. Ich empfehle deshalb in der Regel, zwei getrennte Verträge zu vereinbaren. So lässt sich bei Zahlungsschwierigkeiten wenigstens die Berufsunfähigkeitsversicherung weiterführen.

Außerdem können Sie sowohl für die Altersvorsorge als auch für die Berufsunfähigkeit die für Sie optimalen Verträge abschließen. Der Gesamtbeitrag erhöht sich dadurch nicht oder nur unwesentlich.

Für manche Berufsgruppen (beispielsweise Künstlerinnen) ist es schwer, eine Berufsunfähigkeitsversicherung zu bekommen. Da sich Frauen meist nicht ganz jung selbstständig machen, kann es auch schon Vorerkrankungen geben, die eine Berufsunfähigkeitsversicherung verhindern. Unter Umständen ist dann eine Dread-Disease-Versicherung oder eine Grundfähigkeitsversicherung die Lösung.

Arbeitslosenversicherung für Selbstständige

Sie können sich freiwillig weiterversichern, wenn Sie nach dem 1. 1. 2004 ein Unternehmen gegründet haben. Einzige Bedingung ist, dass Sie in den zwei Jahren vor der Selbstständigkeit mindestens zwölf Monate lang Beiträge in die Arbeitslosenversicherung eingezahlt oder Arbeitslosengeld bekommen haben. Möglich ist das aber nicht nur für Selbstständige, sondern auch für all diejenigen, die einen Angehörigen pflegen oder im Ausland beschäftigt sind. Sie müssen dazu bei der Bundesagentur für Arbeit einen Antrag auf freiwillige Arbeitslosenversicherung stellen.

Geld gut anlegen

Ein Polster für Steuerzahlungen, für Geschäftsflauten, für Notfälle ist unumgänglich. Gut verzinste Tagesgeldkonten sind am besten dafür geeignet.

Zum mittel- und längerfristigen Vermögensaufbau sind Fondssparpläne das Mittel Ihrer Wahl. Bei keiner anderen Geldanlage können Sie Ihre Sparbeträge so problemlos Ihrer Einkommenssituation anpassen.

Und die Altersvorsorge nicht vergessen

Selbstständige haben in der Regel schwankende Einkommen. Wählen Sie deshalb für Ihre Basisabsicherung einen Beitrag, den Sie nach menschlichem Ermessen in der Regel bezahlen können. Wenn Ihr Geschäft gut läuft und Sie eine hohe Steuerlast haben, dann ist die Rürup-Rente zu empfehlen. Denn sie ist steuerlich sehr interessant, weil zunächst schon mal 64 % der jährlich eingezahlten Beiträge (maximal 20 000 Euro) als Sonderausgaben geltend gemacht werden können. Der absetzbare Betrag steigt Jahr für Jahr weiter an. Ab 2025 akzeptiert das Finanzamt dann 100 % der eingezahlten Beiträge als Sonderausgaben.

Die Rürup-Rente ist außerdem flexibel, das bedeutet: Über die regelmäßigen Beiträge hinaus können auch zusätzliche Einmalzahlungen geleistet werden.

Aber auch wenn Ihr Geschäft nicht gut läuft, ist die Rürup-Rente eine Überlegung wert. Der entscheidende Punkt ist, dass das Kapital, das Sie in eine Rürup-Rente einzahlen, bei Insolvenz nicht in die Konkursmasse einbezogen wird. Wenn Sie also eine Insolvenz befürchten, sollten Sie sich eine Umschichtung Ihrer Geldanlagen in die Rürup-Rente überlegen, um Ihre Altersvorsorge zu schützen.

Bei der Scheidung

Planen statt draufzahlen

Niemand denkt am Anfang einer Beziehung daran, dass diese einmal scheitern könnte. Das ist verständlich. Vernünftig ist es nicht. Denn: Jede dritte Ehe in Deutschland scheitert. In den Großstädten sogar jede zweite. Die nicht ehelichen Lebensgemeinschaften, die auseinandergehen, sind hierbei noch gar nicht berücksichtigt.

Die meisten Scheidungen werden von Frauen eingereicht, bei der Aufteilung der Vermögen ziehen sie jedoch fast immer den Kürzeren, wenn sie sich während der Ehe nicht um finanzielle Dinge gekümmert und nicht rechtzeitig Regelungen getroffen haben.

Alle Beraterinnen/Berater, die mit Frauen in Scheidungsfällen zu tun haben, kennen das: Da verschwindet plötzlich gemeinsames Geld (ins Ausland?). Bisher vorhandene Vermögenswerte sind nicht mehr nachweisbar. Die Firma des Partners, die Kanzlei oder Praxis schreibt auf einmal rote Zahlen. Diese Symptome treten in der Regel dann auf, wenn eine neue Frau im Spiel ist. Der Noch-Ehemann will sich mit ihr ja ein neues Leben aufbauen, und dazu braucht er Geld.

Finanziell hat eine Scheidung für Frauen meist weitaus gravierendere Folgen als für Männer, besonders wenn sie der Kinder wegen oder um ihrem Karrieremann den Rücken freizuhalten, auf eigene Berufsziele verzichtet haben. Hat eine Frau längere Zeit nicht in ihrem Beruf gearbeitet, sind die Wiedereinstiegschancen gering.

Der größte Fehler der Frauen: Sie wollen nach den oft vorhergegangenen Streitereien keinen Kontakt mehr zu ihrem Exmann. Und sie wollen nicht auf sein Geld angewiesen sein. Lieber verzichten sie auf Unterhalt, obwohl er ihnen zusteht. Allerdings muss hier leider auch angemerkt werden, dass ein Drittel der Ehepartner, die für den Unterhalt aufkommen müssen, nicht zahlt.

Was brauche ich wann und was muss ich beachten? **201**

Jede Scheidung tut sehr weh. Sorgen Sie also dafür, dass zur emotionalen Belastung nicht auch noch ein finanzielles Desaster kommt.

> **Wichtig, wenn eine Scheidung ansteht:**
>
> ➔ Kopieren Sie Gehaltszettel Ihres Mannes oder Einkommensteuerbescheide der letzten Jahre.
> ➔ Erstellen Sie eine Übersicht über das gemeinsame Vermögen oder das Ihres Mannes. Darin sollen Wertpapierdepots, Sparkonten, Tagesgeldkonten, Kapital-Lebens- und Rentenversicherungspolicen, Bausparverträge enthalten sein.
> ➔ Wenn Sie eine oder mehrere Immobilien besitzen, brauchen Sie Kopien des Grundbuchauszugs und der Darlehensverträge.

Sie finden das übertrieben? Das ist es ganz und gar nicht. Sie brauchen diese Unterlagen ohnehin für das Scheidungsverfahren, und wenn Sie diese in Händen halten, kann bei der Vermögensauseinandersetzung nicht mehr so viel passieren.

Und nach der Scheidung?

Überprüfen Sie Ihre Versicherungen. Wenn Sie über Ihren Mann gesetzlich krankenversichert waren, müssen Sie sich innerhalb von drei Monaten nach der Scheidung selbst versichern, sonst verlieren Sie Ihren Versicherungsschutz.

Wenn Sie einen gemeinsamen privaten **Krankenversicherungsvertrag** mit Ihrem Mann hatten, teilen Sie der Versicherungsgesellschaft mit, dass Sie einen eigenen Vertrag unter einer eigenen Versicherungsnummer haben möchten.

Mit dem Tag des Scheidungsurteils endet die gemeinsame **Haftpflichtversicherung**. Solange die Scheidung nicht rechtskräftig ist, sind Sie über die Haftpflichtversicherung Ihres Mannes abgesichert. Ich rate Ihnen trotzdem, so bald wie möglich einen eigenen Vertrag abzuschließen. Ihr Mann hat jederzeit die Möglichkeit, den Vertrag zu kündigen oder ihn in eine sogenannte Single-Police umzuwandeln. Sie erfahren von einer solchen Änderung nichts, sind aber dann nicht mehr mitversichert. Außerdem könnte Ihr Mann eine andere Person, die in seinem Haushalt lebt, in den Vertrag aufnehmen. Dies würde ebenfalls dazu führen, dass Sie nicht mehr abgesichert sind.

Darüber hinaus kann es auch sehr unangenehm sein, Schadensfälle über den getrennt lebenden Mann abwickeln zu müssen. Da Sie ohnehin nach der Scheidung eine eigene Versicherung brauchen, rate ich Ihnen, schon jetzt einen Vertrag abzuschließen.

Am Tag des Scheidungsurteils endet in der Regel auch die gemeinsame **Rechtsschutzversicherung**. Wer im Vertrag nicht namentlich genannt ist, braucht jetzt eine eigene Police. Wenn Sie das sind, sollten Sie sich so schnell wie möglich darum kümmern; sonst sind Sie nicht versichert, wenn Sie einen Rechtsbeistand brauchen.

Auch bei einer **Hausratversicherung** gilt: Wer den Vertrag unterschrieben hat, behält die Police, unabhängig davon, ob er in der alten Wohnung bleibt oder in eine neue umzieht.

Wenn Sie bei einer **Kapital-Lebens- oder Rentenversicherung** Ihres Exmannes als Bezugsberechtigte im Todesfall eingetragen sind, kann er dies jederzeit – ohne Ihre Einwilligung – ändern und eine neue Partnerin eintragen lassen. Sie sollten Ihren Mann deshalb veranlassen, für Sie das unwiderrufliche Bezugsrecht einzutragen, dann kann es nur noch mit Ihrem Einverständnis geändert werden.

Achten Sie darauf, wenn Sie Kinder haben, dass eine **Risiko-Lebensversicherung** zugunsten der Kinder auch nach der Scheidung weiterläuft, um im Fall seines Ablebens Ausbildung und Studium sicherzustellen.

Geld gut anlegen

Sie wissen inzwischen, was Ihnen aus der Scheidung zusteht. Sie bekommen Unterhalt oder haben eine Abfindung erhalten. Und

Sie wissen über den Versorgungsausgleich, wie hoch Ihre künftige gesetzliche Rente sein wird.

Machen Sie jetzt eine Bestandsaufnahme: Klären Sie, was und wohin Sie finanziell wollen, und erarbeiten Sie dann ein zu Ihren Zielen passendes Anlagekonzept.

Wenn Sie jetzt von Ihrem Geld leben müssen

Zahlen Sie größere Beträge in schwankungsarme Fonds ein (Rentenfonds, offene Immobilienfonds etc.) und vereinbaren Sie einen Auszahlplan. Die benötigte Summe wird dann jeden Monat auf Ihr Konto überwiesen. Lassen Sie sich ausrechnen, wie lange Sie bei der gegebenen Rendite Geld entnehmen können bzw. wann es aufgebraucht ist, damit Sie nicht eventuell unangenehm überrascht sind.

Wenn Sie Ihr Geld für später anlegen

Vermutlich reicht Ihre Rente nicht, auch wenn Sie über den Versorgungsausgleich Anteile an der Rente Ihres geschiedenen Mannes erworben haben. Stellen Sie rechtzeitig die Weichen und bauen Sie Ihre Altersvorsorge aus. Immer zu empfehlen ist eine private Rentenversicherung. Sie können dort einmalig eine größere Summe investieren oder monatlich/jährlich einzahlen. Wenn Sie schon eine Basisabsicherung haben, sind auf jeden Fall Fonds für Sie interessant. Für jede Risikoneigung und jeden Geldbeutel gibt es die passenden Angebote.

Bei Arbeitslosigkeit

Sie kann fast alle treffen. Deshalb ist es sinnvoll, bei der Anlage Ihres Geldes auch für solche Zeiten Überlegungen anzustellen.

Erhalten Sie Arbeitslosengeld, ist Ihr kleines oder größeres Vermögen nicht betroffen. Arbeitslosengeld beziehen Sie ja aus Ihrem Anspruch an die Arbeitslosenversicherung.

Deshalb wird Ihr Kapital nicht angerechnet.

Anders ist es beim Arbeitslosengeld II. ALG II wird aus Steuermitteln finanziert, deshalb gelten hier strenge Regeln: Sie haben pro Lebensjahr einen Grundfreibetrag von 150 Euro (insgesamt jedoch höchstens 9750 Euro) für Ihre Sparguthaben, Fonds etc. Im Alter von 50 Jahren kämen Sie zum Beispiel auf 7500 Euro.

Ein weiterer Freibetrag von 250 Euro pro Lebensjahr, höchstens aber 16 250 Euro, steht Ihnen zu, wenn Sie Ihre Rentenversicherung rechtzeitig Hartz-IV-sicher machen. Dazu schließen Sie mit Ihrer Versicherungsgesellschaft eine sogenannte Vereinbarung über einen Verwertungsausschluss nach § 165 Abs. 3 VVG ab. Sie unterschreiben damit, dass Sie Ihren Vertrag nicht vor Vollendung des 60. Lebensjahres kündigen, dass Sie ihn nicht beleihen, verpfänden oder abtreten werden. Diese Vereinbarung kann nicht widerrufen werden. Und sie muss unbedingt abgeschlossen sein, *bevor* Sie Arbeitslosengeld II beantragen. Als 50-Jährige können Sie dann für Ihre Rentenversicherung auf jeden Fall einen Freibetrag von 12 500 Euro in Anspruch nehmen. Haben Sie kein weiteres Vermögen, das bei Hartz IV angerechnet wird, kommt Ihnen auch der Grundfreibetrag von 7500 Euro zugute. Und damit wären 20 000 Euro Ihrer Rentenversicherung geschützt.

Für alle, die vor 1948 geboren sind, gelten höhere Freibeträge. Sie haben einen Freibetrag von 520 Euro pro Lebensjahr, höchstens jedoch 33 800 Euro.

Für Kinder unter 18 Jahren gibt es einen zusätzlichen Vermögensfreibetrag von 3100 Euro.

Nicht angerechnet auf ALG II werden darüber hinaus:

→ sämtliche Modelle der betrieblichen Altersvorsorge
→ die Riester-Rente
→ die Rürup-Rente
→ ein selbst genutztes Haus von angemessener Größe oder eine entsprechende Eigentumswohnung
→ angemessener Hausrat
→ ein angemessenes Auto

Was brauche ich wann und was muss ich beachten?

❓ Nachgefragt:
Rentenversicherung kündigen?

Meine Mutter möchte 30 000 Euro an mich (28) ver-
schenken – für eine private Rentenversicherung zur Alters-
vorsorge. Allerdings befürchtet sie, dass die Versicherung
gekündigt werden muss, wenn ich mal länger arbeitslos
werden sollte. Stimmt das?

Im Prinzip ist das richtig, aber es gibt eine ganz andere
Lösung: Ihre Mutter schenkt Ihnen nicht das Geld für
die Versicherung, sondern schließt den Vertrag selbst
ab. Dann sind Sie zwar die versicherte Person und bekommen später auch die Rente. Aber die Versicherung
gehört Ihrer Mutter und kann – falls Sie tatsächlich
einmal arbeitslos werden – bei der Bedürftigkeits-
prüfung (Hartz IV) nicht einbezogen werden. Vorausgesetzt, dass Sie mit Ihrer Mutter nicht in derselben
Wohnung leben und dadurch keine sogenannte Be-
darfsgemeinschaft mit ihr bilden.

Wenn Ihre Eltern alt werden

Wenn Eltern hilfebedürftig werden, kann auch eine Reihe von
wirtschaftlichen Problemen auf Sie zukommen. Beispielsweise:
Wer ist für die Finanzen der Eltern zuständig, wenn diese nicht
mehr selbst dazu in der Lage sind? Wie kann Geld angelegt werden, sodass regelmäßige Auszahlungen fließen, wenn die Rente
der Eltern zu gering ist?
Und viele bewegt auch die Sorge: Wie können wir unsere eigene
Altersvorsorge schützen, falls Eltern pflegebedürftig werden und
ihre Rente nicht fürs Pflegeheim reicht? Es ist ja verständlich,
wenn die Sozialämter die Kinder in die Pflicht nehmen und die
Kosten nicht der Allgemeinheit aufbürden. Andererseits ver-
schiebt sich damit natürlich das Problem auf die Kinder, wenn

diese ihre eigenen Ersparnisse für die Eltern aufbrauchen und im Alter womöglich selbst staatliche Hilfe in Anspruch nehmen müssen.

? Nachgefragt:
Unterhalt für den unbekannten Vater?

Mein Vater ist ein Pflegefall; seine Rente reicht nicht für die Heimkosten. Nun verlangt das Sozialamt, dass ich für die Kosten aufkomme. Aber mein Vater hat sich nach meiner Geburt aus dem Staub gemacht, nie Kontakt zu mir gehabt und auch keinen Unterhalt gezahlt. Ich sehe nicht ein, warum ich jetzt für diesen Mann zahlen soll.

Das müssen Sie auch nicht. Die Verfehlungen Ihres Vaters waren so schwerwiegend, dass es Ihnen nicht zugemutet werden kann, jetzt für ihn aufzukommen. Wenn Sie dem Sozialamt diesen Sachverhalt mitteilen und auf Verlangen auch durch Unterlagen nachweisen, entfällt Ihre Unterhaltsverpflichtung.

Eigene Altersvorsorge gesichert

Im August 2006 fällte der Bundesgerichtshof ein Urteil, das in etwa so lautet: Kinder müssen für den Unterhalt ihrer bedürftigen Eltern nicht ihre eigene angemessene private Altersvorsorge opfern.

Das heißt, Sie dürfen neben der gesetzlichen Rente 5 % Ihres Bruttoeinkommens jährlich in Ihre Altersvorsorge investieren. Danach können in der Regel bei einem Nettoeinkommen von circa 1300 Euro bis zu 100 000 Euro unangetastet bleiben. Zusätzlich darf Geld zurückgelegt werden für eine selbst genutzte Immobilie und für ein Auto, das für die Fahrt zum Arbeitsplatz notwendig ist.

Im Übrigen sind sowohl die Riester- als auch die Rürup-Rente vor Ansprüchen des Sozialamts sicher.

Was brauche ich wann und was muss ich beachten?

? Nachgefragt:
Pflegeversicherung für Senioren abschließen?

Mein Mann und ich haben Angst, dass meine Mutter einmal ein Pflegefall wird und dass wir dann unser mühsam Erspartes dafür einsetzen müssen, ihr eine menschenwürdige Unterbringung zu sichern. Sie hat leider nicht vorgesorgt und nur eine kleine Rente. Könnte sie denn noch eine Pflegeversicherung abschließen? Sie ist schon 68, hat aber nur wenig Geld.

Die Altersgrenze für eine Pflegezusatzversicherung liegt – je nach Gesellschaft – zwischen 60 und 65, einige wenige Versicherungsgesellschaften nehmen auch 70-Jährige auf. Allerdings hängt es nicht nur vom Eintrittsalter ab, ob ein Antrag angenommen wird, sondern natürlich auch vom Befund der Gesundheitsprüfung. Der Beitrag für Ihre Mutter liegt bei 67 Euro monatlich für ein Pflegetagegeld von 30 Euro.

Wenn Ihre Mutter dies nicht leisten kann, könnten Sie die Beitragszahlung übernehmen. Das ist vermutlich immer noch weitaus günstiger für Sie, als im Pflegefall einen Teil der anfallenden Kosten tragen zu müssen.

Geld gut anlegen

Viele ältere Menschen möchten sich nicht mehr mit Geldanlagen beschäftigen und suchen eine unkomplizierte Anlage, aus der ihnen regelmäßig Geld zufließt. Frau M. ist 74 und will 30 000 Euro in eine private Rentenversicherung investieren. Um »Ruhe zu haben«, wie sie sagt. Aber sie bezweifelt, ob so etwas in ihrem Alter überhaupt noch möglich ist.

Wenn der Beitrag in einer Summe überwiesen wird, akzeptieren die meisten Versicherungsgesellschaften den Abschluss einer Rentenversicherung bis zum 85., einige sogar bis zum 90. Lebensjahr. Zahlt Frau M. wie geplant einen solchen einmaligen Beitrag in Höhe von 30 000 Euro, erhält sie ab sofort eine monatliche Rente von circa 200 Euro – so lange sie lebt.

Mündelsichere Anlage

Ein ganz anderes Problem hat Frau F., deren Vater dement ist und in ein Pflegeheim kommt. Frau F. betreut seine Vermögensangelegenheiten und erfährt, dass das Geld des Vaters »mündelsicher« angelegt werden muss. Sie hat allerdings keine Ahnung, was das bedeutet.

Eine Person, die unter Betreuung steht, nennt der Gesetzgeber Mündel. Vorhandenes Vermögen muss an und für sich in Anlagen mit höchster Sicherheit investiert werden. Als mündelsicher gelten beispielsweise Sparkonten, Sparbriefe, Festgelder, Bundeswertpapiere oder Pfandbriefe. Allerdings bringen all diese Anlagen derzeit wenig Ertrag.

Wenn das Vormundschaftsgericht zustimmt, erlaubt das Gesetz aber auch Engagements in Fonds. Bei Rentenfonds und offenen Immobilienfonds zum Beispiel gibt es meist kein Problem. Bei Aktienfonds wird's schon schwieriger. Amtsgerichte urteilen da zum Teil ganz unterschiedlich.

So ist die Zustimmung unter anderem auch von der Höhe des Gesamtvermögens abhängig und davon, ob sich die Betreuer mit Geldanlagen gut auskennen oder nicht. Beim Bundesverband Investment und Asset Management (BVI) in Frankfurt können Sie sich erkundigen, welche Fonds von Gerichten bisher als mündelsicher akzeptiert wurden.

Die Probleme, mit denen Sie konfrontiert sind, können vielfältig sein.

? *Nachgefragt:*
Beerdigung planen?

Meine hochbetagte Mutter hat sehr genaue Vorstellungen und Wünsche, wie einmal ihr Begräbnis gestaltet werden soll. Dies ist ihr sehr wichtig. Offenbar traut sie uns Kindern nicht so ganz, dass wir ihren Willen auch wirklich umsetzen. Wie können wir sie da beruhigen?

Ihre Mutter kann einen sogenannten Bestattungsvertrag mit einem Bestattungsinstitut abschließen. In diesem Vertrag kann zum Beispiel die Qualität und Ausstattung des Sarges, der Blumenschmuck, die Musik, die Art der Trauerfeier, sogar die gewünschte Kleidung der Verstorbenen festgelegt werden. Natürlich auch der Grabstein und die Pflege des Grabes für eine beliebig lange Zeit. Ja sogar, in welcher Form die Trauergäste nach der Beerdigung bewirtet werden sollen. Dann könnte Ihre Mutter sicher sein, dass alle ihre Wünsche bezüglich ihrer Beerdigung auch wirklich erfüllt werden.

Ihre Mutter zahlt dafür – je nach Anspruch – einige Tausend Euro. Das Geld wird verzinslich auf einem Sparbuch bei einer Bank oder Sparkasse angelegt.

In den letzten Berufsjahren

Sie haben gespart? Vielleicht auch geerbt? Eine Lebensversicherung wurde frei? Dann steht Ihnen jetzt wahrscheinlich ein schönes Sümmchen zur Verfügung. Die Schäfchen ins Trockene zu bringen, ist nun angesagt. Das heißt, riskantere Anlagen in schwankungsärmere umzuschichten, das vorhandene Kapital so zu strukturieren, dass im Ruhestand zusätzliche Einnahmen fließen, wenn die Rente nicht reicht. Oder es so anzulegen, dass im Bedarfsfall ein Zugriff möglich ist.

Die absolute Priorität liegt allerdings in dieser Lebensphase bei der Schuldentilgung, wenn Sie eine selbst genutzte Immobilie besitzen, auf der noch Schulden lasten. Sie sollen ja im Ruhestand miet- und lastenfrei wohnen.

Aber auch wenn Ihnen eine Immobilie gehört, die Sie vermietet haben, sollten Sie die Schulden allmählich zurückführen. Denn nur wenn die Immobilie im Ruhestand schuldenfrei ist, haben Sie in den Mieteinnahmen eine stabile Zweitrente.

Richtig absichern

Wenn Sie noch keine Pflegezusatzversicherung abgeschlossen haben, dann ist es jetzt Zeit dafür, falls Ihr Gesundheitszustand dies zulässt. Viele Versicherungsgesellschaften nehmen nur bis zum 65. Lebensjahr Anträge an.

Überprüfen Sie Ihre Unfallversicherung, falls Sie eine haben. Viele Unfallversicherungsverträge laufen nach dem 75. Lebensjahr entweder gar nicht mehr weiter – oder zu schlechteren Bedingungen.

Eine Senioren-Unfallversicherung dagegen können Sie bis ins hohe Alter abschließen. Vorausgesetzt, Sie sind nicht schon pflegebedürftig oder schwer krank. Ein anderer wichtiger Unterschied: Im Gegensatz zu herkömmlichen Versicherungen wird – je nach Anbieter – zum Beispiel auch bei einem Oberschenkelhalsbruch gezahlt. Oder bei einem Unfall nach Schlaganfall oder Herzinfarkt.

Die Angebote der Versicherungsgesellschaften sind sehr unterschiedlich. Vergleiche sind deshalb schwierig.

Geld gut anlegen

Bauen Sie Ihren Bestand an Fonds aus. Interessant sind jetzt offene Immobilienfonds, gemischte Fonds, Dachfonds, Zielfonds. Aus all diesen Fonds können Sie sich, wenn Sie in Rente gehen, regelmäßig eine bestimmte Summe auszahlen lassen.

? *Nachgefragt:*
Jetzt in sichere Anlagen umschichten?

Wann sollte ich (60) risikoreichere Anlagen (Aktien, Aktienfonds) spätestens in sichere Anlagen (Rentenfonds) umschichten?

Das ist nur erforderlich, wenn Sie das Geld im Alter nach und nach verbrauchen wollen, zum Beispiel mit einem Entnahmeplan zur Aufstockung der gesetzlichen Rente. Dann beginnen Sie am besten schon vier, fünf Jahre vorher, die Anlagen und die Börsen- bzw. Wirtschaftssituation zu beobachten. Lassen sich Ihre Aktien und Aktienfonds mit Gewinn verkaufen, sollten Sie das Kapital jetzt vor stärkeren Schwankungen schützen. Dafür eignen sich u. a. Rentenpapiere, Rentenfonds, offene Immobilienfonds oder auch gemischte Fonds.

Benötigen Sie das Geld nicht unbedingt, kann es selbstverständlich auch im Ruhestand in Aktien oder Aktienfonds investiert bleiben, möglicherweise mit Aussicht auf eine besonders attraktive Rendite.

In jedem Fall lohnend ist eine private Rentenversicherung. Ansparen lohnt sich jetzt in der Regel nicht mehr. Aber Sie können bei allen privaten Rentenversicherungen einmalig eine Summe einzahlen und den Beginn der Rentenzahlung, zum Beispiel zum 65. Lebensjahr, frei wählen.

Auch geschlossene Fonds können in diesem Lebensabschnitt interessant sein, etwa Immobilienfonds oder Schiffsbeteiligungen. Es gibt zunehmend Modelle, bei denen in den ersten Jahren noch nichts ausgeschüttet wird. Ein paar Jahre später fließen dann besonders hohe Ausschüttungen, bei gutem Timing genau zum Rentenbeginn.

❓ Nachgefragt:
Ferienwohnung – ein unrentabler Unsinn?

Ich (59) habe vor Kurzem eine Lebensversicherung ausgezahlt bekommen. Ein finanzielles Polster habe ich schon, und von meiner späteren Rente plus Betriebsrente kann ich auch gut leben. Am liebsten würde ich mir mit dem Geld eine Ferienwohnung in Südtirol kaufen, so was wünsche ich mir schon lange. Aber ich weiß nicht, ob das richtig ist. Als ich noch verheiratet war (ich bin inzwischen geschieden), riet mir mein Mann immer ab mit dem Argument, dass so was keine Rendite bringt. Nun sprach ich mit meinem Bankberater darüber, und der sagte dasselbe. Ist mein Wunsch wirklich so idiotisch?

Ganz und gar nicht. Ich sehe den Begriff Rendite nicht so eng und nicht nur in Euro oder Cent. In Ihrem Fall bedeutet Rendite doch die Lebensqualität, die Sie gewinnen, wenn Sie sich Ihren Herzenswunsch erfüllen. Ihr Lebensunterhalt ist abgesichert. Zögern Sie also nicht lange, damit aus dem Traum bald Realität wird und Sie noch möglichst lange Freude daran haben.

Die wichtigen Dinge regeln

Hinterlegen Sie eine Betreuungsverfügung. Sie ist nicht nur fürs Alter sinnvoll, sondern zum Beispiel auch bei schwerer Krankheit oder nach einem Unfall – nämlich immer dann, wenn Sie Ihre persönlichen oder vermögensrechtlichen Angelegenheiten nicht mehr selbst regeln können. Das betrifft Singles ebenso wie Ehepaare.
Sie bestimmen in einer solchen Verfügung, wer in den genannten Fällen vom Vormundschaftsgericht als Betreuerin oder Betreuer eingesetzt werden soll. Ebenso können Sie festlegen, von wem Sie auf keinen Fall betreut werden wollen. Wichtig ist, dass Sie noch eine zweite Person benennen, falls die erstgenannte die Aufgabe nicht übernehmen kann oder das Vormundschaftsgericht sie für völlig ungeeignet hält. Die Betreuungsverfügung ist nicht an eine bestimmte Form gebunden. Sie sollte aber schriftlich vorliegen und persönlich unterschrieben sein. Es ist ratsam, diese Verfügung alle paar Jahre mit aktuellem Datum neu zu unterzeichnen.

Wenn Sie lieber heute als morgen in Rente gehen möchten ...

... dann müssen Sie dies wissen: Alle, die ab 1952 geboren wurden, können frühestens mit 62 Jahren Rente beantragen – und müssen (je nach Renteneintritt) einen lebenslangen Abschlag von bis zu 10,8 % einkalkulieren. Insgesamt 35 Versicherungsjahre sind dafür unbedingt notwendig. Dazu zählen neben der reinen Erwerbstätigkeit auch die Ausbildung an einer Fachschule, Kindererziehungszeiten, Arbeitslosigkeit oder Krankheit.

Alle vor 1952 Geborenen haben die Möglichkeit, mit 60 Jahren in den Ruhestand zu gehen. Allerdings nur, wenn sie bereit sind, Abschläge von bis zu 18 % hinzunehmen. Die Voraussetzung: Sie brauchen insgesamt 15 Versicherungsjahre – davon mindestens zehn Pflichtversicherungsjahre und einen Monat nach Ihrem 40. Geburtstag.

Als Best Ager und Golden Oldie

Früher hießen ältere Menschen Senioren, und in der Werbung kamen sie nur vor in Verbindung mit Treppenliften, Haftcreme für die Dritten und mit Kürbiskernprodukten bei beginnender Inkontinenz.

Jetzt heißen sie Best Agers, Golden Oldies oder auch Woopies (von »Well-off older People«), womit die wohlhabenderen Senioren gemeint sind. Und in der Werbung gibt es neuerdings ältere Paare, die sich öffentlich küssen dürfen (trotz der Dritten!); flotte 68-jährige Frauen, die an der Reling eines Kreuzfahrtschiffs lehnen, und toll aussehende Grauhaarige, die in schickem Outfit ihr tägliches Fitnessprogramm absolvieren, das bloß ein bisschen durch schmerzende Kniegelenke oder Ähnliches beeinträchtigt wird. Das Bild von älteren Menschen hat sich zum Glück deutlich verändert.

Im Bereich der Geldanlage ist aber offensichtlich noch vieles beim Alten. Immer noch bevorzugen ältere Menschen überwie-

214   *Was brauche ich wann und was muss ich beachten?*

gend sehr konservative Anlagen wie Festgelder, Sparbriefe und festverzinsliche Wertpapiere. Diese Anlagen haben zweifellos ihre Berechtigung. Aber es ist auch lohnend, etwas über den Tellerrand der seit jeher bekannten und meist nicht besonders gut verzinsten Anlagen hinauszublicken.

? Nachgefragt:
Aktienfonds im Alter?

Ich bin 63 Jahre alt und gehe bald in den Ruhestand. Nun lese ich immer wieder, dass es wichtig ist, kurz vor dem Ruhestand Aktienfonds zu verkaufen und in »sichere« Anlagen umzutauschen. Warum eigentlich? Ich bin doch noch keine Greisin und durchaus fähig, meine Geldanlagen im Auge zu behalten.

Die Empfehlung basiert auf der berechtigten Annahme, dass die meisten Leute im Ruhestand regelmäßige Entnahmen aus ihrem Vermögen brauchen. Deshalb müssen viele Anleger ihre Aktienfonds rechtzeitig umschichten, um den bis dahin erreichten Anlageerfolg nicht durch eventuelle Kurseinbrüche zu gefährden. Aktienfonds sind für regelmäßige monatliche Entnahmen nicht geeignet, da sie starken Schwankungen unterliegen. Hierfür sind Rentenfonds, offene Immobilienfonds, gemischte Fonds oder auch die konservativeren Varianten von Dachfonds besser geeignet. Wenn Sie aber noch über andere Anlagen verfügen und aus Ihren Aktienfonds nichts regelmäßig entnehmen müssen, dann gibt es gar keinen Grund, sich von dieser interessanten Wachstumsanlage zu trennen.

Die Früchte ernten

Vielleicht sind Sie ja in einer glücklichen Lage: Ihre Lebensversicherungen wurden fällig, Ihre Fonds haben sich gut entwickelt, und ein Erbe floss Ihnen auch noch zu. 300 000 Euro stehen Ihnen dadurch zur Verfügung, die Sie dazu verwenden können, Ihre Rente aufzubessern.

Es gibt mehrere interessante Möglichkeiten:

Private Rentenversicherung

Wenn Sie das Kapital niemandem vererben wollen oder müssen und es somit verbrauchen können, ist auf jeden Fall für einen Teil der Summe eine private Rentenversicherung ideal: Wenn Sie 65 Jahre alt sind und beispielsweise 150 000 Euro einzahlen, können Sie ab sofort eine monatliche Rente von circa 750 Euro (inklusive nicht garantierter Überschüsse) beziehen. Die Rente wird bis an Ihr Lebensende gezahlt, ganz gleich, wie alt Sie werden. Rentenversicherungen sind steuerlich sehr günstig, weil nur der sogenannte Ertragsanteil versteuert werden muss. In Ihrem Alter sind das 18 % der Rente. Auf die oben genannte Rente bezogen, wären das 135 Euro, die Sie versteuern müssten.

Partnerrente

Wenn Sie in einer Partnerschaft leben und Ihren Partner/Ihre Partnerin absichern möchten, wäre eventuell eine Partnerrente etwas für Sie. Bei der üblichen privaten Rentenversicherung gibt es keine automatische Witwen- oder Witwerrente. Es kann aber vereinbart werden, dass im Todesfall das noch vorhandene Kapital an die Hinterbliebenen ausgezahlt wird. Oder es wird vertraglich festgelegt, dass die Rente eine bestimmte Anzahl von Jahren weitergezahlt wird. Die meisten Gesellschaften bieten jedoch eine sogenannte Partnerrente an. Sie wird an die oder den Hinterbliebenen in voller Höhe lebenslang weitergezahlt.

Ein Beispiel (berechnet inklusive nicht garantierter Überschüsse): Investieren Sie 150 000 Euro, kommen Sie monatlich zwar nur auf einen Betrag von 665 Euro. Im Fall Ihres Todes erhält Ihr

Partner/Ihre Partnerin genau diese Rente dann aber auch lebenslang weiter.

Entnahmeplan mit Fonds

Die andere Hälfte des Kapitals würde ich in verschiedene Fonds mit geringen Schwankungen investieren, wie Rentenfonds, Genussscheinfonds, offene Immobilienfonds, gemischte Fonds usw. Fonds bieten die Möglichkeit, sich über einen Entnahmeplan monatlich einen bestimmten Betrag auszahlen zu lassen. Bei einer durchschnittlichen Rendite von 4 % für die 150 000 Euro und Kapitalverzehr können Sie sich monatlich 1000 Euro auszahlen lassen. Ihr Kapital reicht dann 17 Jahre.

Möchten Sie die Summe nicht verbrauchen, sondern nur die »Früchte« ernten, kämen Sie mit einer durchschnittlichen Rendite von 4 % auf monatlich 500 Euro.

Wenn Sie an höheren Zinsen interessiert und bereit sind, ein größeres Risiko in Kauf zu nehmen, sollten Sie sich High-Yield-Rentenfonds näher anschauen.

Ausschüttungen aus geschlossenen Fonds

Sie könnten auch überlegen, einen Teil Ihres Vermögens in geschlossene Fonds zu investieren, zum Beispiel in Container, einen soliden Immobilienfonds, eine Schiffsbeteiligung oder in einen Fonds mit gebrauchten englischen Lebensversicherungen. Die Ausschüttungen sind relativ hoch und ganz oder teilweise steuerfrei.

Immobilie verrenten – wie geht das?

Eine selbst bewohnte Immobilie ist im Ruhestand nicht für alle eine Freude. Vor allem dann nicht, wenn die Rente niedrig ist und die gesamten Ersparnisse in der Immobilie gebunden sind. Ein Verkauf der Immobilie gegen eine Leibrente ist in anderen Ländern, beispielsweise in den USA, gang und gäbe. In Deutschland bisher noch nicht, aber das Interesse nimmt zu.

Bei einer Leibrente wird Ihre Immobilie verkauft. Sie vereinbaren mit dem Käufer entweder eine Zeitrente, die über einen bestimmten Zeitraum, zum Beispiel 20 Jahre, gezahlt wird. Oder sie vereinbaren ein lebenslanges Wohnrecht. Dann erhalten Sie die monatliche Rente, so lange Sie leben. Die Rente wird berechnet aus dem ausgehandelten Preis der Immobilie und der statistischen Lebenserwartung. Das Ganze muss mit einem notariellen Vertrag besiegelt werden. Meist wird die lebenslange Rente an die Inflationsrate gekoppelt, sodass die Rente auch steigen kann.

Für einen Käufer kann so etwas interessant sein, weil er eine Immobilie erwirbt, ohne eine große Summe einsetzen oder einen Kredit aufnehmen zu müssen.

Das Risiko, das er eingeht, liegt in Ihrer Lebenserwartung. Werden Sie sehr alt, zahlt er mehr als bei einem direkten Kauf. Ihr Problem ist, überhaupt einen Käufer zu finden. Denn in Deutschland ist der Verkauf gegen Leibrente bisher nicht sehr verbreitet.

Dumm gelaufen

Die Geschichte von Jeanne Calment und ihrem Immobilienverkauf ist es wert, erzählt zu werden: 1965 verkaufte Frau Calment ihre Eigentumswohnung gegen Zahlung einer Leibrente von monatlich 2500 Franc an den 47-jährigen Rechtsanwalt André-François Raffray. Dieser glaubte natürlich, ein Super-Schnäppchen gemacht zu haben, denn Jeanne Calment war zum Zeitpunkt des Wohnungsverkaufs schon 90 Jahre alt und hatte – wie er meinte – nur noch ein paar Jahre zu leben. Die lebenslustige Jeanne Calment aber dachte nicht daran, zu sterben. Mit 85 hatte sie Fechten gelernt, mit 100 fuhr sie noch Fahrrad. Bis zum Alter von 110 lebte sie allein, erst dann zog sie in ein Altenheim. Im August 1997 starb sie – 122 Jahre alt. Nach dem Guinness-Buch der Rekorde war sie damals der älteste lebende Mensch der Welt.

Rechtsanwalt Raffray starb 77-jährig. Bis zu diesem Zeitpunkt hatte er den dreifachen Marktpreis für die Wohnung bezahlt. Und seine Witwe musste die Zahlungen an Jeanne Calment noch fortsetzen.

Wenn Sie Lust haben weiterzuarbeiten

Ab dem 65. Lebensjahr dürfen alle neben der Altersrente beliebig viel verdienen. Vorher ist nur ein monatlicher Nebenverdienst von 345 Euro erlaubt, sonst wird die Rente gekürzt. Diese Summe darf allerdings zweimal im Jahr bis zum Doppelten überschritten werden, etwa für Weihnachts- oder Urlaubsgeld.

Richtig versichern

Zahlen Sie immer noch in eine Berufsunfähigkeitsversicherung ein? Dann kündigen Sie diese. Sie üben ja keinen Beruf mehr aus. Die Haftpflichtversicherung muss nun keine mehrköpfige Familie mehr absichern. Lassen Sie sich beraten, welche kostengünstigere Variante es da gibt. Wenn Sie in eine kleinere Wohnung gezogen sind, ist es sinnvoll, die Hausratversicherung auf ihre Höhe hin zu überprüfen.

Wenn Sie noch keine Pflegezusatzversicherung haben, dann ist es höchste Zeit, eine abzuschließen. Auch diese Risikoversicherung gibt es in der Regel nur bis 65 (abhängig vom Anbieter und den versicherten Leistungen). Höchste Eisenbahn ist es auch, wenn Sie noch eine Unfallversicherung abschließen möchten. Auch hier ist das Einstiegsalter bei den meisten Versicherungsgesellschaften auf 65 begrenzt. Es sei denn, Sie schließen eine spezielle Senioren-Unfallversicherung ab.

? *Nachgefragt:*
Erbschein oder Testament für den Ernstfall?

Eine Freundin von mir hatte nach dem Tod ihres Mannes große Schwierigkeiten, Geld von dessen Konto abzuheben. Auch die Vorlage des Testaments nützte nichts, die Bank verlangte einen Erbschein, den sie aber erst beim Nachlassgericht beantragen musste. Wie kann man für so einen Fall Vorsorge treffen?

Was brauche ich wann und was muss ich beachten?

Der Kontoinhaber hätte seiner Ehefrau eine Vollmacht für den Todesfall erteilen müssen, dann hätte Ihre Freundin sofort Zugang zum Konto gehabt. Ohne diese Vollmacht hat die Bank das Recht, einen Erbschein zu verlangen. Sie ist sogar verpflichtet, sich Klarheit über die rechtmäßigen Erben zu verschaffen, da ja die Familienangehörigen nicht immer auch die Erben des Vermögens sind. Ein Testament reicht nicht, da die Bank nicht nachprüfen kann, ob es wirklich das letzte Testament ist, das der Verstorbene verfasst hat.

Grundsicherung, wenn die Rente nicht reicht?

Altersarmut hat in den vergangenen Jahrzehnten erheblich abgenommen. Dennoch gibt es Rentnerinnen und Rentner mit kleinen Renten, die den Gang zum Sozialamt scheuen, weil sie nicht als Bittsteller auftreten möchten oder weil sie fürchten, dass auf das Eigentum ihrer Kinder zurückgegriffen wird. Daher spricht man hier auch von »verschämter Armut«.

Für Betroffene gibt es bereits seit 2003 die Grundsicherung. Sie ist eine eigenständige Leistung der Sozialhilfe. Im Unterschied zur Sozialhilfe aber wird normalerweise kein Rückgriff auf das Eigentum der Kinder genommen. Anspruch auf Grundsicherung haben alle Hilfebedürftigen, die über 65 Jahre alt sind, sowie hilfebedürftige, voll erwerbsgeminderte Personen über 18 Jahre. Dabei kommt es nicht darauf an, ob man eine Rente tatsächlich bezieht oder einen Anspruch hierauf hat.

Wovon hängt der Anspruch ab?

Die Grundsicherung ist abhängig von der Bedürftigkeit. Ansprüche auf Leistungen entstehen daher nur, wenn die Antragsteller ihren Lebensunterhalt nicht aus ihrem eigenen Einkommen und verwertbaren Vermögen bestreiten können. Ob ein Anspruch besteht, prüfen die Träger der Sozialhilfe.

Was hat die Rentenversicherung mit der Grundsicherung zu tun?

Die Träger der gesetzlichen Rentenversicherung sind im Rahmen ihrer Auskunfts- und Beratungspflicht gehalten, entsprechende Hinweise auf die Grundsicherung zu geben. Das ist immer dann der Fall, wenn die Rente niedrig ist. Liegt die Rente unter rund 710 Euro, wird automatisch im Rentenbescheid ein Hinweis auf die Grundsicherung gegeben (mit Informationsblatt und Antragsvordrucken).

Wo kann der Antrag gestellt werden?

Den Antrag kann man beim Träger der Sozialhilfe des Kreises oder der kreisfreien Stadt stellen. Der Beginn der Leistungen richtet sich nach der Antragstellung; also möglichst keine Zeit verstreichen lassen! Die Leistungen können auch beim Rentenversicherungsträger beantragt werden. Dieser leitet den Antrag dann an das zuständige Amt weiter. Für die Prüfung, Bewilligung und Auszahlung der Leistungen sind ausschließlich die Träger der Sozialhilfe zuständig.

Kostenlose Beratung

Wer Fragen zur Grundsicherung hat, kann sich an seinen Rentenversicherungsträger, das Sozialamt oder an die Versicherungsämter der Stadt- und Landkreise vor Ort wenden. Diese Stellen sind auch beim Ausfüllen der Antragsformulare behilflich. Auskünfte bekommt man auch bei den Experten des bundesweiten kostenlosen Servicetelefons der Deutschen Rentenversicherung, erreichbar unter 08 00/10 00 48 00, Montag bis Donnerstag 7.30 bis 19.30 Uhr sowie Freitag 7.30 bis 15.30 Uhr.
Weitere Informationen sowie eine Broschüre zu diesem Thema sind rund um die Uhr im Internet unter www.deutsche-rentenversicherung.de erhältlich.

Vererben und erben

➤ *Beides will gelernt sein*

>»Alles verzehren bis zum End,
>das ist das beste Testament.«

An dieser Volksweisheit ist was dran. Aber noch vor nicht allzu langer Zeit wollten die meisten Frauen, mit denen ich sprach, ihr Kapital für die Kinder erhalten. Auch um den Preis, dass ihr eigenes Einkommen im Rentenalter gering ausfiel.

Zum Glück ist ein Umdenken erkennbar. Der oft lange Ruhestand bei guter Gesundheit hat anscheinend einen gesunden Egoismus in ihnen geweckt. Viele ältere Menschen wollen es sich nach einem arbeitsreichen Leben heute einfach gut gehen lassen und dafür ihr Geld verbrauchen.

Trotzdem ist es wichtig, sich auch rechtzeitig Gedanken darüber zu machen, wie Vorhandenes sinnvoll verteilt werden kann, denn 70 % aller Frauen überleben Ihre Männer. Grund genug, rechtzeitig die Vermögensangelegenheiten zu regeln.

Zudem ist heutzutage Erben und Vererben generell nicht mehr so einfach wie früher: Zweit- und Drittehen, nicht eheliche und gleichgeschlechtliche Lebensgemeinschaften, Patchwork-Familien – sie alle erfordern spezielle Regelungen. Das Gesetz berücksichtigt modernere Formen des Zusammenlebens (noch) nicht.

Vererben

Es ist wichtig, mit einem Testament den Nachlass klar und eindeutig zu regeln und damit Streit unter den Erben zu vermeiden.

Allerdings setzt noch nicht einmal ein Drittel der Deutschen ein Testament auf. Ohne Testament bestimmt das Bürgerliche Gesetzbuch die Erbfolge. Das Problem: Ohne Testament gehört allen alles, und alle müssen gemeinsam über das Erbe entscheiden. Lebensgefährten gehen leer aus.

Die gesetzliche Erbfolge

Sie gilt immer dann, wenn kein Testament verfasst wurde. Das heißt, es erben ausschließlich die Angehörigen.

Wer erbt nach der gesetzlichen Erbfolge?

Als Erstes erben die Kinder. Sie sind sogenannte Erben erster Ordnung. Wenn diese nicht mehr leben, sind dies die Enkel.
Eltern sind Erben zweiter Ordnung, danach folgen die Geschwister, dann deren Kinder, also Neffen und Nichten. Erben einer früheren Ordnung schließen alle Erben einer späteren Ordnung aus. Das bedeutet: Erben Ihre Kinder oder Enkel, gehen Ihre Eltern leer aus.

Und der Ehepartner?

Ihr Ehepartner erhält ein Viertel des Nachlasses, wenn es noch Kinder oder andere Erben erster Ordnung gibt. Er erhält die Hälfte, wenn es nur Verwandte zweiter Ordnung und die Großeltern gibt. Leben Sie mit Ihrem Ehepartner in Zugewinngemeinschaft, bekommt Ihr Partner zum gesetzlichen Erbteil ein weiteres Viertel Ihres Nachlasses dazu. In allen anderen Fällen erbt der Ehepartner alles. Das gilt selbst dann, wenn die Ehepartner getrennt leben.
Die gesetzliche Erbfolge kann Auswirkungen haben, die nicht in Ihrem Sinn sind. Wenn Sie zum Beispiel länger leben als Ihr Partner, kann es vorkommen, dass Sie ohne Einverständnis der Kinder gar nicht über das gemeinsame Vermögen verfügen können, egal ob es sich um gemeinsame Kinder, Kinder aus früheren Ehen oder auch nicht eheliche Kinder Ihres Mannes handelt. Und

Vererben und erben

wenn die Kinder noch minderjährig sind, darf auch noch das Familien- oder Vormundschaftsgericht mitreden.

Es ist also in jedem Fall sinnvoll, rechtzeitig Vorkehrungen zu treffen.

Testament

Sie müssen ein Testament verfassen, wenn Sie mit der gesetzlichen Erbfolge nicht einverstanden sind oder wenn Sie jemanden als Erben einsetzen wollen, der nicht mit Ihnen verheiratet oder verwandt ist. Ein Testament muss von der ersten bis zur letzten Zeile handschriftlich verfasst sein. Weiterhin muss es mit dem vollständigen Namen und dem Datum unterschrieben werden. Auch die von Ihnen eingesetzten Erben sollten Sie mit vollständigem Namen und Geburtsdatum benennen. Wenn Sie Ihr Testament später einmal ändern, sollten Sie ältere Versionen des Testaments vernichten. Ein gemeinschaftliches Testament dürfen nur Ehepartner und gleichgeschlechtliche, eingetragene Lebenspartner schreiben. Das Testament ändern können sie dann nur gemeinsam.

Berliner Testament

Das ist die gebräuchlichste Form des gemeinsamen Testaments. 80 % aller Verheirateten entscheiden sich dafür. Mit einem Berliner Testament setzen sich beide Ehepartner gegenseitig als Alleinerben ein. Die Kinder erben erst dann, wenn beide Eltern gestorben sind.

Ein Berliner Testament kann nachteilig sein hinsichtlich der Erbschaftssteuer, da bei größeren Vermögen der Freibetrag für Ehepartner überschritten werden kann. Bei einem »normalen« Testament haben Ehepartner und Kinder erhebliche Freibeträge.

Erbvertrag

Für unverheiratete Paare, die ja kein gemeinschaftliches Testament aufsetzen dürfen, ist ein Erbvertrag die einzige Möglichkeit, gemeinsame Verfügungen zu treffen. Ein Erbvertrag muss vor dem Notar geschlossen werden.

Pflichtteil

Das Erbrecht sichert den nächsten Angehörigen ein Mindesterbe, den sogenannten Pflichtteil, zu. Es gilt hier dieselbe Reihenfolge wie bei der gesetzlichen Erbfolge. Der Pflichtteil ist halb so groß wie das gesetzliche Erbe.

Ein Pflichtteilsanspruch kann nicht umgangen werden. Weder mit einem Erbvertrag noch mit einer Schenkung oder einem Vermächtnis.

Aufbewahrung

Sie sollten das Testament so aufbewahren, dass es im Ernstfall schnell gefunden wird. Sie können es auch beim Amtsgericht hinterlegen.

Die obigen Ausführungen können nur ganz allgemeiner Natur sein und Ihnen einen ersten Überblick geben. Das Erbrecht ist wesentlich komplizierter.

Lassen Sie sich deshalb unbedingt fachlich beraten

→ bei einer Steuerberaterin/einem Steuerberater, wenn es um Fragen der Erbschaftssteuer geht,

→ bei einer Fachanwältin/einem Fachanwalt, wenn Sie einer speziellen Situation gerecht werden und Fehler mit unabsehbaren Folgen vermeiden wollen.

Erben

Über 2,5 Billionen Euro werden in den kommenden zehn Jahren allein in Deutschland an circa 15 Millionen Haushalte vererbt. Allerdings: Ein Viertel der Gesamtsumme konzentriert sich auf lediglich 2 % aller Erbenhaushalte. 6 % werden nach einer Studie des Deutschen Instituts für Altersvorsorge gar nichts erben. 22 % sind sogenannte Kleinerben, deren Erbschaft aus Gebrauchsgütern im Wert von bis zu 13 000 Euro besteht. 29 % können sich auf bis zu 80 000 Euro freuen.

Vererben und erben

Die Erbwelle, die auf die Deutschen zurollt, ist zwar so groß wie nie zuvor, sie sollte aber nicht dazu verführen, auf eine eigene Altersvorsorge zu verzichten. Gerade Frauen wiegen sich hier gern in vermeintlicher Sicherheit.

Zum einen bringt es die steigende Lebenserwartung mit sich, dass Rentnerinnen und Rentner länger vom eigenen Vermögen zehren müssen. Und längere Pflegebedürftigkeit lässt Vermögen schmelzen wie Schnee in der Sonne.

Zum anderen sind Rentnerinnen und Rentner zum Glück heute eher geneigt, sich einen schönen Ruhestand zu gönnen und nicht nur ihr Geld für ihre Erben zu erhalten.

Ein Erbe kann jedoch auch Probleme aufwerfen, an die Sie vielleicht noch gar nicht gedacht haben.

Erbschaftssteuer zahlen – wovon?

Wenn Nenntanten und Patenonkel größere Beträge vererben, kann es Probleme geben. Es besteht ja kein Verwandtschaftsverhältnis, und deshalb gibt es keine nennenswerten Erbschaftssteuer-Freibeträge.

Wie bei Claudia P. Eine Nenntante, 65 und nicht gesund, will ihr mehrere Immobilien vererben. So schön das für sie auch ist, bereitet es ihr dennoch Kopfzerbrechen, weil sie im Fall des Ablebens der Tante ziemlich viel Erbschaftssteuer bezahlen muss.

Erbschaftssteuer-Versicherung

Für Claudia P. könnte eine sogenannte Erbschaftssteuer-Versicherung die Lösung sein. Sie wird als lebenslange Todesfallversicherung abgeschlossen. Für eine Versicherungssumme von beispielsweise 30 000 Euro müsste sie monatlich etwa 160 Euro zahlen. Als künftige Erbin wäre sie dabei Versicherungsnehmerin, Beitragszahlerin und auch Bezugsberechtigte. Die Erblasserin, also die Nenntante, ist die versicherte Person. Beim Ableben der Tante kann die Versicherungssumme direkt an Claudia P. ausgezahlt werden. Der Betrag fällt nicht in den Nachlass und ist somit erbschaftssteuerfrei. Damit können dann die fälligen Steuern für das Erbe beglichen werden.

Bausparvertrag

Auch ein Bausparvertrag kann eingesetzt werden, weil ein Bauspardarlehen für die Zahlung der Erbschaftssteuer verwendet werden darf. Vorausgesetzt, es handelt sich bei dem Erbe um Wohnimmobilien. Bei Gewerbeimmobilien ist das nämlich nicht zulässig.

Schulden erben – was tun?

Im Übrigen muss ein Erbe nicht unbedingt angetreten werden. Frau Z. hat eine Verwandte in Kanada, die sie testamentarisch als Alleinerbin eingesetzt hat. Jahrelang hatte Frau Z. zu ihrer Tante keinen Kontakt mehr. Sie wusste deshalb nicht, dass ihre Tante schwer krank und hoch verschuldet ist. Nimmt sie das Erbe an, muss sie auch für die Schulden aufkommen.
Die Alternative: Sie kann das Erbe ausschlagen. Die Frist beträgt in der Regel sechs Wochen ab dem Zeitpunkt, an dem sie vom Erbfall Kenntnis erhalten hat.

Familienstreitigkeiten

Wenn's ums Geld geht, hört die Freundschaft bekanntlich auf. Familienstreitigkeiten bei Erbschaften sind gang und gäbe. Leider neigen Frauen oft dazu, klein beizugeben um des lieben Friedens willen. Außerdem sind Rechtsstreitigkeiten teuer, nicht alle wollen sich die Kosten aufbürden. Aber da gibt es eine Lösung.

? *Nachgefragt:*
Prozessfinanzierung

Ich lebe in Brasilien. Durch Zufall habe ich erfahren, dass mein sehr vermögender Großvater gestorben ist. Die anderen Erben lehnen es ab, mich über die Erbschaft und das hinterlassene Vermögen zu informieren. Da auch meine

Vererben und erben

227

Verwandten sehr vermögend sind, ich aber nicht, habe ich Angst zu klagen. Was raten Sie mir?

Einige Versicherungsgesellschaften bieten eine sogenannte Prozessfinanzierung an. Folgende Voraussetzungen müssen hierfür erfüllt sein: Der Streitwert beträgt mindestens 100 000 Euro, die Bonität des Beklagten ist sichergestellt, und Ihr Anwalt ist vom Erfolg überzeugt. Ist dies der Fall, finanziert die Prozessfinanzierungsgesellschaft sämtliche Kosten des Verfahrens vor. Verlieren Sie den Prozess, trägt die Gesellschaft alle Kosten, und Sie müssen nichts zurückzahlen. Gewinnen Sie oder kommt es zu einem Vergleich, erhält die Gesellschaft dafür eine Erfolgsbeteiligung. Diese liegt je nach Höhe des Erfolgs zwischen 20 und 30 % des erzielten Gewinns.

Die Prozessfinanzierung ist nicht nur interessant beim Streit ums Erbe, sondern auch bei Auseinandersetzungen um ein Vermögen im Zuge einer Scheidung oder bei Honorarforderungen. Wichtig: Es handelt sich bei der Prozessfinanzierung nicht um eine Versicherung, sondern um ein Finanzierungsmodell.

Steuerklassen und persönliche Freibeträge

Steuerklasse (§ 15 ErbStG)	Personenkreis (persönliches Verhältnis des Erwerbers zum Erblasser oder Schenker)	Freibeträge (§ 16 ErbStG) Steuerfrei bleibt der Erwerb in Höhe von
I	Ehepartner	307 000 €
	Kinder und Stiefkinder	205 000 €
	die Kinder verstorbener Kinder und Stiefkinder	205 000 €
	Enkelkinder, Stiefenkel, Urenkel	51 200 €
	Eltern und Großeltern bei Erwerb von Todes wegen	51 200 €
II	Eltern und Großeltern bei Zuwendung unter Lebenden	10 300 €
	Geschwister	10 300 €
	Nichten und Neffen	10 300 €
	Stiefeltern	10 300 €
	Schwiegerkinder	10 300 €
	Schwiegereltern	10 300 €
	geschiedene Ehepartner	10 300 €
III	alle übrigen Erben und Zuwendungsempfänger	5 200 €
	Zweckzuwendungen	5 200 €

Vererben und erben

So erkennen Sie gute Beraterinnen/ Berater

➤ *Guter Rat muss nicht teuer sein*

Eine solide, auf die persönlichen Bedürfnisse abgestimmte finanzielle Lebensplanung ist heutzutage ohne qualifizierte fachliche Beratung nicht mehr möglich. Aber wie erkennen Sie, ob eine Beraterin, ein Berater qualifiziert ist, ob er Sie in Ihrem Sinn berät oder im eigenen Interesse?

Das ist gar nicht so schwer, wenn Sie die folgenden Kriterien kennen.

Kennzeichen einer guten Beratung

➡ Sind Sie nach Ihrer persönlichen und beruflichen Situation gefragt worden? Es macht ja einen Unterschied, ob Sie in einer Partnerschaft leben oder Single sind, ob Sie Kinder haben oder nicht, ob eventuell eine Trennung/Scheidung ansteht oder ob Sie auf eine Erbschaft hoffen dürfen.

➡ Sind Sie detailliert nach vorhandenen Versicherungen und Geldanlagen gefragt worden? Für neue Anlageentscheidungen ist es wichtig, ob, in welcher Höhe und in welche Geldanlagen Sie schon investiert haben, ob Ihre existenzielle Absicherung gegeben ist. Ihre Vermögensanlage soll ja kein Stückwerk sein, sondern ein rundes Ganzes.

➡ Ist Ihre steuerliche Situation in die Überlegungen einbezogen worden? Wenn der Freibetrag für Zinserträge ausgeschöpft ist, partizipiert der Fiskus an jedem Euro, den Sie aus Zinseinkünften erhalten.

➡ Haben Ihre wirtschaftlichen Ziele und Wünsche eine Rolle gespielt? Es ist schließlich nicht unerheblich, ob Sie sich zum Beispiel in einigen Jahren selbstständig machen wollen oder einen Immobilienkauf planen.

→ Wurde Ihre persönliche Risikobereitschaft angesprochen bzw. wurden Sie auf Geldanlagen aufmerksam gemacht, die zwar ein höheres Risiko, aber dafür auch höhere Chancen beinhalten?

→ Wurde Ihnen nur ein Anlagevorschlag gemacht oder wurden mehrere Alternativen aufgezeigt? Waren Ihnen nach dem Gespräch auch die Nachteile der jeweiligen Geldanlagen bewusst?

→ War die Gesprächsatmosphäre freundlich? Hat sich die Beraterin/der Berater so ausgedrückt, dass Sie alles verstanden haben?

→ Nicht zu vergessen: Zu einer guten Beratung muss auch der äußere Rahmen passen – sie sollte also nicht am Wohnzimmertisch stattfinden.

→ Und: Nachbarn, Kollegen, Freunde und Bekannte sind als Berater ungeeignet – es sei denn, sie sind ausgewiesene Fachleute.

Schlusswort

➤ *Damit Ihre Träume wahr werden*

Ich bin sehr oft in Österreich, und dort fiel mir über Monate ein sehr großes Plakat auf, weißer Untergrund, fast leer, auf dem nur Folgendes stand:

(für Norddeutsche: »Habe ich gemacht, hätte ich …, wäre ich …«)

Der Spruch blieb mir im Gedächtnis, weil er genau das ausdrückt, was ich Ihnen jetzt, am Schluss dieses Buches, ans Herz legen möchte: Träumen Sie nicht nur, sondern handeln Sie jetzt! Damit Sie sagen können: »Habe ich gemacht« und später einmal nicht sagen müssen: »Ach, hätt' ich doch …« und »wär' ich doch …«.

> → Beginnen Sie also sofort und sparen Sie regelmäßig 5, besser aber 10% Ihres Nettoeinkommens.
> → Sagen Sie sich nicht: »Ich muss sparen«, das klingt nach Mühe und Plage, sondern: »Sparen macht Spaß, denn Sparen hilft mir, meine Wünsche zu erfüllen.«
> → Nutzen Sie die staatliche Sparförderung! Geschenktes Geld müssen Sie nicht selbst sparen!
> → Sprechen Sie in Ihrer Partnerschaft auch über Geld! Regeln Sie gemeinsam Ihre finanziellen Dinge. Sorgen Sie vor

für den Fall der Trennung/Scheidung und des Ablebens Ihres Partners/Ihrer Partnerin!

→ Überwinden Sie Ihre Scheu, Geld langfristig anzulegen. Nur so arbeiten Zeit und Zinseszins für Sie. Was der Zinseszins für Sie erwirtschaftet, müssen Sie nicht selbst verdienen!

→ Gehen Sie vernünftige Risiken ein. Wer nichts wagt, gewinnt auch nichts.

→ Überprüfen Sie immer dann, wenn sich eine Veränderung Ihrer Lebenssituation ergibt, ob Ihre Geldanlagen noch Ihren Zielen und Wünschen entsprechen.

Viel Erfolg!

Ihre Helma Sick

Danksagung

Sehr herzlich danke ich meinen Kolleginnen (in alphabetischer Reihenfolge) Heide Härtel-Herrmann, Gerda Plate, Regina Weihrauch und Anne Wulf für die großartige fachliche Unterstützung.

Susanne Mersmann, Textchefin bei BRIGITTE, für konstruktive Kritik und tatkräftige Hilfe.

Dem Beteiligungsspezialisten Clemens Mack und dem Banker Peter Kuhn für fachlichen Beistand.

Meinen engagierten Mitarbeiterinnen (wieder in alphabetischer Reihenfolge) Renate Fritz, Mechtild Fuchs, Monika Huber, Micaela Schmuck und Charlotte Smuda-Jescheck, denen ich sehr dankbar bin für Recherche, wichtige Anregungen und Entlastung in Stresssituationen.

Meiner Lektorin Theresa Stöhr, die sich engagiert mit einer ihr völlig fremden Materie auseinandergesetzt hat.

Und natürlich danke ich allen Frauen ganz besonders, die mir durch ihre Offenheit und durch die Schilderung ihrer Lebenssituation zu wertvollen Einsichten verholfen haben.

Anmerkung:

Dieses Buch richtet sich an Frauen. Immer, wenn die Autorin die Leserinnen anspricht, wird nur die weibliche Form verwendet (die Anlegerin). Natürlich können die Ratschläge auch Männern helfen. Spricht die Autorin von Frauen und Männern, so wird, um den Lesefluss nicht zu stören, nur die allgemein gebräuchliche männliche Form genannt (die Aktionäre).

Quellen und Literaturhinweise

Dowling, Colette: Der Cinderella-Komplex, Fischer-Verlag, 1998

Studie zur Vorsorgeplanung der Deutschen, Institut für Demoskopie, Allensbach 2006

Studie »Eigenverantwortung statt Anspruchsdenken« von Union-Investment, 2005

»Private Altersvorsorge«, Studie der Postbank in Zusammenarbeit mit dem Institut für Demoskopie Allensbach, 2006

»Anlageverhalten der Deutschen«, Studie der Postbank in Zusammenarbeit mit Infratest, 2006

»Wenn aus Liebe rote Zahlen werden«, Studie im Auftrag des Bundesfamilienministeriums über die wirtschaftlichen Folgen von Trennung und Scheidung, Andress, Borgloh, Güllner, Wilking, Universität Bielefeld, 2003

Untersuchung des Emnid-Meinungsforschungsinstituts im Auftrag von BRIGITTE, 2004

Ausgewertet habe ich Artikel und Texte von:
WISO, Online-Lexikon Wikipedia, »Finanztest«, »Finanzen«, »Der Fonds«, »Der Freie Berater«, »Frankfurter Allgemeine Zeitung«, »Die Zeit«, »Süddeutsche Zeitung«, »Handelsblatt«

Außerdem:

»Lebenslagen in Deutschland«
Der 2. Armuts- und Reichtumsbericht der Bundesregierung, 2005

Heide Härtel-Herrmann
Broschüre »Die private Rentenversicherung mit Flexibilität«, 2005

Broschüre »Die neue Rente«, 2006
Broschüre »Sozial- und Individualversicherung in Deutschland«, 2005
Broschüre »Mehr Sicherheit für Betriebe und Freiberufler«
aus der Reihe »Zukunft klipp und klar«
Informationszentrum der deutschen Versicherer, 2005

»FrauenFinanzBuch«, Hrsg. Finanzfachfrauen – bundesweit seit 1988, Thiemo-Graf-Verlag, 2005

»Investment 2006«, Daten, Fakten, Entwicklungen, Bundesverband Investment und Asset Management e.V.

»Erben und Vererben«, Stiftung Warentest, 2005
»Fonds & Co.«, Stiftung Warentest, 2006
»Zinsanlagen«, Stiftung Warentest, 2005

»Geldanlage und Steuer 2006«, Karl H. Lindmayer, Gabler-Verlag

»Schnellkurs Börse«, Birgit Willberger, Joachim Tack, DuMont-Verlag, 2002

»Die 222 wichtigsten Fragen zu Investmentfonds«, Egon Wachtendorf, Finanzbuch-Verlag, 2005

»Was ich als Rentner wissen muss«, Verbraucherzentrale, 2006

»So bleiben Ihre Werte mehr wert«, Informationen der Kriminalpolizei

Fachliche Beratung

Bei juristischen Fragen und Texten:
Roswitha Wolff, München, Fachanwältin für Familienrecht

In Fragen und Texten über die gesetzliche Rente:
Gabriele Chlopczik, Deutsche Rentenversicherung Bund

Adressen

➤ *Hier werden Sie gut beraten*

Berlin

Wulf, Anne
das finanzkontor GmbH & Co. KG
Kulmbacher Str. 15 – 10777 Berlin
Telefon: 030/21 47 47 90
Telefax: 030/21 47 47 92
E-Mail: info@dasfinanzkontor.de
Internet: www.dasfinanzkontor.de

Berlin

Plate, Gerda
Fair Ladies 1 – Versicherungsmaklerin
Sigmaringer Str. 1 – 10713 Berlin
Telefon: 030/88 66 76 86
Telefax: 030/88 66 76 85
E-Mail: gerda.plate@fairladies1.de
Internet: www.fairladies1.de

Bremen

Müller, Ulrike
Das neue Büro
Bückeburger Str. 39 –
28205 Bremen
Telefon: 0421/3 47 93 34
Telefax: 0421/3 47 93 50
E-Mail: dasneuebuero@t-online.de
Internet: www.dasneuebuero.de

Dresden

Trentzsch, Cornelia
Fairsicherungsbüro
An der Pikardie 2 – 01277 Dresden

Telefon: 0351/2 51 23 79
Telefax: 0351/2 51 24 07
E-Mail: info@
fairsicherung-dresden.de
Internet:
www.fairsicherung-dresden.de

Frankfurt

Scholz-Krause, Elke
ESK Cityfinanz GmbH
Ludwigstr. 2 – 63110 Rodgau
Telefon: 06106/28 26 10
Telefax: 06106/28 26 19
E-Mail: esk.cityfinanz@t-online.de
Internet: esk.cityfinanz.de

Göttingen

Weihrauch, Regina
Angerstr. 2a – 37073 Göttingen
Telefon: 0551/5 63 73
Telefax: 0551/48 63 68
E-Mail: info@fairgoe.de
Internet: www.
fairsicherungsbuero-goettingen.de

Hamburg

Kazemieh, Susanne
Frauenfinanzgruppe
Grindelallee 176 – 20144 Hamburg
Telefon: 040/41 42 66 67
Telefax: 040/41 42 66 68
E-Mail: info@frauenfinanzgruppe.de
Internet: www.frauenfinanzgruppe.de

Hannover

Göpf, Christiane
Service 2000 GmbH
Vahrenwalder Str. 269a –
30179 Hannover
Telefon: 0511/9 66 67 46
Telefax: 0511/9 66 67 01
E-Mail: mail@clever-investiert.de
Internet: www.clever-investiert.de

Hildesheim

Oelbe, Ursula
Versicherungs- und Finanzmaklerin
Bernwardstr. 31 – 31134 Hildesheim
Telefon: 05121/51 29 95
Telefax: 05121/51 29 97
E-Mail: info@ursula-oelbe.de
Internet: www.ursula-oelbe.de

Kiel

Prange, Birgit
incito consult
Muhliusstr. 79 – 24103 Kiel
Telefon: 0431/7 29 74 59
Telefax: 0431/2 10 86 36
E-Mail: prange@incito-consult.de
Internet: www.incito-consult.de

Köln

Härtel-Herrmann, Heide
Frauenfinanzdienst
Herwarthstr. 17 – 50672 Köln
Telefon: 0221/9 12 80 70
Telefax: 0221/91 28 07 90
E-Mail: info@frauenfinanzdienst.de
Internet: www.frauenfinanzdienst.de

München

Sick, Helma
frau & geld
Kaulbachstr. 62 – 80539 München

Telefon: 089/28 72 96 30
Telefax: 089/2 80 24 55
E-Mail: helma.sick@
frau-und-geld.com
Internet: www.frau-und-geld.com

Nürnberg

Willberger, Birgit
Lady Invest – Beratungs GmbH
Bürocenter Maxtorhof
Pirckheimer Str. 68 –
90408 Nürnberg
Telefon: 0911/35 27 15
Telefax: 0911/35 27 35
E-Mail: LadyInvest@
compuserve.com
Internet: www.ladyinvest.de

Schwerin

Wiesner, Iris
Versicherungs- und Finanzmaklerin
Lübecker Str. 79 – 19053 Schwerin
Telefon: 0385/7 58 89 88
Telefax: 0385/7 58 90 51
E-Mail: info@
dieversicherungsmaklerin.de
Internet: www.
dieversicherungsmaklerin.de

Stuttgart

Rojahn, Barbara
Finanzberatung für Frauen
Lenzhalde 20 – 70192 Stuttgart
Telefon: 0711/2 55 59 60
Telefax: 0711/2 55 59 61
E-Mail: info@
frauenfinanzberatung.de
Internet: www.
frauenfinanzberatung.de

Register

Aktien 48–66
Aktienanleihen 63 f.
Aktienfonds 70 ff., 119, 122, 145 f., 159 f., 169 f., 174–178, 215
Alterseinkünftegesetz (AltEinkG) 133
Altersvorsorge 131–147, 179 f., 200, 204, 207
    Betriebliche Altersvorsorge 133, 137–140
    Private Altersvorsorge 133, 144 ff., 207
Annuitätendarlehen 95, 101 f.
Arbeitnehmersparzulage 119 ff., 174
Arbeitslosenversicherung für Selbstständige 199
Arbeitslosigkeit 204 ff.
Auslandsanleihen 42, 62 f.

Bankenschuldverschreibungen 61
Bausparen/Bausparvertrag 53–57, 95 f., 103, 120, 227
Beratung 79 f., 135, 151, 221, 230 f.
Berufsunfähigkeitsversicherung 24–28, 137, 171, 190, 198 f.
Bestandsaufnahme 35–39
Betreuungsverfügung 213
Betrüger/unsolide Berater 151–161
Bundesanstalt für Finanzdienstleistungsaufsicht (BaFin) 82, 158
Bundesschatzbriefe 57 f., 60 f., 112, 125, 176 f.
Bundeswertpapiere 60 f.

Dachfonds 72
Deutsche Rentenversicherung Bund 135, 141, 193 f.
Direktversicherung 133, 140
Dread-Disease-Versicherung 27 f., 198 f.

Ehevertrag 182
Eingetragene Lebenspartnerschaft 186 f., 224
Erben 225–229
Erbschaftssteuer 185, 226 f.
Existenzgründungskredit 192 f.

Festgeld 114
Festverzinsliche Wertpapiere/Rentenpapiere 57–66, 73, 78, 107 f., 125
Finanzierungsschätze 61
Fonds 37, 67–89, 116 f., 119, 122 f., 145 f., 174 f., 177 f., 211 f.
Fondssparplan 113, 121, 131, 144, 189, 200

Garantiefonds 161
Geldmarktfonds 73
Gemischte Fonds 72 f.
Genussscheine 64
Geschlossene Fonds 80–89, 125, 212, 217
    Beteiligungen an alternativen Energien 86 f.
    Container 83 f.
    Geschlossene Fonds mit Secondhand-Versicherungen 84 ff.
    Schiffsbeteiligungen 83
Gesetzliche Rente 134, 193 f., 221
Gold 89–92
Grundfähigkeitsversicherung 28 f., 198
Grundsicherung 220 f.

Haftpflichtversicherung 22 f., 167, 195
Hartz IV 104, 136, 143, 205 f.
Hausratversicherung 33
Hedgefonds 73

Immobilien   92–104, 125 f., 146 f.,
   178 f., 210, 212 f., 217 f.
Immobilienfonds
   Geschlossene Immobilienfonds
   81 ff., 217
   Offene Immobilienfonds   75, 217
Investmentfonds   67–89, 145 f.

Junk Bonds (Schrottanleihen)   43

Kinder-Invaliditätsversicherung   30,
   168
Kommunalobligationen   61
Krankentagegeldversicherung   198 f.
Krankenversicherung   171, 196 f.
Kurswert   50, 58 f.

Lebensversicherungen   27, 97,
   105–112
   Kapital-Lebensversicherung
   101 f., 105 ff., 124
   Risiko-Lebensversicherung   30,
   99, 105, 185 f., 190
Liquidität   41 f.

Magisches Dreieck   40–45
Mündelsichere Anlage   75, 209

Nennwert   50, 58, 65
No-Load/Tradingfonds   69

Ökologisch/ethische Fonds
   (Sustainable Fonds)   75 ff.
Ökologische Staatsanleihen   78

Partnerrente   216 f.
Partnerschaften   179–188
   Eheliche Partnerschaften   182 ff.
   Gleichgeschlechtliche Partnerschaft
   186 ff.
   Nicht eheliche Lebensgemeinschaft
   184 ff.
Pfandbriefe   61
Pflegezusatzversicherung   32 f., 208,
   211
Private-Equity-Fonds   87 f.

Realzins   45
Rechtsschutzversicherung   33 f., 195
Reisekrankenversicherung   31
Rendite   40 f., 44 f., 59 f., 74, 124
Rentenfonds   73 f., 107 f.

Rentenversicherung, private
   107–112, 121, 124, 145, 172 f.,
   206, 216
Riester-Rente   121, 137–144, 205
Risiko   40–44, 71, 179 f., 182
   Bonitätsrisiko   42 f.
   Geldwertrisiko   44
   Marktrisiko   44
   Politisches Risiko   44
Rürup-Rente   135 ff., 205

Scheidung   201–204
Schenkung   126 f.
Schiffsbeteiligungen   83
Schneeballsystem   154
Schulunfähigkeitsversicherung   29,
   168
Senioren-Unfallversicherung   211
Sparbriefe   112 f.
Sparpläne   71 f., 113 f., 119, 189 f.
Staatsanleihe   42, 58, 63, 78
Steuer sparen   100 f., 108 f.,
   124–127, 136 f., 142, 178 f.
Streuung   37, 67, 128
Sünden   162–166

Tagesgeld   37, 114 f., 167, 200
Taschengeld   170, 188 f.

Unfallversicherung   29 f.
Unterhalt Eltern   206–210
Unternehmensanleihen   62, 74

Vererben   111, 186 f., 219 f.,
   222–225
Vermögen aufbauen   177 f.
Vermögenswirksame Leistungen
   118 ff.
Versorgungsausgleich   182, 187 f.
Volatilität   71

Wandelanleihen   64 f.
Wohngebäudeversicherung   23
Wohnungsbauprämie   56 f.,
   120 f.

Zerobonds (Nullkupon-Anleihen)
   65 f., 125
Zertifikate   115 ff.
Ziel/Targetfonds   78 ff., 146, 170
Zinserträge   125
Zinseszins   122 f.